HERMES

在古希腊神话中，赫尔墨斯是宙斯和迈亚之子，奥林波斯众神的信使，道路与边界之神，睡眠与梦想之神，死者的向导，演说者、商人、小偷、旅者和牧人的保护神——解释学（Hermeneutic）一词便来自赫尔墨斯（Hermes）之名。

Springer

西方传统 经典与解释
Classici et Commentarii

HERMES
德意志古典法学丛编

黄涛　吴彦◉主编

［瑞典］宾德瑞特（Uta Bindreiter）◉ 著

为何是基础规范
——凯尔森学说的内涵

Why Grundnorm?
A Treatise on the Implications of Kelsen's Doctrine

李佳／译

知识产权出版社
全国百佳图书出版单位

谨以此书献给

我的孩子们

缘　　起

　　自严复译泰西政法诸书至本世纪四十年代，汉语学界中的有识之士深感与西学相遇乃汉语思想史无前例的重大事变，孜孜以求西学堂奥，凭着个人的禀赋和志趣选译西学经典，翻译大家辈出。可以理解的是，其时学界对西方思想统绪的认识刚刚起步，选择西学经典难免带有相当的随意性。

　　五十年代后期，新中国政府规范西学经典译业，整编四十年代遗稿，统一制订新的选题计划，几十年来寸累铢积，至八十年代中期形成振裘挈领的"汉译世界学术名著"体系。虽然开牖后学之功万不容没，这套名著体系的设计仍受当时学界的教条主义限制。"思想不外乎义理和制度两端"（康有为语），涉及义理和制度的西方思想典籍未有译成汉语的，实际未在少数。

　　八十年代中期，新一代学人感到通盘重新考虑"西学名著"清单的迫切性，创设"现代西方学术文库"。虽然从迻译现代西方经典入手，这一学术战略实际基于悉心疏理西学传统流变、逐渐重建西方思想汉译典籍系统的长远考虑，翻译之举若非因历史偶然而中断，势必向古典西学方向推进。

i

九十年代以来，西学翻译又蔚然成风，丛书迭出，名目繁多。不过，正如科学不等于技术，思想也不等于科学。无论学界迻译了多少新兴学科，仍似乎与清末以来汉语思想致力认识西方思想大传统这一**未竟前业**不大相干。晚近十余年来，欧美学界重**新翻译和解释**古典思想经典成就斐然，汉语学界仅仅务竞新奇，仅限时下"主义"流变以求适时，西学研究终不免以支庶续大统。

西方思想经典即便都译成了汉语，不等于汉语学界有了**解读能力**。西学典籍的汉译历史虽然仅仅百年，积累已经不菲，学界的读解似乎仍然在吃夹生饭——甚至吃生米，消化不了。翻译西方学界诠释西学经典的论著，充分利用西方学界整理旧故的稳妥成就，於庚续清末以来学界理解西方思想传统的未尽之业意义重大。译界并非不热心翻译西方学界的研究论著，甚至不乏庞大译丛之举。显而易见的是，这类翻译的选题基本上停留在**通史**或**评传**阶段，未能向有**解释深度**的细读方面迈进。设计这套"西方传统：经典与解释"，旨在推进学界对西方思想大传统的深度理解。选题除顾及诸多亟待填补的研究空白（包括一些经典著作的翻译），尤其注重选择思想大家和笃行纯学的思想史家对经典的解读。

编、译者深感汉语思想与西方接榫的历史重负含义深远，亦知译业安有不百年积之而可一朝有成。

刘小枫

2000 年 10 月于北京

"德意志古典法学丛编" 出版说明

19 世纪下半期以降，实证主义和历史主义催生了法学的专业化和技术化，法学视野日趋狭窄。在 20 世纪的法律思想中，实证法学、社会法学、经济分析法学占据了法学的大半江山，现代法学十分"自觉地"排除有关制度与德行的思考，规范主义振振有辞，鄙夷有关法理之学的哲理思考，法学最终沦为律师的技艺。

德意志古典法学有关政法之理的思考极其深刻，其对共同体秩序的反思，对制度之品质的思考，足以令专业化的法律人汗颜。德意志古典法学想要揭示一切社会现象的本质，揭示人类的本真的政治存在，它将制度设计与共同体的美好生活关联起来，为反思社会现象提供基本尺度和范式。不仅如此，现代法学中的大部分观念及概念，早已在德意志古典作品中埋下伏笔。

德意志古典法学哲学化色彩成分极重，而非当今有板有眼之学术论文。凡此种种，均给阅读和理解带来了巨大困难。长期以来，对于隐藏在德意志古典大家作品中的政治法理，学人们仅停留于引证片段字句，未能有深入细致之钻研。本丛编不从意识形

i

态的宏大叙事入手，亦不从流行的概念体系入手，而从德意志古典作品中政治法理的疏释入手，讲述政法学问和道理，引导有关政治法理之独立思考。

政法之理如人生之理，离不开深刻的哲学反思，诚如个人向往美好的人生，一个社会、一个国家亦会向往美好的共同体生活。尤其是在亟亟于变革的当下中国，我们完全有必要反顾德意志古典政法思想的印迹。

古典文明研究工作坊
西方经典编译部丁组
2012 年 9 月

致　　谢

应该感谢我最尊敬的导师——亚历山大·佩策尼克（Aleksander Peczenik）教授，我学习的大部分时期都得到了他的指导与教诲。如果没有他的慷慨帮助，我无法取得突出成绩。

我和佩策尼克教授探讨了在基础规范问题上采用新的研究方法这一最初设想。在每周的例行会议上，佩策尼克教授都会对我的研究提出一些实质性的处理意见和评论。此外，在佩策尼克教授家里所举办的气氛融洽的凯尔森研讨会上，我有幸受邀向广大听众提交我的部分学术研究手稿。

我悉心听取他的提议，并认真执行，随时迎接批评与建议，他的帮助总是那么及时。简言之，佩策尼克教授以他的热情、慷慨和宽容，尽其所能给予我所期待的帮助。

此外，还要感谢拉尔斯·林达尔（Lars Lindahl）教授，在我学习的初期，是他指导我。正是因为他的帮助，我的著作才得以发表。林达尔教授极有耐心与善心，他启发我去研究一些法律理论问题，并告诫我在研究凯尔森的过程中可能会遭遇的疑难问题。在此感谢他。

我也要感谢扬·埃弗斯（Jan Evers）教授，他督促我完成了有关基础规范问题的第一次研究，基于他的关心，在此过程中，我经常与他就凯尔森理论的各个方面进行深入探讨。

还要衷心感谢斯坦利·鲍尔森（Stanley L. Paulson，圣路易斯华盛顿大学）教授，他有关凯尔森的专业知识给了我莫大的帮助。鲍尔森教授耐心、极其负责地回答我的疑问，并提出了一些建设性的、批判性的和有价值的建议。阅读鲍尔森教授的著作和文集，也给了我莫大的收获。

而且这些帮助并不局限于当时。有关宪法性法律和欧共体法律问题的建议，我还得向乔金姆（Joakim Nergelius）教授致谢，他对本书的初稿提出过很多宝贵的意见。

还有很多人，他们也对我所研究的主题表示出很大的兴趣与关注，并向我提供了极有价值的资料。在此，特别感谢古纳尔·贝伊赫尔兹（Bergholtz Gunnar，隆德大学）、Jes Bjarup（斯德哥尔摩大学）、霍斯特·德雷尔（Horst Dreier，维尔茨堡大学）、斯韦恩·英格（Svein Eng，奥斯陆大学）、阿克·弗朗博格（Åke Frändberg，乌普萨拉大学）、Sverker Gustavsson（乌普萨拉大学）、Pär Hallström（犹米娅大学）、诺伯特·赫斯特（Norbert Hoerster，美因茨大学）、Carl Michael Quitzow（隆德大学）、托本·斯巴克（Torben Spaak，乌普萨拉大学）、卡尔罗·图奥里（Kaarlo Tuori，赫尔辛基大学）、罗伯特·沃尔特（Robert Walter，维也纳大学）、Lotta Vahlne Westerhäll（哥德堡大学）。

对于隆德大学法学院，我很感激他们的鼓励与支持。我要向下列教授表达致谢，他们是迈克尔·波格丹（Michael Bogdan）、Kjell Åke Modéer、Torsten Sandström、彼得·韦斯特伯格（Peter Westberg）。我的同事们也以各种方式向我提供了帮助。借此机会，向 Ulf Linderfalk、乔金姆、Gregor Noll、David Reidhav 以及 Christoffer Wong 表达感谢。他们的批判与有效建议，增进了我们之间的良好友谊。

　　感谢隆德大学及法学院图书馆的工作人员——特别是图书管理员 Olle Serin，他以高效的方式、负责的态度帮我解决了很多问题。此外，感谢 Yvonne Bylén、Kerstin Engstrand 和 Gert Tuwesson。

　　如果没有那些慷慨的机构提供资金支持，我的研究也是不可能顺利完成的。感谢 HSFR 对我三年的资助，法学院对我第四年所提供的赞助，以及 Emil Heijnes 基金研究会、埃克伯格助学金基金 1 号、艾美奖研究基金。

　　最后，再次感谢下列教授 Dagmar Falk、Christian Hathén、Hans Klette、佩策尼克（均来自隆德大学）以及斯坦利·鲍尔森教授（圣路易斯华盛顿大学）、霍斯特·德雷尔教授（维尔茨堡大学）、Sebastián Urbina 教授（帕尔玛大学）。在我的学术道路上，他们从始至终都给予了我莫大的精神鼓励。

宾德瑞特

2000 年 4 月 25 日

于隆德大学

中译本说明

在有关规范性的起源和演进的众多理论当中，迄今为止发展最为完善的当属凯尔森的"纯粹法学"，它是最丰富且最具逻辑性的理论。凯尔森意图从内部出发重构法律，旨在将法律构建成封闭的、连贯的、动态的系统，并且这个系统是由有等级秩序之分、有约束力的规范组成。但要想这种重构获得成功，凯尔森就必须超越实在法体系，去寻找一个法律之外的、非实在性的规范——基础规范。

基础规范理论出现在凯尔森《纯粹法学》第 2 版，以及他1960 年以后的部分主要著作当中。为了将法律理解为有约束力的法律规范体系，有必要预设一个基础规范。借助基础规范理论，凯尔森提出了有关规范性来源的合理论证。法律体系中的基础规范，是法律论证过程中一个概念性的前提预设，所以它也被理解成是整个法律体系有效性的终极"根据"。

本书阐述的主题是法律约束力的渊源和基础。在本书中，作者不仅对凯尔森基础规范的抽象理论进行了梳理，而且更重要的是，在后凯尔森时期，他以一种辩证发展的视角去理解凯尔森的

i

基础规范，并尝试着解读近现代欧盟（欧共体）法律理论所面临的新现象。作者意在努力保持凯尔森基础规范理论的普适性。因此，本书颇具时代感，不失为将经典抽象理论与当代法律实务进行有机结合的有益尝试。本书是作者在瑞典隆德大学的博士论文，隆德大学是瑞典最负盛名以及斯堪的纳维亚半岛最大的教学研究高教机构之一，也是世界百强大学。

　　纯粹法学的独特论证方式，在根本上有别于德意志古典法学的立场，并且，在很大程度上是作为德意志古典法学的对立面出现的。之所以迻译此书，正是为了揭示这一实证主义时代集大成的法律思维方式究竟在何种意义上偏离了德意志古典法学传统，尽管同时我们也有必要意识到，这一体系又是建立德意志古典哲学尤其是新康德主义的哲学思想之上的。

李　佳

2013 年 3 月于北京柳芳寓所

缩 略 语 表

AöR	Archiv des öffentlichen Rechts
ARSP	Archiv für Rechts-und Sozialphilosophie
ARWP	Archiv für Rechts-und Wirtschafts – Philosophie
BVerfG	Bundesverfassungsgericht
BVerfGE	Entscheidungen des Bundesverfassungsgerichts
CMLR	Common Market Law Review
ECJ	European Court of Justice
ECR	European Court Reports
EJIL	European Journal of International Law
ELJ	European Law Journal
ELR	European Law Review
FT	Förvaltningsrättslig tidskrift
GG	Grundgesetz
JCMS	Journal of Common Market Studies
JT	Juridisk tidskrift vid Stockholms Universitet
JZ	Juristenzeitung

LIEI	Legal Issues of European Integration
LQR	Law Quarterly Review
MLR	Modern Law Review
NN	Normativity and Norms. Critical Perspectives on Kelsenian Themes, ed. and trans. Stanley L. Paulson and Bonnie Litschewski Paulson (Oxford: Clarendon Press, 1998).
OJLS	Oxford Journal of Legal Studies
ÖZöR	Österreichische Zeitschrift für öffentliches Recht
RomF	Romfördraget
SvJT	Svensk Juristtidning
TEU	Treaty on European Union
TfR	Tidsskrift for Rettsvitenskap
WRS	Die Wiener Rechtstheoretische Schule. Schriften von Hans Kelsen, Adolf Merkl, Alfred Verdross. Ed. Hans Klecatsky et al. , 2vols. (Vienna: Europa Verlag, 1968)
ZaöRV	Zeitschrift für ausländisches öffentliches Recht und Völkerrecht
ZöR	Zeitschrift für öffentliches Recht

凯尔森主要著作缩写

ASL	Allgemeine Staatslehre (1925)
ATN	Allgemeine Theorie der Normen (1979)
GT	General Theory of Law and State (1945)
HP	Hauptprobleme der Staatsrechtslehre (1911, 2nd edn. 1923)
LT	Introduction to the Problems of Legal Theory (1934) [trans. of RR 1]
PS	Das Problem der Souveränität und die Theorie des

ii

Völkerrechts（1920）

PTL	Pure Theory of Law（1967）［trans. of RR 2］
RR 1	Reine Rechtslehre（1934）
RR 2	Reine Rechtslehre（1960）

目　　录

第一部分　传统理论：凯尔森 v. 哈特

第二部分　法律意识

第四部分　为何是凯尔森的基础规范?

导　读

1. 著述要旨

[1] 本书所阐述的主题是法律约束力的渊源和基础。

依我之见，在有关规范性的起源和演进的众多理论当中，迄今为止发展最为完善的，就是汉斯·凯尔森（Hans Kelsen）的"纯粹法学"，它是最为丰富且最具逻辑性的理论。凯尔森的实证主义与其他类型的法律实证主义之间的不同之处，就在于他独特的法律规范性理念。

纯粹法学是一种连贯一致的法律理论，它的概念非常准确。凯尔森认为，法律是有约束力之规范的统一体系，是由单一的规范制定权威所颁布的。这种法律观似乎与许多法学家的观点都是贴近的——毕竟，即便是持法律二元观的法官们也有责任把一个法律体系当作被给定的［事物］来接受，并以此作为他们论证的出发点。除此之外，凯尔森的法律内在观点，还撇开了有争议的道德问题，它只讲求纯粹形式上的合法性。就这一点而言，其学说更具优势。

在凯尔森看来，为了将"实然"与"应然"相互联结起来，或者说，为了将法律理解成是有约束力之法律规范的体系，就有必要预设一个基础规范。❶ 凯尔森说，法学家们所要做的，就是通过对基础规范的预设，为自己的论证建立起一个基础；借助基础规范这一理论，凯尔森提出了对规范性来源的合理论证——"规范性"要求所有的规范作为一个统一的体系而存在。

本书的著述要旨，是为了强调在法律中进行基础预设的作用。当前，在法律中进行基础预设的作用，是为了将"约束力的前提条件"同"规范的颁布"联系在一起。凯尔森论证说，"预设"一词，不仅具有概念之维，而且也具有规范之维；此外，"对基础规范进行预设"这一表述已经足以表明，专业法律语言情景中的表达，具有它独特的"描述性—规范性"这一本质特征。我将论证下面两点：

第一，凯尔森的理论，使得它自身成为一种解释理论（解释学），因为从规范性的来源这一角度上看，基础规范的"预设"行为，可以被理解为是一切实在法的基础；

第二，这一解释理论承认了可直接适用的超国家规范，以及

---

❶ 根据凯尔森的观点，规范中的"应然"不能归结为"实然"的状态，因为规范拥有一个属于它自己的本体论。有关"实然/应然"的辩论，参见：第一部分"导论"，页11注释1。

其他规范（形式上）的合法性。❶

2. 术语和学说

[2] 在论述伊始，深入地探讨一些随后将频繁出现的术语是十分必要的，这些术语包括："有效性""适用性"和"合法性"。在随后的 2.1 节中，将讨论关于"有效性"的几种不同概念。

2.1　有效性

认为法律规则是有效的，这实质上就是一种暗示，意指这些法律规则拥有某种特定的品质——但是这种品质不具有层次性：一项法律规则，要么是有效的，要么是无效的——在"有效"与"无效"之间，不存在"或多或少地有效"。❷ 这种品质可以通过不同的方式，亦即，通过采用不同的有效性标准，从而被确立或建立。因此，无论体系中的法律规则是否被认为是有效的，在这个体系中都必然存在一个标准或准则，从而能够依据该标准或准则识别"有效的法律"。例如，在某个特定的法律体系中，在某个给定的时间内，通过查明受质疑之规则的"来源"，或者

---

❶　通常，我们会对法律规则和法律原则予以区分。法律规则或多或少都清晰地标明了规定性行为与禁止性行为之间的界线，并且因而也能够对遵守法律的行为与未遵守法律的行为进行识别。相反，法律原则所表达的则是能够在某种程度得以实现的理念，因此，法律原则彼此之间或多或少都是可以被比较与权衡的。

❷　相比较而言，民主却是具有层次的：一个国家能够或多或少地（不同程度上）实现民主。参见：佩策尼克，《何为正确？民主、法律、伦理和法律论证》（*Vadär rätt? Om demokrati, rättssäkerhet, etik och juridisk argumentation*, Stockholm：Fritzes Forlag AB, 1995）。

是通过查明规则的定义，进而识别有效的法律，即可将这种规则视为"有效的法律"。

此外，"有效的"一词可以在不同的层面和意义上被使用和理解——一项法律规则可以在描述性意义层面上是有效的，也可以在规范性意义层面上是有效的。在欧根尼奥·布柳金（Eugenio Bulygin）看来，"有效的"一词至少可以在三种不同的意思层面上被使用。❶

"一项法律规则是有效的"，它的第一种意思指的是"有约束力的"或"有约束强制力的"，这意味着该项法律规则旨在向服从于它的对象设立一项义务。在此，"有效性"这一概念就是规范性的："N 是有效的"，这意指规范 N"应当"被遵守和适用——并且这就是正当的（"有效性"等同于"有约束力"）；

"一项法律规则是有效的"，它的第二种意思指的是该项法律规则"隶属于"一个既定的法律体系。此时，"有效性"这一概念是描述性的，它所表达的是个体规则与法律体系之间的特定关联关系（法律体系是由众多法律规则所组成的）。根据"有效性"的这一概念，"N 是有效的"，这纯粹是一个描述性语句（"有效性"等同于"成员资格"）；

［3］"一项法律规则是有效的"，它的第三种意思指的是该项法律规则是"可适用的"。"可适用的"这一表述暗示着还存在另一项规则（在规范层次结构中处于更高层级的规范），这项更高层级的规则要求人们"应当"遵守和服从第一项规则——也就是说，第一项规则是有约束力的。

"有效性"这个概念也是描述性的。"N 是有效的"，这句话并未规定任何内容，它只是在提示有另一项规则的存在：一项规

---

❶ 参见：布柳金，"时间与效力"（Time and Validity），载《道义逻辑，计算语言学和法律信息系统》（*Deontic Logic，Computational Linguistics and Legal Information Systems*, ed. Antonio A. Martino, Vol. Ⅱ, Amsterdam-New York-Oxford：North-Holland Publishing Company, 1982），页 65–81、页 65f。

范（N）是"可适用的"——也就是说，依照另一项规范的规定，规范（N）应当作为一项有效的和有约束力的规范被适用（"有效性"等同于"可适用性"）。法律实证主义者凯尔森❶建构了"有效性"的规范性概念。❷在凯尔森看来，正如同他所提出的，规范的有效性是这一规范的"特殊存在"：一项规范是有效的，这意指该规范是存在的，并且它也是有约束力的（反之亦然）。规范的"约束力"或"约束强制力"意味着，受该规范调整的对象"应当"按照该规范所规定的方式行为。

依照凯尔森的观点，法律规范的有效性需要两个前提条件：第一，这些规范是根据另一项更为普遍性的规范——因而它也是"更高级别"的规范——所"制定的"（颁布创设的）；第二，这些规范所隶属的法律体系，在现实中大体上是具有实效的。当法学家们——诸如凯尔森——宣称"某项特定的法律规则是有效的"时候，这不仅意味着这项法律规则是根据另一项更高级别的、更为普遍适用之规则的规定所颁布的，也意指人们应当依照该规则的规定去实施行为。然而，这个"应当"却并不暗含任何的道德评价。

凯尔森意在从内部出发重构法律，旨在将法律构建成一个封闭的、连贯的、动态的体系，并且这个体系是由有等级秩序之分的、有约束力的规范所组成。然而，要想这种重构获得成功，凯尔森就必须超越实在法体系，去寻找一个法律之外的、非实在性的规范——基础规范。法律体系中的基础规范，是法律论证过程中一个概念性的预设规范，所以它也被理解成是整个法律体系有

---

❶　凯尔森，《纯粹法学（带附录：正义问题）》第 2 版（*Reine Rechtslehre. Mit einem Anhang：Das Problem der Gerechtigkeit*, 2nd edn., Vienna：Franz Deuticke, 1960；repr., 2000［以下简称"*RR2*"］）；马克思·奈特（Max Knight）英译，《纯粹法学》（*Pure Theory of Law*, Berkeley and Los Angeles：University of California Press, 1967；Glucester, repr. Mass：Peter Smith, 1989［以下简称"*PTL*"］）。

❷　在一定程度上说，凯尔森有时也在描述意义层面上使用"有效的"这一术语（这时的"有效性"等同于"成员资格"）。

效性的终极"基础"。

凯尔森的基础规范，说的就是法律体系中（宪法规范中）最高级别的实在法规范，它们是有效力的和有约束力的，因而应当被服从和遵守。一旦宪法被设想为是有效力的和有约束力的，那么一切可追溯到该宪法之上的全部规范也都必须被视为是有效力的和有约束力的。

因此，考虑到基础规范是被预设的——法学家们（诸如凯尔森）尽管是不知不觉地，却是经常这样地主张——［4］法律是有约束力之规范的统一体系，并且将这些规范识别为"有效力的法律"。这种识别的类型意味着，有效性的检验是建立在对实在法宪法的追溯路径之上的（有效性和强制约束力是被授予的）。

"有效性"的另一种概念，是实证主义法学家哈特（H. L. A. Hart）提出来的。● 在哈特看来，法律的有效性是描述性的，它指的是一项规则在一组规则群中的成员资格。

依据哈特的观点，法律规则的有效性意味着，可以通过检验的方式将法律规则识别为有效力的规则，而这一检验可以由外部观察者——是未参与到该法律体系当中的人——来客观地实施。

哈特说，在每一个法律体系中都存在一个终极的承认规则。承认规则是一个习惯性的、具有法律约束力的规则，它为合法性的来源提供了一个标准——根据承认规则，其他规则被识别为法律体系内的有效规则。通过运用这些标准，法官和"其他官员"在法律体系内建立起规则之间的成员资格关系，也就是说，他们去决定或判断某项规则是否隶属于该法律体系，或者说某项规则是否是该法律体系的组成部分。普通民众则通过观察法官和其他官员所适用的规则，从而知晓哪些规则是有效力的法律规则。

● 哈特，《法律的概念》第 2 版（*The Concept of Law*, Oxford: Clarendon Press, 1994）以及布洛克（Penelope. A. Bulloch）和约瑟夫·拉兹（Joseph Raz）编辑的附录［以下简称"Hart, *CL*"］。

　　然而，与纯粹的习惯相比，法律规则也具有"内在的"方面：依哈特之见，法律的规范之维就存在于它的内在方面。在建立规则之间的关联关系时，法官和其他官员运用所谓的"法律规则的内在观"去承认某些特定的规则是应当被遵守的公共准则。在法官那里，这个"承认规则"是决定性的：体系内的某项规则是有效力的规则，这意指该规则已经得到"官员们"内在地承认，即承认它是法律体系中有效力的成员。最后，罗纳德·德沃金（Ronald Dworkin）❶宣称，无论借助哪种"终极"规则的帮助，都不可能识别有效力的法律。在德沃金看来，法律实证主义所坚持的"规则效力识别的方法必须与法律规范的起源或来源相涉"这一主张，是完全错误的。

　　德沃金说，有效力的法律不仅仅是那些已经创设出来的规则，也包括那些作为这些规则之根基的原则。基于法律体系内的一种特殊机制，实在法当中的规则，要么是有效的，要么是无效的，彼此之间是不能相互冲突或矛盾。相比之下，原则之间则是可以相互冲突与矛盾的，并且仍然可以保留它们各自的有效性，因为原则有轻重之维，而规则却没有。原则指明的是方向，讲究的是"应该"而非"必须"——所以原则之间必然就存在轻重与权衡。

　　［5］根据德沃金的理论，无法通过追溯法律原则的起源或者它们在体系中的成员资格，从而对法律原则进行识别；相反，法律原则是凭借已创设之规则的正当性从而得以识别的：德沃金说，法律原则的有效性之所以得以确立，那是因为它们是基础法律理论的一部分，这些法律理论能够证明实在法规则的正当性。

　　因此，当凯尔森、德沃金各自关于有效性的概念与布柳金的分类相匹配时，德沃金的法律观包含了描述性和规范性双重元

---

　　❶　德沃金，《认真对待权利》第 5 版（*Taking Rights Seriously*, London, 1977），页 40。德沃金对法律实证主义提出了批判，尤其是抨击了哈特在《法律的概念》第 2 版附录中的实证主义观。

素，所以他的法律观是站得住脚的。

2.2 可适用性

在构建法律规则之有效性的时候，人们必须思考另一个更为深层次的问题：被认为是有效力的规则，并不意味着它总是可适用的。

刑法中，以"犯罪"竞合为例，法律规则中的某一项，尽管表面上同样可以适用，实际上却并不适用。在欧共体法律管辖的地域内，尽管国内竞争法在原则上是可以适用的，却也是被忽略的，因为《欧洲共同体理事会条例》的地位优先于国内法。在这些例子当中，国内法规则并没有丧失其效力——然而，它们却并未被适用。❶

因此，"可适用性"并不等同于"有效性"，也没有必要将它与成员资格扯上关系。相反，"可适用的"规则可以根源于三种不同的来源——国内规范体系，国际组织机构或超国家组织机构授予的立法权，以及其他国家的有效法律。

2.3 合法性

"合法性"这一术语在法律体系和个体性规范中经常被使用，并且也是以多种方式被理解和定义的。然而，"合法性"一词最基本的用法是和"可接受的"一词联系在一起的——"可接受的"指的是，受规范调整的对象对法律机构所颁布的规范以及对法律机构所作出的决定的认可。

从法律的内在观角度看，"法律规则能够被合法化"意指，

---

❶ 刑法中（未被适用）的规则在这些案例中都被忽略了，然而这些规则仍然可能在未来的案件中适用。国家竞争法构建了所谓的"非适用的法律"，但它们迟早会被援引和适用。

规则有效性的来源是建立在规范体系的框架上的。也可以通过证明法律规则的正当性，从而证明它的合法性——也就是说，从一种先前曾提及的不同于内在法律观的角度出发，规则被得以正当化：在一定的观念与价值基础上——诸如民主、正义或公共利益这些原则——人们将规则视为合法的。

[6] 在国际宪法的论争中（例如有关违宪审查的话题），"合法性"通常意指民主意义上的合法性。在这种用法中，"合法性"一词指的是政治实体框架内的权力分配，也就是说，只要是符合民主的就会被认为是合法的。相比之下，在考虑欧盟这一话题时，"合法性"一词指的则是——尽管是间接的——国家联盟（而非一个国家）实施它的权力。在这里，该词汇的使用所反映出来的是，根据普通民众的观念，如何提升联盟合法性的方法（其中一种方法便是实效性的增强）。这合法性的第二种类型，即功能意义上的合法性，它源自对特定期待价值的实现——例如公共福利。❶

现在，这两种类型的合法性（民主意义上的合法性和功能意义上的合法性）之间存在竞合：当提到欧洲法律的合法性时，我们通常想到的是民主意义上的合法性，而它实际反映出来的却是功能意义上的合法性。但是，在日常用语以及法学家的话语中，合法性通常被认为是意指民主：人们更倾向于认为"法律规则和法律规范是合法的，这意味着它们是以民主、正确的方式所颁布的"。可见，这种观点符合先前提及的那种关于合法性一词最为基本的用法，也就是说，对于普通民众而言，合法性等同于对法律的接受或认同。因此，众所周知，合法性便是建立在法治国

---

❶ 参见：乔金姆（Joakim Nergelius），《阿姆斯特丹条约与欧盟：权力机构的平衡》（*Amsterdamfördraget och EU: s institutionella maktbalans*, Stockholm: Norstedt, 1998），页 87 - 90。坚持论证功能方法的有汉斯·皮特·依甫生（Hans Peter Ipsen），参见：依甫生，《欧洲共同体法》（*Europäisches Gemeinschaftsrecht*, Tübingen: Mohr, 1972）。

（Rechtsstaat）和民主这两个价值基础上的。❶

3. 方法和限定

法律秩序能够以不同的方式去构建和描述。❷ 依据传统观点，法律秩序是一个有着层次结构的体系，或者说是由有约束力之规范群所构成的一个层级结构。"规范的层次结构"一词指的是，不同的规范在体系结构中处于不同的层次级别，各项规范的地位分别具有较高或隶属的特征。为了被视为是有效力的，非国内法规范必须被"纳入"国内法体系当中，并且在规范的层次结构中处于某个特定的位置。

我的法律观与这些理念是一致的——就是说，[7] 我也将法律理解成是一个具有层次结构的、统一的体系，并且，这个体系是由有约束力的规范所组成的。❸ 然而，虽然坚持这一观点，但我并不愿意冒险去尝试解决那个传统的哲学难题，即"为何要那样理解法律"。我也并不打算就"究竟如何去把握法律新现象中的本质，从而去改进传统的法律理论模式"提出任何建议。

实际上，我会以两种特定的方式去运用凯尔森的基础规范理论：第一种，同时也是最主要的方式，将其当作解释的客体；第

---

❶ 关于合法性与民主的问题，参见：佩策尼克，《何为正确？民主、法律、伦理和法律论证》（同页 3 注释 2），以及"解决问题的法律民主"（Löser juridiken demokratins problem?），载 *SOU*，1999：58，页 7 – 54；亦可参见：乔金姆，《阿姆斯特丹条约与欧盟：权力机构的平衡》（同页 9 注释 1）。

❷ 在学说上，对于"法秩序"（legal order）和"法律体系"（legal system）的使用并未达成共识。在本书中，"法秩序"指的是一个国家的规范层次结构，而"法律体系"则可以指任何类型的规范体系。因此，"国内法律体系"和"法秩序"经常是混同使用的。

❸ 根据我的观点，超国家的欧共体法律的整合，并不意味着（在一个国家之中）存在两套法律体系；然而，欧共体每个成员国仍然只存在一个单一的法秩序。

二种，将其当作我的理论框架，去阐释"超国家的合法性"这个理念。

当前，对凯尔森理论已经形成了多种不同的理解。我对凯尔森基础规范理论所作出的阐释是新颖的，因为我的阐释不是在凯尔森认识论的遗产中，而是在他对于"应当"之意以及"法律的自我规定"之意思的独特解释中——这种解释乃是在古典阶段（1922～1960年）的不同时期被分别提出的。

此外，我对凯尔森的理论所作出的阐释，其新颖之处还在于，它会引起人们关注凯尔森学说的现实性，即它会引起人们对不预设基础规范所可能产生之结果的关注。因为，并不总是能够预设基础规范：特定的标准必须被认为得到满足——而随着时间的迁移，这些标准又会发生改变。凯尔森提出了"有效法律"的三个标准——规范的层次结构、强制力要素以及大体上的实效性——这些构成了正常社会里（并非极其不道德的社会里）法律有效性的最低限度；只要有关"约束力"的意识确实产生了，那么这一最低限度就必须存在。然而，在我们这个时代，凯尔森的最低限度已经不再足够：我们这个时代，民主原则的适用已经确定无疑地成为"法律秩序"的标准。❶

本书的研究在凯尔森的法律理论主导下继续展开：本书所诉诸的纯粹法学将被当作一种富有启发性的理论框架。借此，我并没有提出一种改革方案——而毋宁是一种非一般的程序模式，而这种非一般性正体现在，法律问题是以一种更高水平的抽象性呈现出来的。❷

---

❶　欧盟成员国的普通公民，在面对新体系时会产生识别的问题，他们可能不愿意接受新的权威所作出的有约束力的裁决。

❷　因此，芬兰赫尔辛基大学民法系教授奥里斯·阿尔尼奥（Aulis Aarnio）指出，路德维希·维根斯坦（Ludwig Wittgenstein）的哲学思想成为他从非实证主义法律观的角度去研究法律解释学的"一个普遍性纲领"。参见：阿尔尼奥，《理性与权威：论法律教义学的动态范式》（*Reason and Authority. A Treatise on the Dynamic Paradigm of Legal Dogmatics*, Aldershot：Dartmouth，1997），页 106－107。

本书当前的研究对象——对"凯尔森基础规范之预设"的引入与现实性，决定了对其作出限定的必要性。因此，我所关注的是凯尔森的"古典阶段"（大约是 1920～1960 年，也有人认为应该算到 1965 年），并且不再对凯尔森晚期怀疑主义阶段的思想做过多深入地研究，因为凯尔森在晚期明显地向法律现实主义靠拢了。

[8] 而且，我充分地意识到，民主问题需要一种全新的解决方案。这个话题，包含了一系列的重大问题——诸如如何对"民主"一词进行定义、如何评价民主体制、如何解释那些在表述和探讨民主模式中出现的变化——尤其是那些已经发生的改变。❶ 然而，对于这些问题的解决，势必超越本书的研究范围。

4. 结　构

本书共分为四个主要部分，其中尤其需要强调第二部分和第三部分。

第一部分（传统理论：凯尔森 v. 哈特）介绍了凯尔森所宣扬的那种特定类型的法律实证主义。

第一章（凯尔森的基础规范学说）对基础规范理论展开了广泛的探讨。研究表明，基础规范理论出现在他的《纯粹法学》第 2 版以及他 1960 年以后的部分主要著作当中。凯尔森的理论表达了这样一个意思——它不仅开创了规范的强制力，而且也承认法律秩序中其他"低级别"规范的强制力。

---

❶　因此，这一现象出现在瑞典批准加入《马斯特里赫特条约》(*the Maastricht Treaty*) 的过程中，而对于实效性的论证，其目的在于标明民主。

第二章（哈特的承认规则学说）将目光转移到哈特的法律观上（法律的外在观），特别是他的"承认规则"这一概念。哈特的法律观肯定能够帮助他对"有效性"进行定义，但他的法律观在证成法律规则的合法性问题上却无法提供任何帮助，这一点是确定无疑的。

第三章（学说的选择）做了进一步阐述，并形成我自己的观点。相比哈特的法律观，凯尔森在基础规范理论中的法律观（内在的法律观）逻辑上似乎显得更为复杂、丰富——因而，也就在法律的规范性这一"基础"问题上显得更具优势。需要研究的是，约束力是如何产生的——规范中的义务——如何能够通过"预设"基础规范而产生。

第二部分（法律意识）阐述的是基础规范这一话题，它构成了本书的核心。

第一章（基础规范的预设（Ⅰ））以三个问题的提出作为开始：谁预设了基础规范？能够以一种令人信服的方式维护这一预设吗？预设的不同之处在哪？凯尔森似乎早已明确该由谁来预设基础规范。根据那些早已广为接受的观点，对于法学家来说，基础规范的预设是自然而然的事情，或多或少都是能够被理解的。凯尔森的信众认为，基础规范预设的结果，所反映出来的是语言的特殊用法。

第二章（基础规范的预设（Ⅱ））在基础规范预设的结果中继续展开探讨。基础规范的表述既不是 [9] 纯粹描述性的，也不是纯粹规范性的。在此，本书所接受并运用的理论，其灵感源自对哈特法律规则的"内在观"的研究。依照凯尔森信众的说法，本书的目的是要揭示出基础规范的内在性：法律意识——本身就是矛盾的，法律论证最终的衡量标准便是那些受法律调整的人。基础规范的"预设"呈现出法律语言的特点——这个特点便是，法律语言几乎都历经了从描述性到规范性这样一个潜移默化的转变过程。

从第二部分开始，凯尔森关于"法律体系的统一体"这一概念就出现了——该统一体被理解为是一种认知意义上的，而非组织意义上的统一体——它显示出两个构成要素：形式性统一体的观点，"识别"法律体系这个统一体（这一观点一方面根植于规范的层次结构学说，另一方面根植于基础规范理论）；实质性法律体系统一体的观点，这一观点认为"不会彼此相互冲突"的规范形成了一个有意义的整体。

然而，第一个构成要素——形式性的统一体——成为第二部分的主旋律；第二个构成要素——实质性的统一体——被认为更多地体现在第三部分当中。

第三部分（凯尔森和后凯尔森时期）转而研究法律体系的实质性统一体这个问题，并提出了"可直接适用的法律"这一表述。

第一章（规范的冲突）关注的是规范冲突的认知与解决的几种不同方式。本书认为，首先需要考虑的是两项规范相互"冲突"意味着什么：尽管暗示着逻辑上的缺陷，但"规范的冲突"这一术语显然指的并不完全是纯粹逻辑上的不兼容性。之后，我又关注规范冲突的结果——在两种对立的观念中，必须考虑这样一个问题，即两项相互冲突的规范，其中只能有一项是有效力的和可适用的（这是凯尔森在 1960 年之前对于规范冲突的观点）；两项规范虽然是相互冲突的，但都是有效力的，然而其中只有一项是可适用的（这是凯尔森在 1960 年以后对于规范冲突的观点）。第一种观念的理论解释的是，尽管存在缺陷，然而为何规范仍被认为保留了它的有效性，因而秉持了凯尔森规范的层次结构学说。相比之下，第二种观点指的则是一种典型的司法审查的情形。

第二章（可直接适用的欧共体法律）探讨的是欧盟的法律体系，这是根据凯尔森的"层次结构学说"（Stufenbaulehre）以及他的"法律体系形式性统一体理论"而写的。本章旨在研究规范冲突危机背后的理由，这种冲突是欧洲法院（ECJ）和授权性的国内法院之间的一种固有的关系。依据这一观点，我首先将目光聚焦在欧共体法律的"宪法性"特征上：通过从欧共体判例法当中援引一些"经典"的案例，站在联盟的立场上，研究了基础条约的"宪法化"过程。然后，再考虑这一论证的结果；特别是，我指出了欧共体法律体系的主要缺陷，即对权力欠缺一个明确的界限划定（2.1 节　欧共体法律的宪法化：过程与结果）。于是，我继续研究围绕在欧共体法律原则周围的问题——特别是［10］欧共体法律的优先原则：我应该权衡传统的"法律体系"观（一元论和二元论）与欧盟的视角（2.2 节　传统"法律体系"观 v. "欧盟的视角"）之间的利弊。

第四部分（为何是凯尔森的基础规范？）开始展望前景。

第一章（超越国家层次的民主）包含对超国家层次的民主的探讨，其中包括凯尔森（形式）民主的概念。

第二章（欧共体法律的基础规范）研究的是附条件的基础规范，并就欧共体法律特殊的基础规范提出了建议，旨在提请人们关注两点：首先，通过什么方法，这个特殊的基础规范能够得以实现；其次，这一附条件的基础规范应该包含哪些要素。

第三章（展望）最终宣称，在第二部分所提及的基础规范——将凯尔森基础规范的预设作为法律论证的基础——在我们这个时代，对包括民主在内的事物都产生了影响。

超国家法律体系的合法性，取决于有效力的和有约束力的规范群作为统一体的可能性，这一可能性同所认可的特定标准密切相关——在我们这个时代，在所有的标准当中，民主这个标准是一个优先性的准则。

在这一点上，本书已经超越了纯粹法学。本书所提出的是一种"模糊"的或"包容"的实证主义——它包含着最低限度的民主。

传统理论：
凯尔森 v. 哈特

导　　论

[11] 规范产生其他规范。依据凯尔森的法律理论，如果一项规范是根据另一项更高层次的规范而"制定或颁布的"（"较高层次"之规范是"较低层次"之规范的效力基础），那么该规范便是有效力的。❶"较高层次"的规范与"较低层次"的规范之间的关系，可以比作是上位和下位的关系。❷

因此，在凯尔森看来，法律秩序就是由不同层次的法律规范所组成的一个层次结构——凯尔森说的是："各层次之法律规范的层次结构。"❸幸亏存在这

---

❶　"一项规范的有效性基础只能是另一项规范的有效性……因为当法律具有动态性的时候，一项规范之所以有效，就在于并且仅限于它以一种被规定的（以另一项规范所规定的）方式被创设。所以，后一项规范就展示了前一项规范直接的有效性基础。"参见：凯尔森，《纯粹法学》第 2 版，页 196、页 228。

❷❸　"上位与下位的空间比喻"。参见：凯尔森，《纯粹法学》第 2 版，页 228。

样一种联系，一方面是有效性的资格，另一方面则是有效性的理由；理由存在于另一项更高层次的规范当中，**层次结构**（Stufen-bau）中的规范是作为一个统一的体系而出现的。❶

当问到某一特定规范之有效性的终极理由时（也就是在问，根据最终的分析，某一特定规范为何是有效力的），人们所采纳的方式被称为"有效性的追溯"❷——这个追溯的过程最终在宪法规范那里结束。

然而，当问到宪法有效性的理由——宪法为何"应当"被遵守时——就不能像下面这样去回答：因为没有比宪法"层次更高"的实在法规范了。

凯尔森对这一问题给出了他的答案——基础规范。他说，人们"应当"按照最高层次之实在法规范的要求去实施行为，最高层次的实在法规范指的是在层次结构中处在最高等级位阶的规范，因为（预设的）基础规范就是这样要求的（是基础规范要求人们遵守宪法）。❸

[12] 哈特对上述问题（"宪法为何是有效力的"）的回答是这样的："简单来说，一开始就提出这样的问题是毫无意义的。"哈特说："如果体系中的法官和官员是依据宪法所提供的标准来识别法律，那么为法律规定各种来源的宪法就成为一个活生生的现实存在，这样的话，宪法便是被认可的，也是现实存在的。"❹所以，没有必要像凯尔森那样去寻找一项旨在说明宪法应当被遵守的规范。按照哈特的说法，寻找这样一项规范的过程，似乎是

---

❶ 凯尔森，《纯粹法学》第 2 版，页 228。

❷ 采取"有效性的追溯"意指特定规范的有效性在规范的层次结构中自下而上地追溯。

❸ 有效性的理由——"为何法秩序中的规范应当被服从和适用"，这个问题的答案便是预设性的基础规范；依据基础规范，人们应当遵守已经实际建立起来的，并且大体上具有实效性的宪法。参见：奈特英译本《纯粹法学》，页 212；凯尔森，《纯粹法学》第 2 版，页 219。

❹ 哈特，《法律的概念》，页 293。

"一种无穷尽的演绎"。❶ 哈特说，通过观察"官员"所表现出来的行为模式，查明某项特定的规则是否是由议会所制定的，这是可行的；因此，官员的行为才是有效性的最终标准。

相对而言，就实在法规范中的"最高层次"或其标准来说，哈特和凯尔森选择的是两条不同路径的实证主义道路。❷ 在哈特看来，如果一项规则是作为社会规则出现的（社会规则是区别于习惯的），那么就要求该规则被视为是普遍适用的（至少为大部分人所遵守）有约束力的行为准则；在这种情况中，它反映出来的就是一种规范性语言的用法。

法律体系是由"第一性规则"（又被称为"初级规则"或"主要规则"）和"第二性规则"（又被称为"次级规则"或"次要规则"）所组成：主要规则是行为规则；次要规则是与主要规则相关的规则，次要规则是与主要规则的颁布模式相关的规则，或者是与主要规则的修改、废除方式相关的规则，或者是承认主要规则是有效力的规则，或者是用以解释主要规则的规则。❸ 哈特对"主要规则与次要规则"作出的区分所反映出来的是他对于"义务规则与授权规则"之间的区分：义务规则是科以义务的，授权规则是授予公权力或私权力的。❹

在哈特看来，"有效力的法律"就是那些被"承认"隶属于该法律体系的法律。哈特认为，在建立规则之间的成员关系时，官员们诉诸的是承认规则（承认规则是一种次要规则）。❺ 承认

---

❶　哈特，《法律的概念》，页293。

❷　凯尔森所面对的难题是，如何描述哈特的"法律的内在观"。凯尔森自己并未使用过"内在的"和"外在的"这类表述。"法律的内在方面"与"法律的外在方面"之间的区别，在凯尔森的理论中也是含蓄的。

❸　参见：哈特，《法律的概念》，页94。

❹　同上，页81。

❺　哈特对于主要规则与次要规则之间的术语区分（参见：哈特，《法律的概念》，页94），已经受到很多学者的批判，包括 Bjarup（见第一部分第一章，页56注释1）、米夏埃尔·帕夫利克（Michael Pawlik，见第一部分第二章，页72注释1）、Singer（见第一部分第二章，页72注释1）。

规则指出，主要规则是由特定主体所制定的，或者是由他们长期的惯例、司法判决所形成的。❶ 因此，法律体系中，规则之间的成员关系能够被客观地建立。

[13] 但是，在凯尔森看来，正是基础规范使得我们摆脱了法律的"外在"特征（法律规范的实际强制力），并转而关注法律的"内在"特征——将法律理解成是有约束力之规范的体系。正是基础规范，在"实然"（事实）与"应然"（规范）之间，搭建起了一座桥梁。❷

在随后的章节（第一章　凯尔森的基础规范学说）中，我试图阐明基础规范所表述的实体类型。这一切是我通过关注凯尔森描述基础规范之功能（在他漫长的古典时期的巅峰）的方式而得以完成的，即关注他在漫长的古典阶段的著作而完成的。所以，我在《纯粹法学》第 2 版（1.1 节　纯粹法学中的基础规范 [1960]）中找到了理论出发点。此外，我还仔细研究了凯尔森

---

❶　哈特，《法律的概念》，页 95。

❷　"从某事实际如此，无法得出某事应当如此的结论；而某事应当如此，也无法成为某事实际上就是如此的理由。一项规范之有效性的理由只能是另一项规范的有效性。"参见：奈特英译本《纯粹法学》，页 193。"实然/应然"之争——有关"实然"（事实）与"应然"（规范）的争论——能够追溯到休谟有关"人性论"著作。参见：休谟（David Hume），《人性论》（*A Treatise on Human Nature*, ed. Ernest C. Mossner, Penguin Books, 1969）。在凯尔森看来，"实然"与"应然"的区别除此之外无法得到其他解释："没人能够否定实然陈述——'实然陈述'是一种用以描述既存事实的陈述——实然陈述不同于某事应当如此的陈述——'应然陈述'是用以描述规范的陈述。没人能够宣称可以从实然陈述中得出应然陈述，反之亦然。"参见：奈特英译本《纯粹法学》，页 5-6；凯尔森，《纯粹法学》，页 5。除理查德·M. 黑尔（Richard M. Hare）外，普遍认为，不可能从纯粹的描述性前提推导得出规定性的结论。参见：黑尔，《道德语言》（*The Language of Morals*, Oxford: Clarendon Press, 1952）。关于实然与应然的话题，参见：赖特（Gerog Henrik von Wright），"实然与应然"（Is and Ought），载《人、法律与现代生活模式》（*Man, Law and Modern Forms of Life*, ed. E. Bulygin *et al.* Dordrecht: Reidel, 1985），页 263-281；1998 年再版，页 365-382。

关于这一话题最为核心的四篇论文,❶ 这四篇论文是凯尔森在 1960～1965 年创作的（1.2 节　1960 年之后凯尔森对其学说的解释）。

---

❶　对基础规范学说的批判，在《纯粹法学》1960 年第 2 版（随后在 1962 年被翻译成法文版本《纯粹法学》［*Théorie Pure de Droit*］）发表之前并未大量出现。

第一章　凯尔森的基础规范学说

简　　介

[15]"基础规范的问题"这种表述引发了这样一些话题：规范为何是有效力的以及是如何有效力的。❶在法律理论领域中，"基础规范"这个术语

---

❶　"为何"一词通常使用在因果关系以及规范性层面上；与纯粹法学相关联的"为何"一词，显然具有规范性的意思。在本书看来，某种程度上说，"为何以及如何"一词所表达的，正是有效法律的纯粹形式合法性。

指的是实在法有效性的来源或基础。❶ 根据凯尔森的法律理论，实在法的客观有效性是以基础规范的预设为前提条件的——包括凯尔森在内的法学家们在思考法律术语时，总是无意识地想到了基础规范一词。

对于凯尔森基础规范学说的目的，不存在任何质疑。❷ 凯尔森说，他的理论能够帮助法学家们解答"实在法宪法以及建立在它基础上的法律体系之有效性的基础"这个难题——简言之，凯尔森的理论可以回答这样一个问题，"为何某部宪法（或建立在某部宪法基础上的法律体系）被认为是有效力的体系和有约束力的规范"。正是基础规范的预设才使得我们能够说"有效的法律"。❸

[16] 法律理论将法律规范的"有效性"与"有效性的证

---

❶　"基础规范相当于实在法有效性的来源"，这种理念最早可追溯到 18 世纪晚期——确切地说是以 1797 年康德的《道德形而上学》出版为标志（该书以法哲学作为开始）。在康德看来，不得不认为"存在一种包含纯然为实证的法则的外在立法；但这样一来，就必须有一种自然法则先行，来证成成立法者的权威（通过他的纯粹任性来约束其他人的权能）"。参见：伊曼努尔·康德（Immanuel Kant），《道德形而上学》学院版卷 4（*Die Metaphysik der Sitten*，Berlin：Akademieausgabe，1907），页 224。因此，康德没有使用基础规范来证明立法者的权力。在康德看来，这些权力纯粹是建立在一个"自然"规范的基础之上——这个"自然"可以作为优先性的原因来理解。参见：维尔纳·克拉维茨（Werner Krawietz），"基础规范"（Grundnorm），载《哲学史词典》卷 3（*Historisches Wörterbuch der Philosophie*，ed. Joachim Ritter/Stuttgart，Basel，1947，column 918）。

❷　参见：凯尔森，"法律的自我规定"（Die Selbstbestimmung des Rechts），载《全书：科学、艺术与文学期刊》（*Universitas. Zeitschrift für Wissenschaft，Kunst und Literatur*，18/10，1963，repr. in WRS II），页 1451。本书所使用的是新版本（以下简称"Kelsen，Selbstebstimmung"）。

❸　凯尔森论证说，通过提出基础规范学说，纯粹法学仅仅只是无意间意识到大部分法学家都在做什么。当法学家们将所提到的事实不仅只是理解成一种因果关系，而且也将他们的主观意思理解成客观有效的规范（规范性法秩序）；不是将该秩序的有效性建立在一项更高级的超法律规范的基础上，而是建立在超法律权威的另一个权威所制定的规范基础上。换言之，法学家们只将实在法视为法律。基础规范理论仅是对实证主义法学程序分析的结果。参见：凯尔森，《纯粹法学》第 2 版，页 209；奈特英译本《纯粹法学》，页 204 - 205。

成"（合法性）区分开来。在凯尔森看来，探究法律有效性的
"基础"，就是在探究"法律为何是有效力的"。❶

　　对此，基础规范学说给出的答案是这样的：有效法律的"基
础"就是基础规范——它是一个终极性的以及仅仅是设想的规范，
基础规范说的是"宪法（以及建立在该宪法基础上的法律体系）
应当被遵守，即宪法和这些法律是有效力的和有约束力的法律"。
换句话说，法律之所以是有效力的和有约束力的，是因为基础规
范就是这样要求的（如果基础规范得到预设的话）。❷

　　因此，对凯尔森来说，"法律为何是有效力的——有效法律
的证成"这个问题，最终同任何道德或政治都不相关。凯尔森旨
在实现纯粹形式上的证成：基础规范要求人们"应当"遵守宪
法以及源自宪法的规范——但基础规范并没有说明，人们为何应
当遵守宪法以及源自宪法的规范。❸

　　凯尔森的基础规范，具有三项显著的功能——认知功能、❹

---

　　❶ "为法律奠基，这意味着为法律的有效性提供基础，即回答下列这个问题：
为什么人们应当遵守一个实证的法秩序中的规范。"参见：凯尔森，"法律的自我规
定"，页 1445。

　　❷ "有效性的基础——这就是以下问题的答案，即为什么该法秩序的规范应当
得到遵守以及被适用——就是那被预设的基础规范；根据基础规范，人们应当遵守一
部被真实制定了的（普遍有效）的宪法，并因而应当遵守那项根据该宪法而真实被
制定的普遍有效的规范。"参见：凯尔森，《纯粹法学》第 2 版，页 219。对应着这一
段的英译本内容如下："The reason for the validity – that is, the answer to the question why
the norms of this legal order ought to be obeyed and applied – is the presupposed basic norm."
（有效性的基础——法秩序中的规范为何应当被遵守和被适用，该问题的答案就是基
础规范）参见：奈特英译本《纯粹法学》，页 212。

　　❸ "基础规范的预设并不支持任何超越实在法的价值。"参见：凯尔森，《纯粹
法学》第 2 版，页 204；奈特英译本《纯粹法学》，页 201。参见：罗伯特·沃尔特
（Robert Walter），《法律秩序的结构》（*Der Aufbau der Rechtsordnung. Eine rechtstheore-
tische Untersuchung auf Grund lage der Rinen Rechtslehre*, Graz: Leykam Verlag, 1964），
页 14。

　　❹ 参见：凯尔森，《纯粹法学》第 2 版，页 224 – 225、页 443 – 444；奈特英译
本，页 218。

形式合法化功能❶以及统一功能。❷ 尚未明确的是基础规范的地位：基础规范究竟只是一个概念上的假设，还是一个真实的、有约束力的规范？如果属于后一种情形，那么它又对哪些主体具有约束力？❸

凯尔森本人对"基础规范"（basic norm）❹ 有过多种称呼——其中包括"原初规范"（Ursprungs norm）、❺ [17] "预设的规范"（presupposed norm）、❻ "预设"（presupposition）、❼ "包含在一项假定中的规范"（a norm included in a supposition）、❽ "法律上的假言命题"（juristic hypothesis）、❾ "实证主义的终极

---

❶　参见：凯尔森，《纯粹法学》第 2 版，页 205；奈特英译本，页 202。

❷　参见：凯尔森，《纯粹法学》第 2 版，页 196 – 197、页 209；奈特英译本，页 193 – 195、页 205。

❸　参见：凯尔森，《纯粹法学》第 2 版，页 208 – 209。关于"基础规范的约束对象"这个问题，参见：本书第二部分第一章 1.1 节。

❹　下述列举尚难以堪称是详尽的。

❺　参见：凯尔森，《主权问题》（*Das Problem der Souveränität*, Tübingen, 1920; repr. Aalen, 1981 [以下简称"*PS*"]），前言，页Ⅶ - Ⅷ；页 107；亦可参见：凯尔森，《一般国家学》（*Allgemeine Staatslehre*, Berlin: Julius Springer, 1925 [以下简称"*ASL*"]），页 99、页 104。

❻　参见：凯尔森，《纯粹法学》第 2 版，页 197；奈特英译本，页 194 – 195。

❼　"规范有效性的理由是一个预设，这个预设是一项被假定为有效的规范，它被称为基础规范。"参见：凯尔森，《法与国家的一般理论》（*General Theory of Law and State*, Cambridge Mass: Harvard University Press, 1945, repr. New York: Russell & Russell, 1961 [以下简称"*GT*"]），页 111；亦可参见：凯尔森，"法律的自我规定"，页 1451。

❽　"在大前提中所表述之规范的效力，包含在结论中的规范当中：结论中规范之效力，来源于权威。"参见：奈特英译本，《纯粹法学》，页 194。"已被包含在预设中，因为那种具有效性基础有待追问的规范，源自一个权威""当有待追问的行为被解释为制宪行为，以及基于该宪法而被设定的那些行为被解释为法律行为的时候，[实际]已经预设了一个国家的法秩序基本规范——就像对我们的法律判决所作的一项分析所展示的那样。发现这一预设，是法律科学的本质功能。在这一预设里，存在最终的、但根据其本质又仅仅是有条件的以及在该意义上 [因而是] 假设的法秩序基础规范。"参见：凯尔森，《纯粹法学》第 2 版，页 47。

❾　例如"纯粹法理论……探索的是法律的基础——法律效力的理由——它并非处在中立的司法原则当中，而是处在司法假设当中——基础规范，是现实司法思维逻辑分析而建立起来的。"参见：凯尔森，《法与国家的一般理论》。

预设"（ultimate hypothesis of positivism）、❶ "一个法律体系的终极（附条件的或假言的）有效性"（ultimate［conditional or hypothetical］Geltungsgrund of a legal system）、❷ "设想的规范（通过预设来设想的）"（thought norm［that is，thought qua Voraussetzung］）、❸ "真实的拟制"（genuine fiction）、❹ "法律逻辑上的宪法"（juridico - logical constitution）、❺ "先验逻辑意义上的宪法"（constitution in the transcendental-logical sense）、❻ "先验逻辑的以及同时为法律的概念"（transcendental-logical and，at the same time，legal concept）、❼［18］ "通过法律科学来诠释的先验逻辑前提"（transcendental-logical condition of the interpretation by the science of law）❽ 和 "实在法有效性的先验逻辑证成"（transzen-

---

❶ "实证主义最终的假设就是对历史上第一位立法者予以授权的规范。"参见：凯尔森，《法与国家的一般理论》，页116。

❷ "这一预设是法秩序有效性的最终理由，但它并不具有条件的特征，而只是假设性的。"参见：凯尔森，《纯粹法学》第2版，页47；奈特英译本，页46。

❸ "当一项基础规范在普遍有效的强制秩序中被解释为有效法律规范的体系的时候，它只能是一项被设想的规范，更准确地说，是一项被设想作为预设的规范。"参见：凯尔森，《纯粹法学》第2版，页207；"被设想为作为预设"这一表述在奈特英译本中被省略了，参见同上：页204。

❹ 参见：凯尔森，"宪法的功能"（Die Funktion der Verfassung），页1977；亦参见：凯尔森，《规范的一般理论》（Allgemeine Theorie der Normen，ed. Kurt Ringhofer and Robert Walter，Vienna：Manz，1979［以下简称"ATN"］），页206；Michael Hartney英译本，《规范的一般理论》（General Theory of Norms，Oxford：Clarendon Press，1991）。本书使用的是德文版本。

❺ 参见：凯尔森，《纯粹法学》第2版，页202；奈特英译本，页199。也参见：凯尔森，"法秩序的概念"（Der Begriff der Rechtsordnung），载《逻辑与分析》（Logique et Analyse，Nouvelle Série，1958），页155 - 167；repr. in WRS II，页1395 - 1416、页1399。本书使用的是后一个版本。

❻ "基础规范相当于超验逻辑意义上的宪法，这有别于实在法意义上的宪法。后者是人的意志行为所制定的宪法，其效力建立在预设性的基础规范之上。"参见：凯尔森，"宪法的功能"，页118。

❼ 参见：凯尔森，"斯通教授与纯粹法学"（Professor Stone and the Pure Theory of Law），页1148。

❽ 参见：凯尔森，《纯粹法学》第2版，页204 - 205；奈特英译本，页202。

dental-logische Begründung der Geltung des positiven Rechts）。❶

　　批判和质疑不期而至。人们指责基础规范是一种毫无必要的
回溯，❷ 在具体的实在法体系面前，基础规范的建构性身份并不
清晰、明确，它就像是一个悬浮在空中的概念。❸ 当被问到基础
规范（Grundnorm）、原初规范（Ursprungsnorm）、法律逻辑意义
上的宪法（Verfassung im rechtslogischen Sinne）是否空洞无物，❹
是否是一个独立的实体时，如果真是这样，那么"基础规范"
一词又是在何种意义上被使用的。凯尔森回答道，这三种表述指
的同一个实体，并且，这在语义学上也是恰当的。❺ 凯尔森援引
了《大拉鲁斯百科全书》（*Grand Larousse Encyclopédique*）。在这
部百科全书中，"基础规范"被定义为一项假设性的或基础性的
规范——根据凯尔森的观点，基础规范也是假定性的，它是法律
体系的基础，是法律体系有效性的逻辑来源。❻ 凯尔森声称，他
著作中所使用的"基础规范"一词，指的就是这种意思，而不
是其他的含义。❼

---

　　❶　参见：凯尔森，"法律的基本有效性"（Vom Geltungsgrund des Rechts），页
1427。

　　❷　"如果一部明确规定各种法律渊源的宪法，是活生生的现实存在……那么该
宪法便是得到认可的，也是实际存在的。不得不提到的是，对能够影响'宪法为何
应当被遵守或谁设定了第一部宪法'这些问题的规则进行深入探究，这似乎是一个
无穷无尽的回溯过程。"参见：哈特，《法律的概念》，页293。

　　❸　根据斯通的观点，凯尔森对于基础规范的表述方式显然被模棱两可地掩饰
了：一方面，基础规范处于每一个法秩序规范金字塔中的最高地位；另一方面，基础
规范又属于依然处在该金字塔之外的其他规范，因此也是元法律、普遍性的预设，这
一预设要求每个法秩序中的"宪法"都应当被遵守与服从。参见：朱利叶斯·斯通
（Julius Stone），《法律体系与法学家推理》（*Legal System and Lawyers' Reasonings*,
Stanford, Calif. 1964），页104。

　　❹　同上，页124。

　　❺　参见：凯尔森，"斯通教授与纯粹法学"，页1148。

　　❻　"标准的或假想的基本规则，亦即，凯尔森假定的基础规范，在任何法律体
系中，它都是合乎逻辑的有效性基础。"参见：《大拉鲁斯百科全书》第七册（*Grand
Larousse Encyclopédique*, 1963年），页821。

　　❼　参见：凯尔森，"斯通教授与纯粹法学"，页1146。

由他的学说所引发的猛烈批判，使凯尔森意识到语言的限制性——特别是英语——因此，他开始思考究竟该如何对"被预设的基础规范"一词进行准确翻译。对凯尔森而言，这个术语显然是清晰明了的，但他无法解释给其他人听，这让他绞尽脑汁；然而并不奇怪的是，凯尔森自己将它解释成"基础"和"预先被制定的事物"的意思。❶

直到 1965 年，针对凯尔森学说的含义，斯通教授❷从凯尔森那里提炼出一个 [19] 具有启发意义的答案：❸ 事实上，这个答案证明了，尽管在其著作中的怀疑主义阶段，凯尔森放弃了他的部分理论，❹ 但他从未放弃过纯粹法学中的核心思想——基础规范学说。❺

1.1　纯粹法学中的基础规范(1960 年)

一种因为功能上的复杂性而引人注目的实存，应该以一种融贯的、明晰的方式去描述。凯尔森的基础规范并非一个简单的事物：基础规范是一种特定的预设，它旨在为法律的客观有效性奠

---

❶　在他晚期的怀疑主义阶段，凯尔森认同汉斯·法依兴格尔（Hans Vaihinger）的"假如哲学"思想，并据此得出结论：基础规范是一个真正的、恰当的虚构。关于基础规范就是一个虚构，详见本章 1.2.3 节的相关内容。

❷　参见：斯通，"基础规范中的诡异与神秘"（Mystery and Mystique in the Basic Norm），载《现代法律评论》（The Modern Law Review，26，1963），页 34 – 50。以缩写形式，该文成为斯通在《基础规范中的诡异与神秘》一书第 3 章的部分内容，页 123。参照页 29 注释 3。这是他晚期就凯尔森的回应所写作的著作。

❸　对凯尔森观点的进一步分类始于 1968 年，即始于他对 Karl Leibinger 批判的回复。参见：凯尔森，"纯粹法学的难题"（Die Problematik der Reinen Rechtslehre），载 ÖzöR 18，1969 年，页 143 – 184。这篇论文是对 Karl Leibinger 的回应。

❹　关于凯尔森著作的阶段划分问题，参见：本书第二部分第一章，页 109 注释 1。

❺　在我看来，凯尔森仅仅是改变了他所使用的术语（详见本章 1.2.3 节）。

定"基础"，❶ 但德语"begründen"［证成］和"voraussetzen"［预设］一词最初的意思尚不清楚。此外，从 1960 年《纯粹法学》的第 2 版开始，那种"预设"的基础规范就转变成一种行为规范❷和一种资格规范。❸

1.1.1　行为规范和/或资格规范

基础规范是一个被预设的规范，也是"最高级别"的规范——它之所以是"最高级别的"，是因为基础规范在规范的层次结构中处于顶点的位置。这个最高级别规范的有效性是自然而然的。

［20］在凯尔森对有效性理由所进行的研究中，❹ 他阐释了静态规范体系中基础规范的预设。❺ 这是通过援引宗教伦理中的三段论而得以实现的。❻

---

❶ "当以下要求能够得到预设的时候——应当如此去行动，就像制宪者所规定的那样——制宪行为就不仅具有主观上为规范性的意义，而且亦具有客观上为规范性的意义……这样一种用来为客观有效性奠基的预设，在此被称为基础规范。"参见：凯尔森，《纯粹法学》第 2 版，页 8；奈特英译本，页 8。

❷ 有关基础规范最为著名的表述如下——这种表述将其等同于一种行为规范——根据凯尔森的观点，基础规范是国内法律体系中的"原则"："在特定条件下，强制行为应当以特定的方式去实施，而这些特定的方式则是由历史上首部宪法以及根据它所制定的规范所规定的（简言之，即人们应当按照宪法的规定去实施其行为）。"参见：凯尔森，《纯粹法学》第 2 版，页 203 - 204；奈特英译本，页 201。

❸ "只有一个有资格的权威才能够制定有效的规范；这样的资格只能源自一项授权去制定规范的规范。"参见：凯尔森，《纯粹法学》第 2 版，页 197。凯尔森说："基础规范就是用来赋予规范创设机构立法授权的。"参见：凯尔森，《纯粹法学》第 2 版，页 199；奈特英译本，页 197。

❹ 参见：凯尔森，《纯粹法学》第 2 版，页 196 - 197；奈特英译本，页 193 - 195。

❺ 在 1959 年的一篇论文中，凯尔森对三段论展开了充分的描述。参见：凯尔森，"论基础规范"（On the Basic Norm），载《加利福尼亚法律评论》（*California Law Review*，47，1959），页 107 - 110。

❻ 参见：凯尔森，《纯粹法学》第 2 版，页 196 - 197；奈特英译本，页 194。关于凯尔森晚期的三段论，参见：凯尔森，《规范的一般理论》，页 203。

规定"上帝的命令应当被遵守"的规范是一项有效的规范，基督徒们从来不会质疑这一规范的效力。基督徒不会去追问"为何这一规范是有效力的"。他们不会这样问，是因为他们确信"上帝就是创制终极规范的权威主体"。❶ 正如凯尔森所指出的，这个最高规范——它作为宗教伦理当中的基础规范——是预设的，❷ "低级别"的规范（有效性能被质疑的规范）来源于被授权的机构。因为其不证自明的内容，即那项规定"上帝的命令应当被遵守"的规范，构成了三段论当中的大前提——或者换言之，该规范即为三段论中的"大前提"。❸ 基础规范是预设的，因为基础规范是"低级别"规范有效性的基础或根基。

这个基础规范——确切地说，是基础规范当中的"应当"——通过其客观意义使小前提中的主观意义得以合法化，同时，结论（"较低级的"规范）因而就被转化为一项客观有效的规范。被预设的基础规范所要实现的，便是对结论的有效性作出证成——借此，结论被认为是合法的和有约束力的。❹

然而，如果一项规范被包含在一项不证自明的预设当中，那么该规范本身必然也是不证自明的——但根据凯尔森的观点，并不存在不证自明的规范。

因此，相比宗教伦理中的基础规范，实在法体系中的基础规范并不是一项实质性的规范——实质性规范的内容被设想为不证自明，其他规范就是从它那里逻辑演绎而生的；实在法秩序中的基础规范是一项被预设的规范，一方面它并非是不证自明的（如同涉及一个被给定的宪法那样），另一方面它也无法通过进一步的逻辑三段论被合法化：根据实证主义的观点，颁布宪法的权威

---

❶ 参见：凯尔森，"论基础规范"，页 108。同页 31 注释 5。

❷ "已被包含在预设中。"参见：凯尔森，《纯粹法学》第 2 版，页 197；奈特英译本，页 194。

❸ "被预设的"是大前提，处于三段论中的顶点位置。

❹ "因此，规范的有效性是在大前提中被表述的，规范使命令的主观意思得以合法化，而命令的客观意思则是在小前提中被表述的。"参见：凯尔森，《纯粹法学》第 2 版，页 205；奈特英译本，页 202。

已经是"最高层次的"了。

国内法体系中的基础规范是以下面这种方式［21］进行阐述的："在特定条件下，强制行为应当以特定的方式实施；这些具体的前提条件和行为方式，是由历史上首部宪法以及依据该宪法而创设的规范所规定的。（简言之，人们应当按照宪法所规定的方式实施行为）"❶ 规范的三段论是如下这样的。❷

大前提：

"人们应当依照已经实际颁布的、具有实效的宪法所规定的方式去实施行为。"（"应然"语句陈述的是基础规范）

小前提：

"宪法是实际存在的，也是有实效的，亦即，根据宪法所颁布的规范大体上得到适用和遵守。"（"实然"语句陈述的是事实）

结论：

"人们应当按照法律体系所规定的方式去实施行为，因为法律体系是有效力的。"（"应然"语句）

凯尔森援引的三段论有着重大的意义，三段论引起了人们对于基础规范与权威之间关联关系的关注。

实在法法律体系中的基础规范，为立法者权威的来源问题提供了答案，正如凯尔森所承认的那样，立法者是宪法之外的权威。❸ 然而，我们关于"宪法是有效力的"这一假设，❹ 并不取

---

❶　参见：凯尔森，《纯粹法学》第 2 版，页 203－204；奈特英译本，页 201。

❷　参见：凯尔森，《纯粹法学》第 2 版，页 219；奈特英译本，页 212。

❸　在凯尔森对帕特森（E. W. Patterson）的回应中，帕特森认为，"宪法是有效力的"这一假设，最终取决于那颁布、维护宪法的官员的政治权威。参见：凯尔森，《纯粹法学》第 2 版，页 207－208；但这一点在奈特的英译本中被忽略了。

❹　"Annahme"［假设］，同上，页 208。

决于宪法颁布者到底是否是权威，因为如同凯尔森所宣称的那样，"宪法是有效力的"这一假设等同于"宪法颁布者已经就是一个权威了——已经是最高级别的法律权威了"这一假设。❶

因此，实在法体系中的基础规范必须创设出一种资格。根据实在法体系中普遍性的动态法律观，❷ 凯尔森指出，动态的规范体系具有（预设的）基础规范特征，基础规范只涉及立法主体的权威性；❸ 在动态的规范体系中，基础规范唯一的功能就在于"它对颁布规范的权威进行了授权"——［22］凯尔森说，这与"创设一项这样的规则，亦即，根据它，法律体系的诸规范应当得到颁布"是同样的道理。❹

这个基础规范——实在法秩序中的基础规范——是没有内容的。如同凯尔森所指出的：迄今为止，人们完全可以谈论一切和基础规范相关的话题；然而，除了"规范创设事实的规定性""对创设规范之权威的授权"或者（实际是同一个东西）"那规定'建立在基础规范之上的秩序中的普遍性规范和个别性规范'的规则应当如何被创设"之外，基础规范并不包含任何其他内容。❺

一项规范的有效性必须建立在另一项规范的有效性基础上，因此，如同凯尔森"比喻性地"指出的，❻ 后一项规范是"较高级别"的规范。"较高层次（高级）"的规范确立了"较低层次

---

❶ "因为'宪法是有效力的'这样一个假设，和'制宪者是个权威——最高的法律权威'这一假设是同一的。"参见：凯尔森，《纯粹法学》第 2 版，页 208。

❷ 参见：凯尔森，《纯粹法学》第 2 版，页 198；奈特英译本，页 195。

❸❹ 参见：凯尔森，《纯粹法学》第 2 版，页 199；奈特英译本，页 197。

❺ 参见：凯尔森，《纯粹法学》第 2 版，页 199；奈特英译本，页 196。凯尔森所使用的表述是："设入那种立宪的行为……而不是设入那种创设法律的质料事实。"参见：凯尔森，"法秩序的概念"，页 1399，同页 28 注释 5。在该文中，凯尔森对这一短语是这样解释的：基础规范直接规定"这样一种质料事实，亦即，通过它，宪法能够得到创设"，间接地规定"通过这样一些质料事实……法秩序的规范能够得到创设"。同上。

❻ 参见：凯尔森，《纯粹法学》第 2 版，页 196；奈特英译本，页 193。

（低级）"规范制定与颁布的程序模式。❶

在规范的层次结构框架中，实证主义法律理论通过对规范的追溯，自最低级别的规范向最高级别的规范展开追溯，从而解答了"有效之法律的基础"这个问题。然而，对于"有效性的基础"的研究，却并未体现出那种无止境的追溯：这个追溯的过程，是由一个终极的、最高层次级别的规范来终结的，并且也必须这样。❷

最高级别的实在法规范就是宪法当中的那些规范。在凯尔森看来，如果法律体系中的规范是根据宪法制定、颁布的，那么这些规范就是有效力的规范。因此，某一项规范的有效性，暗示着该规范是由拥有规范制定权的机构颁布的。

立法机构的资格和权力，最终源于宪法。在研究"有效性"的时候，我们看看宪法的历史变迁，也许会发现更古老的宪法与当下的宪法都是根据那旧宪法制定颁布的。假定有效性的链条没有断裂，人们迟早一定能够追溯到那部最古老的——历史上第一部——宪法那里。既然第一部宪法的有效性也必须归因到某一项规范上，而颁布该规范的个体或集体就必须拥有立法权。❸ 然而，对历史上首部宪法进行立法的立法权力却无法源自 [23] 其他更高层次级别的规范——凯尔森说，历史上首位立法者的权力源自基础规范，即一项"被包含在假设当中的"规范，❹ 而该

---

❶ 参见：凯尔森，《纯粹法学》第2版，页200－201；奈特英译本，页198。

❷ "……在规范体系中，有效性的最理由就是那项最高级别的规范，然而初始因果关系或终极因果关系都不会发生在自然实体体系当中。"参见：凯尔森，《法与国家的一般理论》，页111。"对一项规范的有效性的探究不能像对结果之原因的探究那样完没了地进行下去。这种探究必须在一条被预设为最终的（或最高的）规范那里结束。"参见：凯尔森，《纯粹法学》第2版，页197；奈特英译本，页194。

❸ "唯独有资格的权威才能创设有效力的规范；这项资格或权限只能建立在那个对规范制定予以授权的规范上。"参见：凯尔森，《纯粹法学》第2版，页197；奈特英译本，页194。

❹ "其有效性是在大前提中被陈述的规范……包含在规范的假设当中。它的有效性源自一个权威，该权威有权创设有效力的规范；该规范赋予规范创设者创设规范的权威。"参见：凯尔森，《纯粹法学》第2版，页197；奈特英译本，页194。

假设就是：有效力的规范已经由那些被授予颁布有效法律规范之资格的机构所颁布。

因此，实在法体系当中的基础规范，是一项被包含在一项假设当中的规范。然而，与自然法当中的基础规范有所不同，实在法体系中的基础规范被包含在一项并非不证自明的假定当中，即有关资格之拥有的假定。

"资格的拥有"预设了一个规范——"某人发布了一项命令"这一单纯的事实，本身并未成为"这项命令应当被认为是有约束力"的理由。然而，什么才是它的理由，那便是"颁布这项命令的人拥有颁布命令的资格"，这才是这项命令有约束力的理由。那么，人们可能要问，这种资格一开始就形成了吗？❶

凯尔森是这样解释的：通过将缔造历史上首部宪法的那个意志行为的主观意思解释成同时也是它的客观意思——将那个意志行为的主观意思解释成一项有约束力的规范——创设历史上首部宪法的那个个体或机构（"宪法之父"［Väter der Verfassung]）❷就被授予了立法权。❸ 以这种方式被授予颁布规范之权力的权威，他自己也要服从于上述所说的那项有约束力的规范（首部宪法），就如同其他个体要服从于由权威所颁布的诸规范一样。❹

❶　关于没有授权性规范时的授权问题，参见：Torben Spaak，"法律资格的概念"（The Concept of Legal Competence），载《概念性的分析》（Conceptual Analysis，trans. Robert Carroll, Aldershot, 1994），页189。参见：拉兹，《法律体系的概念——法律体系理论的导论》第2版（The Concept of a Legal System: An Introduction to the Theory of Legal System, Oxford, 1980），页138。参见：佩策尼克，《何为正确？民主、法律、伦理和法律论证》（Vad är rätt? Om demokrati, rättssäkerhet, etik och juridisk argumentation, Stockholm, 1995），页168。

❷　参见：凯尔森，"法秩序的概念"，页1398，同页28注释5。

❸　"基础规范是一项被预设的规范……创设宪法的行为是由特定主体有意识地实施的，创设宪法的行为被客观地解释为关于规范创设的一个事实；如果……创设宪法的个体或那群个体……被视为是创设规范的权威主体。"参见：凯尔森，《纯粹法学》第2版，页201-202；奈特英译本，页199。

❹　参见：凯尔森，《纯粹法学》第2版，页197；奈特英译本，页194。

因此，实在法秩序当中的基础规范——一个"动态的"授权性基础规范——通过立法机构，被认为是实现了对法律"约束力"（或称为"法律的规范性"）的创设与传递：由于立法机构的这种资格（这种资格源于基础规范），层次结构体系中较低级别的规范也因此通过继受的方式获得了强制约束力。

正是在这个意义上，基础规范——它也是纯粹法学的核心内容——"规定了法律创设的基本事实…… [24] 基础规范就是实在法创设程序预设的起点"。❶

1.1.2　"有效性的基础"与"有效性的证成"❷

前述的 1.1.1 节已经说明，如同凯尔森所指出的，授权性的以及形式合法化的基础规范规定了"法律创设的基本事实"：❸ 通过基础规范，历史上首位得到立法授权（有权进行立法）的立法者所创设的法律的约束力是可以传递的；借助其他有资格或权限的机构，将法律的约束力传递给法律体系中级别较低的规范。

相比之下，1.1.2 节关注的则是法律创设之基本事实的基础——宪法层面上的规范，它们的有效性是否又能诉诸另一项更

---

❶　奈特英译本，《纯粹法学》，页 199。

❷　恰当的段落参见：凯尔森，《纯粹法学》第 2 版，页 200 - 209；奈特英译本，《纯粹法学》，页 198 - 205。在本章 1.1.2 节中，我依据斯坦利·鲍尔森（Stanley L. Paulson）的丰富研究成果，尤其是他的以下论著："凯尔森纯粹法学的新康德主义之维"（The Neo-Kantian Dimension of Kelsen's Pure Theory of Law），载 *OJLS*，12，1992，页 311 - 332；"大陆规范主义和英国：他们有何不同？"（Continental Normativism and Its British Counterpart: How Different Are They?），载《法之理》（*Ratio Juris*，6，1993），页 227 - 244；"纯粹法学能在先验的层面得到奠基吗？"（Läßt sich die Reine Rechtslehre transzendental begründen?），载《法律理论》（*Rechtstheorie*，21，1990），页 155 - 179；"凯尔森基础规范的迷惑"（On the Puzzle Surrounding Hans Kelsen's Basic Norm），载《法之理》（*Ratio Juris*，13，2000），页 279 - 293。

❸　奈特英译本，《纯粹法学》，页 199。

高级别的规范上？

　　凯尔森告诉我们，宪法的有效性是假设性的，作出这个假设的就是基础规范：宪法的有效性——"宪法是有约束力的规范"这一假设——必须被预设。❶

　　凯尔森说，对基础规范本质（或属性）的理解，要求我们记住以下这几点：第一，基础规范直接指涉的是那特定的、实在的、大体上具有实效性的宪法；第二，基础规范间接地指涉那依据该宪法而创设的强制性秩序；第三，基础规范为宪法以及依据宪法所建立之强制秩序构建起了它们的有效性基础。因此，基础规范为该宪法的有效性提供了理由，同时，基础规范也为依据该宪法而创设的强制秩序的有效性提供了理由。❷

　　显然，凯尔森并未对"个别性规范的有效性基础"与"作为统一体的法律体系的有效性基础"予以区分。

　　"一项个别性规范为何是有效力的"这个问题能够通过援引另一项较高级别的规范作出回答，诸如："规范 X 之所以是有效力的，因为它的制定与颁布，是符合并依据规范 Y 而作出的（Y是一项更高级别的规范）。"[25] 在实在法体系中，有效性的最终基础都能以援引宪法层面这样一种方式来结束：正如凯尔森所说的，在最后的分析中，一项个别性规范之所以是有效力的，是因为"它是根据宪法制定的"。

　　然而，"宪法为何是有效力的"这个问题则无法通过援引另一项更高级别的规范来作为回答（回答有："宪法是有效力的，因为宪法是由一个得到授权的立法机构所制定、颁布的"）。这个有效性的基础，它并非来自内在体系中，也不是来自宪法的有效性，它必须是一种假定。确切地说，被假定的是一种资质——它具有

---

❶　参见：凯尔森，《纯粹法学》第 2 版，页 203；奈特英译本，页 200。"作为最高的规范，它必须得到预设，因为它不能由一个其资格乃基于更高级规范的权威来制定。"参见：凯尔森，《纯粹法学》第 2 版，页 197。

❷　参见：凯尔森，《纯粹法学》第 2 版，页 204；奈特英译本，页 201。

约束力的资质；或者如凯尔森所称的：法律上的"应当"。❶

　　凯尔森所拥护的实证主义，不同于那种建立在对"分离理论和规范性理论"的理论之联合予以抵触基础上的实证主义。分离理论和规范性理论的命题结合，将他的实证主义理论同以前的实证主义理论区分开来，也同当代的法律实证主义区分开来（当代的实证主义法学家只认同分离理论）。❷ 对凯尔森法律理论的规范之维而言，其关键点就在于他"康德式的"或"先验的"论证。❸

----

❶　参见：凯尔森，《纯粹法学》第 2 版，页 5；奈特英译本，页 5。

❷　关于凯尔森在传统理论中选择了一条康德主义的（或新康德主义的）"中间路线"，参见：斯坦利·鲍尔森，"凯尔森纯粹法学的新康德主义之维""大陆规范主义和英国：他们有何不同？"，以及《规范性与规范导论》（*Introduction to Normativity and Norms*，Oxford，1998 ［以下简称"*NN*"］）。

❸　凯尔森并未宣称自己是在以康德式的先验主义方式进行论证——然而，他认为自己的方式与康德的具有相类似的特征。参见：凯尔森，《纯粹法学》第 2 版，页 205。在解释凯尔森的这一表述时，存在几种不同的观点：

人们必须区分两种模式——"进向模式"和"逆向模式"——康德先验主义式的论证以及新康德主义对先验论证的"逆向"表述（有时也被称为"先验方式"）。康德论证的进向模式是向前展开的：从一个薄弱的初始前提开始（表达意识的素材），人们着手证明理智的范畴。另外，所得出的结论则是为逆向模式起点服务的。因此，逆向模式假定存在一个更长的进向模式。参见：康德，《前言》；斯坦利·鲍尔森，"论先验论证，他们根据信仰的重铸，以及随之而来的凯尔森的纯粹法学理论的变型"（On Transcendental Arguments, their Recasting in Term of Belief, and the Ensuing Transformation of Kelsen's Pure Theory of Law），载《圣母诺丹特大学法律评论》（*Notre Dame Law Review*，75，2000），页 1－26。

然而，对"逆向"一词的使用存在根本的歧义：康德主义对"逆向"一词的解读暗示着，这种论证是对进向模式令人期待的阐释所作出的总结性表述；根据新康德主义的解读，"逆向模式"指明，论证是向后展开的，即从已经认知了的经验出发——从科学事实的角度出发——直到那预设的范畴或原则。这种论证的类型表明，它与康德先验主义论证并不类似，它仅仅只是一种分析体系。参见：斯坦利·鲍尔森，"凯尔森基础规范的迷惑"，页 290，同页 37 注释 2。

现在，如果根据第一种解读，凯尔森被认为使用了先验论证中的逆向模式，他使用逆向模式是因为进向论证模式的缺陷。这暗示着，通过诉诸进向模式，将"先验的"前提适用到一个充分的检验之中，第二种解读是恰当的——凯尔森反复指出，他并未从事那样的研究。参见：斯坦利·鲍尔森，"法律效力的基础"，页 185－186，同页 43 注释 1；"凯尔森基础规范的迷惑"，页 286。另外，如果认为凯尔森使用的是逆向模式（新康德主义所理解和使用的方式），那么凯尔森就并非是完全地先验论证：使用逆向模式（没有对应的进向模式）进行论证，丧失了它的先验力论证。参见：斯坦利·鲍尔森，"凯尔森纯粹法学的新康德主义之维"，页 331；"凯尔森基础规范的困惑"，页 289。

　　[26] 如果一项规范——或者如凯尔森解释的那样——不能成为一个意志行为的主观意思（也就是说，如果它不像其他规范那样是被制定的），而只是在逻辑上构成了法律客观有效性所不可或缺的内容——那么，这项规范就只能作为一个思维行为的意思。❶ 凯尔森说，基础规范是一项被设想的规范——被设想为法律预设的规范。❷ 只要这个预设，能够将宪法创设行为的主观意思解释为客观有效的法律规范，能够将基础规范作为法律科学的主题来看待——这便是这种解释的"先验逻辑条件"❸ ——凯尔森紧接着还补充了另一个前提条件，即只要允许"使用与康德认识论相似的概念"。❹

　　正如同康德问道，如果不诉诸形而上学，在何种条件下有可能将感官所感知到的事实解释为自然法则那样；凯尔森在纯粹法学中也提出这样的问题——在何种条件下才有可能以非形而上学的方式将特定事实的主观意思解释为客观有效之法律规范的体系。❺ 根据 [27] 康德的认识论，凯尔森提出了先验问题的法

---

　　❶　参见：凯尔森，《纯粹法学》第 2 版，页 206；奈特英译本，页 203。

　　❷　"当一项基础规范在普遍有效的强制秩序中被解释为有效法律规范的体系的时候，它只能是一项被设想的规范，更准确地说，一项被设想为作为预设的规范。"参见：凯尔森，《纯粹法学》第 2 版，页 207 - 208。英译本的缺陷就在于，忽略了"一项被设想为作为预设的规范"（eine Norm, die als Voraussetzung gedacht wird）这一短语，参见：奈特英译本《纯粹法学》，页 204。先前曾指出，基础规范存在多种名称。在我看来，"一项被设想为作为预设的规范"这一表述值得特别关注，因为它所要表达的是 1960 年以后凯尔森主要想阐释的内容，即基础规范的"预设"既指向法学家（法学家通过一个基础性的科学预设才能抓住法律的规范性），也是指向立法机构的（当立法机构说一项法律是有效的法律时，这预设的基础规范相当于一项行为规范）。

　　❸　参见：凯尔森，《纯粹法学》第 2 版，页 205；奈特英译本，页 202。

　　❹　"当允许通过类比来运用一个康德认识论概念的时候。"同上。康德的"先验"，指的是可能性经验的前提条件。在《纯粹理性批判》一书中，当谈论到"在欠缺足够多的认知对象时，我们如何对客体去进行认识"的时候，康德使用了"先验"一词。参见：康德，《纯粹理性批判》（*The Critique of Pure Reason*, trans. Norman Kemp Smith, London, 1929），B25。

　　❺　参见：凯尔森，《纯粹法学》第 2 版，页 205；奈特英译本，页 202。

律版：❶"如何在不诉诸超法律的权威（诸如上帝或大自然）的情况下，将特定事实的主观意思解释为客观有效之法律规范的体系（法律规范是以法律规则的形式被描述出来的）?"❷ 或者换言之："实在法如何能够成为认知的对象?"

纯粹法学在认识论上的回答是：在基础规范（基础规范要求人们"应当"遵守宪法❸）被预设的前提条件下，一种非形而上学的解释得以成为可能。❹凯尔森对先验问题法律版的回答，就隐含在基础规范当中。

然而，凯尔森意图借助基础规范，以先验方式去为法律的规范性奠基，这注定是要失败的：凯尔森对"先验问题"的回答——"宪法在先验逻辑层面上的问题"——被认为缺少了必要的先验属性。

在论证"先验"的问题时，❺凯尔森假定，我们对法律素材

---

❶ 有关"先验"的问题，可参见：斯坦利·鲍尔森，"凯尔森纯粹法学的新康德主义之维"，页 323 – 324；"凯尔森基础规范的迷惑"，页 1 – 3；"论先验论证，他们根据信仰的重铸，以及随之而来的凯尔森纯粹法学理论的变型"，页 19，同页 43 注释 1。

❷ 参见：凯尔森，《纯粹法学》第 2 版，页 205；奈特英译本，页 202。参见：凯尔森，《哲学基础》（*Philosophical Foundation*），页 437。

❸ 参见：凯尔森，《纯粹法学》第 2 版，页 205；奈特英译本，页 202。这里与康德还有一点相似之处：康德认为，先验逻辑条件（对自然实体的认知）与自然法则的内容无关；凯尔森也认为，基础规范与法律规范的内容也是无关的。自然法则的内容唯有通过经验去感知，然而法律规范的内容唯有通过实在法去感知："就像经验的先验逻辑前提不规定经验的内容一样，基础规范也不规定实证法的具体内容。"参见：凯尔森，《纯粹法学》第 2 版，页 208；这一点在奈特的英译本中被忽略了。

❹ 凯尔森说，基础规范"自身并非诸法律，即通过风俗习惯或法律机构的行为所创设的规范，而是一项最先 – 被设定的规范……"参见：凯尔森，《纯粹法学》第 2 版，页 202。这个连字符——它的重要性稍后会显示出来——在英译本中被忽略了："It is itself not a norm created by custom or by the act of a legal organ; it is not a positive but a presupposed norm...［自身并非法律机构之行为或习俗所创设的规范，它不是一项实在法规范，而只是一项预设性的规范］"参见：奈特英译本，《纯粹法学》，页 199。

❺ 对于凯尔森"先验"论证的重构，参见：鲍尔森，"凯尔森纯粹法学的新康德主义之维"，页 324 – 332。关于"逆向"的模棱两可性，参见页 39 注释 3。

早已有了认知；现在如果问我们是如何获得这种认识的，凯尔森说，正是法律认知的可能性预设了对范畴的适用——对比康德的因果范畴，这里的范畴指的是规范性归责的范畴。❶ 然而，凯尔森将他对于归责范畴的论证［28］纳入第二种范畴当中，"先验"的前提条件❷——并未使他的学说成为一门真正的先验解释论。❸

预设基础规范并不是实现对法律资料展开融贯性解释的唯一方法和途径，因此，人们可以将法律当作一系列现实的权力关系来看待——凯尔森业已承认这种可能性——并且承认还存在其他途径的可能性。倘若被给定的东西（主观的意志行动），仅能以唯一的方式得到理解，那么，凯尔森的方法将会是有效的，也就是说，他将会以正确的、先验的方式来进行论证。❹

---

❶ 凯尔森的范畴是一种次要的归责："就像自然法则将特定的事实以因果关系串联在一起，实在法法则将法律条件和法律结果（所谓的不法行为的后果）联系在一起。如果事实之间的关联模式是一种因果关系，那么纯粹法学中所承认的归责关系则是另一关联关系。"参见：奈特英译本，《纯粹法学》，页23。

❷ 将基础规范当作凯尔森对"先验问题"在法律范畴上的回复，基础规范自身被视为含蓄地包含着先验论证。斯坦利·鲍尔森重构了这一论证："首先，采用恰当的先验范畴，准确地说，即凯尔森的规范性归责的范畴；其次，提出一个确定了该范畴的先验论证；再次……基础规范这个概念把自身仅仅还原为一个专业术语（terminus technicus）——借此术语，这种先验论证（基础规范论证）能够得到规定。"参见：斯坦利·鲍尔森，"纯粹法学能在先验的层面得到奠基吗？"，页170，同页37注释2。

❸ 斯坦利·鲍尔森强调了康德与凯尔森二人之间先验论证的不同之处。康德论证的诉求存在于这样一个理念当中，即在基本层面上（首要前提层面），不存在可替代的素材和对论证挑战持怀疑态度的努力。关于凯尔森"逆向模式"的论证，持怀疑态度的挑战者无论如何也找不到任何理由去赞同"规范性认知预设了应当的范畴"，以及去赞同第二个前提（基础规范）：凯尔森的出发点——他论证的第一个前提，遭到了怀疑者的强烈反对，怀疑者实在无法接受这一点。参见：斯坦利·鲍尔森，"论先验论证，他们根据信仰的重铸，以及随之而来的凯尔森纯粹法学理论的变型"，页22-23，同页43注释1。

❹ 在这里，我想表达我对鲍尔森的感谢，因为他启发了我对凯尔森先验论证一些细节上的认识。

1.2 1960 年之后凯尔森对其学说的解释

自 1960 年以后，凯尔森在一系列的论文中就他人对于基础规范学说的批判意见予以回应。本节将更深入地探讨他的四篇论文，通过关注凯尔森在论文中的表述，才能更了解他的观点，尤其是他的基础规范。

本节研究的是他在 1960 ~ 1965 年所写作的论文：凯尔森意图将法律体系的有效性之基础解释为基础规范，与此同时，他也将基础规范解释为法律规范之客观有效性的根基。四篇论文如下：

1960 年的"论法律有效性的基础"（On the Basis of Legal Validity）；

1963 年的"法律的自我规定"（Die Selbstbestimmung des Rechts）；

[29] 1964 年的"宪法的功能"（The Function of A Constitution）；

1965 年的"斯通教授与纯粹法学"（Professor Stone and the Pure Theory of Law）。

1.2.1 "论法律有效性的基础"（1960 年）❶

在这篇论文中，凯尔森谈到了法律上"应当"的根源或基

---

❶ 参见：凯尔森，"论首次出现在国际法和法律世界观当中的法律有效性基础"（Vom Geltungsgrund des Rechts' first appeared in Völkerrecht und rechtliches Weltbild, 1960），页 157 – 166。该文被斯坦利·鲍尔森翻译成英译本"论法律效力的基础"（On the Basis of Legal Validity），载《美国法理学杂志》（The American Journal of Jurisprudence, 26, 1981），页 178 – 189。本书的脚注使用的是斯坦利·鲍尔森的英译本。

础这一问题。在提到基础规范的统一功能时，凯尔森强调了"立法资格"和"有效法律规范的制定或颁布"二者间的关系。

一项规范是一个意志行为的意思，它意在指向另一个体的行为。正如凯尔森所指出的，"规范被制定，或规范被颁布"这是一种比喻性❶的表述。因此，一项实在法（已经被制定的）规范是通过一个意志行为而被颁布的；相比而言，一项规范就相当于一个思维行为的意思——简言之，它是一个精神建构。❷

一项规范能够以两种方式——主观地或客观地——成为一个意志行为的意思。将一个意志行为的主观意思理解成是它的客观意思，❸ 将一项规范视为客观有效的规范，即便是第三方也认为该规范是合理的，❹ 因而就是有约束力的和合法的。这种情形指的是，如果规范是由得到授权的机构所颁布的——尤其是，那颁布规范的机构或个体得到另一项更高级别的规范授权。如果人们将一项规范视为是客观有效的，因此也会将其视为是有约束力的规范；人们确实也是这么做的，因为这一规范的"制定"是得到另一项更高级别的规范授权的（最终是得到宪法授权的）。❺

一项规范的客观有效性的基础或"根基"，是另一项更高级别的（并且也要是客观有效的）规范；更高级别之规范的客观有效性，是较低级别之规范客观有效性的规范性出发点，"较低级别规范的客观有效性"与"规范创设机构的资格"二者之间是紧密相关的。

［30］规范规定着"人们应当如何行为或者不应当如何行为"。然而，凯尔森所使用的"应当"一词，包含了比通常意义

---

❶❷　参见：凯尔森著，斯坦利·鲍尔森译，"法律效力的基础"，页180。

❸　同上，页184。

❹　为了阐释一个意志行为的主观意思与客观意思之间的区别，凯尔森将"持枪抢劫的男子索要钱财"与"立法机构所颁布的要求某人缴纳钱财的法律命令"相比较，并援引这个例子作为说明。参见：凯尔森著，斯坦利·鲍尔森译，"论法律效力的基础"，页183。

❺　同上，页184。

上更为宽泛的意思，它不仅包含命令、许可，也包含着授权（ermächtigen）的意思。❶

颁布规范的授权最终源于宪法。❷ 凯尔森认为，宪法并未规定普遍性规范的颁布；然而，宪法却授权立法机构去颁布普遍性的规范。❸ 通过这种授权，宪法也会要求规范中的主体去遵守那些已经被颁布的规范。因此，立法者的权力同时也意味着，这些人身上所承担的一种义务，即立法者负有实施这种立法权的义务。❹

这时，问题就产生了，宪法为何应该被遵守：宪法为什么是"有效力的"？宪法有效性的基础在哪里？

核心问题是，创设宪法之行为的主观意思为何也被认为是它的客观意思，即为何将创设的宪法视为是一项有约束力的规范——凯尔森说，这个问题唯有通过一个授权性规范方能予以解答。假设历史上首位立法者被认为是最高级别的立法权威，如果是这样的话，那项授权性规范就不可能是由人类的意志行为所制定出来的，因为根据实证主义法律理论，不存在超越于立法者之上的权威。或者像凯尔森所论证的那样，如果授权性规范不能是一个被人为制定（gesetzt）出来的规范（经过制定、颁布形成的规范），那么它就只能是预设（vorausgesetzt）在法律思维中的一项规范。❺

---

❶ 规范所规定或调整的行为，即规范许可或授权实施的行为，意指人们"应当"以特定方式实施该行为。一项规范，就是一个广义上的"应然"陈述。同上，页180。关于凯尔森对德语"bestimmen"一词的通常用法，参见：斯坦利·鲍尔森，"论法律效力的基础"英译文第178页注释b。

❷ 凯尔森著，斯坦利·鲍尔森译，"论法律效力的基础"，页180。

❸ "授权"意指法律权力的赋予。一个国家的宪法授权特定主体去创设普遍性规范，即授权创设法律。宪法并未命令这一行为，但在宪法授权立法主体制定法律的同时，宪法也命令立法主体遵守这项命令。参见：同上。

❹ 参见：凯尔森，《规范的一般理论》，页83。

❺ "授权奠定基础的规范……只能是一种相当于精神构建的规范，只能是法律推理中被预设的规范。"参见：凯尔森著，鲍尔森译，"论法律效力的基础"，页185。

　　和实在法规范相比，单纯的预设性规范并不是一项"有意志的"规范。或者像凯尔森声称的那样，我们简单地设想一下，存在这样一种特定的规范，它欠缺一个要求对它予以遵守的意志要求。❶ 因此，该规范就是一个基础规范，它只是思维中的一个预设，但却是所创建之法律体系有效性的基础，法律体系最终也是要符合历史上首部宪法的。❷

　　作为整个法律体系有效性的基础——最终也是作为历史上[31]第一套法律体系有效性的基础——在法律体系中，基础规范构建了规范的统一体：一项规范隶属于特定的法律体系，因为该规范是根据宪法制定的。❸

　　然而，宪法必须在大体上具有实效性：从法律实证主义观来看，只有具有实效性的体系才能被视为是一个"法律的"体系。❹

　　总结如下：在"论法律有效性的基础"一文中，凯尔森首先阐述了"制定性"规范（被制定的规范）和纯粹预设性规范（被预设的规范）二者之间的区别；制定性规范是一个意志行为的主观意思，因而也可以说，制定性规范是一个意志性规范，而预设性规范则是非意志性的，它仅只是被设想的规范。❺

　　其次，凯尔森在该文中指明了基础规范的功能（它的统一功能），❻ 这是通过强调基础规范作为授权性规范的地位而实现的：一项规范是否是特定法律体系的成员，其识别标准便是判断该规范是否是根据宪法颁布的，因此，最终看来，规范的分类是根据基础规范来划定的。❼

---

　　❶　因为人们能够想到或想象出"他们应当依照某种特定的方式实施行为"，即便没人（包括他自己）愿意"人们应当依照这种特定的方式实施行为"。参见：凯尔森著，鲍尔森译，"法律效力的基础"，页180–181。

　　❷❸　同上，页185。

　　❹　同上，页184–185。

　　❺　对比晚年的凯尔森，参见：凯尔森，"宪法的功能"，页116。

　　❻❼　参见：凯尔森著，鲍尔森译，"论法律效力的基础"，页185。

再次，在我看来，在"合法性"意义层面上使用"奠基（Begründung）"一词，指的是"基础"的意思，可以说，它是与层次结构相关的。最终的基础——基础规范——是假设性的，它也许是得到预设的，也许是没有得到预设的；❶ 只有在基础规范得到预设的时候，人们才能区分合法的和不法的命令行为，并将人际关系客观地解释成法律关系——尤其是将人际关系解释成"法律义务、权利和权力"。❷

最后，由于基础规范具有非制定性，凯尔森承认纯粹法学与自然法之间具有某种相似之处：❸ 显然，即便实在法的有效性也只能由一项不属于"狭义的"实在法的规范来奠基。❹这意味着，在凯尔森看来，基础规范是"广义的"实在法的一部分，所谓的广义指的是在法律关联关系层面上所使用的含义。

1.2.2 "法律的自我规定"（1963 年）❺

[32] 在这篇论文中，凯尔森重新探讨了应然的基础（Grund des Souens）这个问题。法律上"应当"的基础就是基础规范：用凯尔森信众的说法，基础规范就是用以证成实在法有效性的。"有效性的证成"一词，并不完全等同于"有效性的基础"一词，凯尔森不厌其烦地阐释着这一点。

这篇论文的核心便是基础和奠基。凯尔森一开始所说的

---

❶ 基础规范为实在法的效力提供了唯一的"附条件的认知基础"。参见：凯尔森著、斯坦利·鲍尔森译，"论法律效力的基础"，页189。

❷ "只有当人们预设基础规范的时候，他们才能区分合法的和不法的命令行为（Gebotsakten），才能将人际关系客观地解释成法律关系，亦即法律义务（Rechtspflichten）、权利（Berechtigungen）和权力（Kompetenzen）。"同上，页185。

❸❹ 同上，页188。

❺ 参见：凯尔森，"法律的自我规定"（Die Selbstbestimmung des Rechts），载《全书：科学、艺术与文学期刊》（*Universitas. Zeitschrift für Wissenschaft, Kunst und Literatur*, 18/10, 1963, repr. in WRS II），页1445 – 1453。本书所使用的是新版本。

"Das Recht begründen"一词意指去构建法律有效性的基础——这相当于给"实在法体系中的规范为何应当被遵守"这个问题提供了答案。凯尔森还急忙补充说道,这一答案绝不是不证自明的。❶

为了解释他所要表达的意思,凯尔森援引了自然法中的基础规范与纯粹法学中的基础规范,并且对二者进行了比较。

可以说,自然法中的基础规范是通过一个超自然的意志行为"被制定的",它的功能是用来证成实在法有效性的;因此,它是一项正义规范。实在法也许符合这项正义规范,也许不符合——当不符合的时候,实在法便不是"有效力的法律"。❷ 将自然法的基础规范当作实在法的有效性基础,这暗示了存在两套独立的有效体系——其中一个是一种"较高层次的"正义秩序(它是一种永恒的、不可改变的秩序),而另一个则是"较低层次的"实在法秩序。❸

纯粹法学的基础规范与之不同:由于完全不具有内容,纯粹法学的基础规范缺少任何证成性功能。❹ 与自然法的基础规范截然相反,凯尔森的基础规范并未建立起一种有别于实在法的正

---

❶ 参见:凯尔森,"法律的自我规定",页 1445。在尼克拉斯·卢曼(Niklas Luhmann)看来,根据自我参照的自我隐藏、自我参照的特性,探索法律有效性和合法性的"基础",答案将产生于法律体系自身。根据卢曼的观点,这个问题只能通过一个外在的描述得以解决。卢曼说,应当要将"是什么"(什么是实在法)这个问题翻译转换成"为什么"(法律体系为什么是这样);或者,换言之,将其转换为对法律体系结构的研究。参见:卢曼,《社会的法律》(Das Recht der Gesellschaft, Frankfurt, 1993),页 533。对此的批判,参见:佩策尼克,《何为正确?民主、法律、伦理和法律论证》,页 156。

❷ 参见:凯尔森,"法律的自我规定",页 1448 – 1449。对此内容,也可参见:埃内斯托·加尔松·巴尔德斯(Ernesto Garzón Valdés),"法律有效性的两种模式:凯尔森与苏亚雷斯"(Two Models of Legal Validity: Hans Kelsen and Francisco Suarez),载《拉丁美洲哲学评论》(Revista Latinoamericana de Filosofia, 3, 1977),页 41 – 68;repr. in 1998,载 NN,页 263 – 271。

❸ 参见:凯尔森,"法律的自我规定",页 1448、页 1452。

❹ 凯尔森,"法律的自我规定",页 1453。

义秩序。凯尔森承认，如果是在这种意义上来理解基础规范的话，那么，很容易就会得出［33］国内法体系中的基础规范可能确实会成为"自我证成的"❶——"法律的自我证成"❷——这一表述的理由。然而，在凯尔森看来，这种说法并不完全正确，因为基础规范并不是实在法当中的规范，亦即，基础规范不是通过人类意志行为制定的，而是在法律思维中预先制定的规范。❸

纯粹法学在规范的层次结构中，从"最低级别的（个别性）"规范到"最高级别的（普遍性）"规范，建立了有效性的基础。❹规范层次结构中的每一层级，都在为"较低级别的规范为何是有效力的"而服务。最终，宪法在规范的层次结构中，成为（较低级别的）普遍性法律规范之效力和约束力的终极（至高无上的）基础。

对法律实证主义者来说，立法者就是最高的立法权威。法律实证主义者应该去询问或质疑宪法有效性的基础吗？也就是说，对于他们而言，应当产生"宪法为何是有效力的"这样的疑问吗？这个问题等同于：在什么样的逻辑条件下——如何才能将宪法完全视为是有约束力的？

纯粹法学回答说，只要宪法的约束力是理所当然的——只要基础规范得到了预设——那么宪法的有效性就确实是有可能的。❺这就是对宪法有效性之基础的预设，也是对那些能追溯到该宪法上的一切规范的有效性之基础的预设。❻

基础规范被当作实在法有效性的基础和奠基——而不是对这

---

❶❷❸　"因为……基础规范并非……一套通过意志行为来制定的，也就是说，它是一套与实证法有所区别的正义秩序。由此，通过基础规范而对实证法有效性所作的证成（Begründung）就可以被称作法律的自我证成（Selbstbegründung）。"参见：凯尔森，"法律的自我规定"，页1452。

❹　同上，页1450。

❺　同上，页1453。

❻　同上，页1451。

种有效性的证成。❶ 法律也没有证成其自身：因为基础规范是一项被设想的规范，而不是由意志制定的规范。由此，法律的有效性只是假设性地得到了奠基——只要基础规范被预设，那么法律便是有效力的。❷

凯尔森基础规范的特征是复杂的——它既是法律性的（有关法律阶层结构的）又是假设性的：因此，它并非必然就是超越体系的。❸ 凯尔森解释说，他之所以不再使用法律方面的"自我证成"和"自我澄明"❹ 这种表述，[34] 而是改为"自我规定"，就在于"自我规定"一词准确地表达了他的法律观，亦即，尽管法律规定了自身的创设和适用，然而它并不是一个自生的体系，❺ 而是"法学家的创造"。

1.2.3 "宪法的功能"（1964 年）❻

在凯尔森的主要论文中，"宪法的功能"一文处于一种例外

---

❶ 凯尔森，"法律的自我规定"，页 1453。

❷ 同上，页 1451。

❸ 在探索一体系外的有效性基础时，卢曼同时对将凯尔森的基础规范学说和哈特的承认规则理论作为外在化的趋势进行了批判。参见：卢曼，《社会的法律》，页 102 - 103、529，同页 48 注释 1。

❹ 参见：凯尔森，"法律的自我规定"，页 1452。

❺ 根据卢曼的理论，法律体系是"自生性的"，它们自我生成与复制，它们的构成要素即有意义的社会交往；规范——一种实际期待的形式——就是社会交往的意思。在卢曼看来，法律的"统一体"简单来说就是"一种自行创生生成的事实"（das Faktum der Selbstproduktion, der Autopoiesis）。参见：卢曼，《社会的法律》，页 30、页 35。

❻ 参见：凯尔森，"宪法的功能"（Die Funktion der Verfassung），载 *Forum IV*，1964，页 583 - 586；伊恩·斯图尔特（Iain Stewart）英译本，"宪法的功能"（The Function of a Constitution），载《论凯尔森》（*Essays on Kelsen*），页 109 - 119。本书脚注引用的是英译本。

的地位，这并不只是因为文中术语所发生的改变。❶ 在这篇文章中，凯尔森宣称，基础规范并不是一个假言命题，而是一个拟制，基础规范是用来帮助思考解决"如果素材随处可见，那么人们的思维目的便无法实现"这一问题的。❷

对凯尔森来说，"宪法"❸ 是一个相对性的概念。在规范的层次结构中，如果较低级别的规范是根据另一项较高级别的规范而制定、颁布的（较高级别之规范授权较低级别之规范的制定和颁布），那么较低级别之规范的有效性便是有"基础的"❹——具有形式上的合法性：授权性的高级规范是被授权的低级规范有效性的基础。❺ 或者如同凯尔森所指出的：较低级别之个别性规范的有效性是建立在 [35] 较高级别之普遍性规范的有效性基础上。❻ 在与低级规范的关系上，高级规范具有"宪法"的特征和意义。❼

被称为"宪法"的那些规范之复合体——凯尔森术语中狭

---

❶ 凯尔森已经在 1962 年传达了这种变化，尽管只是口头上的。参见：凯尔森，"政治理论中的自然法则"（Das Naturrecht in der politischen Theorie），载 *ÖzöR VIII*，N. F.，1964，页 119。

❷ 凯尔森著，斯图尔特译，"宪法的功能"，页 117；参见：凯尔森，《规范的一般理论》，页 206。

❸ 凯尔森所使用的实在法宪法这个术语，不同于大多数的学者。在凯尔森看来，形式意义上的宪法应当被称为"宪法的形式"（Verfassungs-Form），因为"Ver-fassungs-Form"指的是特定的程序方式——如何创设、修改宪法的特定方式；这一程序有别于通常的立法程序。这主要归因为：修改法律的意志行为是具有严格前提条件的，其目的旨在为创设普遍性法律规范的授权提供最可能的稳定性（以国家的形式进行授权）。参见：凯尔森著，斯图尔特译，"宪法的功能"，页 114。另一方面，就实质意义层面来说，宪法的本质功能就是"为有效性奠基"（Geltungsbegründung）。同样，凯尔森区分了"形式意义上的法规"（Gesetzes-Form）和"实质意义上的法规"（Gesetz）：前者指的是程序，后者指的是这一程序的实质功能，即普遍性规范的创设。

❹ 参见：凯尔森著，斯图尔特译，"宪法的功能"，页 118。

❺ 同上，页 111。

❻ 同上，页 113、页 119。

❼ "如果低级规范的有效性是建立在高级规范的有效性基础上，也就是说，低级规范的创设是由高级规范所规定的，那么相对低级规范而言，高级规范便具有了宪法的特性；因此，宪法的本质就在于调整和规定规范的创设。"同上，页 118。

义的"宪法"❶——指的是与立法程序相关的宪法；规定个别性规范之颁布程序的立法，同样也是与法律适用机关所采用的程序相关联的"宪法"。最终，先验逻辑意义上的宪法就是一部与历史上第一部宪法（第一部实在法宪法）相关的宪法。❷

就特定意义层面上来说，宪法的本质功能在于授权特定的主体去制定和颁布普遍性规范。❸因为得到了授权，所以那些被制定和颁布的规范就是有效力的法律规范，它们的有效性是建立在上一级规范的基础上的（建立在宪法性规范的基础之上）。因此，宪法的功能便是为实在法"奠基其有效性"（Geltungsbergriündung）。❹

在规范的层次结构中，存在一些规定低级规范之创设的"宪法"。❺根据凯尔森的观点，尽管不是间接的，但基础规范会指出颁布规范的最高权威——（历史上首部）宪法的缔造者——乃至基础规范，在凯尔森看来，都可以被称为"宪法"（也就是说，和实在宪法相关的）。❻

因为基础规范仅只是指明了规范创设的最高权威，而非所颁布之规范的具体内容。规范体系作为一个整体，被视为是由有效的法律规范所组成的一个动态的统一体（创设的关联性）。❼最后的分析得出结论，通过授权"宪法之父"颁布有效的法律规范，基础规范实现了将法律的规范性从实在法宪法那里转移、传递给了较低级别的"宪法"。

---

❶❷　"如果低级规范的有效性是建立在高级规范的有效性基础上，也就是说，低级规范的创设是由高级规范所规定的，那么相对低级规范而言，高级规范便具有了宪法的特性；因此，宪法的本质就在于调整和规定规范的创设"。同上，页118。

❸　"授权特定的个体创设普遍性规范，体现出了宪法的基本功能。"同上，页113。

❹　"宪法的功能是构建有效性的基础。"同上，页119。

❺❻　同上，页118。

❼　参见：凯尔森，《纯粹法学》第2版，页201；"从基础规范中推出的仅仅是规范的客观效力，而不是充满了内容的规范。"这一点被奈特的英译本忽略了。

凯尔森说，❶ 人们在思维中预设基础规范的目的［36］，是在为实在法体系中的规范寻找其有效性的依据（实在法体系作为全体规范的体系，最终是由基础规范构建起来的❷）。法律的客观有效性是附有条件的——以基础规范的预设作为其前提条件；❸ 这时，问题产生了：仅仅是思维上的一个预设性规范，又如何能够为规范体系提供客观的法律效力呢？❹

根据凯尔森的理论，实在法规范是意志行为的意思。直到现在——19 世纪 60 年代的早期——基础规范（一项非实在性规范），才具有一种突出的地位。在凯尔森的"古典"阶段，他曾宣称，与实在法（制定法）规范相比，基础规范并不是人类意志行为的意思；作为一项被设想的规范，即被设想是作为预设的规范，它是一个思维行为的意思。❺ 然而，在法律思维中被预设的规范——并且，这就是凯尔森如今的推理——却并未显示出"意愿"与"应当"二者间的必然联系。❻

---

❶　参见：凯尔森著，斯图尔特译，"宪法的功能"，页 117。

❷　"某规范隶属于某秩序这一事实，是以该规范之有效性的终极理由系该秩序中的基础规范为前提条件的。"参见：凯尔森，《纯粹法学》第 2 版，页 197；奈特英译本，页 195。"一项规范隶属于一个秩序，这也是建立在基础规范之上的，因为该规范的创设方式是基础规范所决定的——但基础规范与该规范的具体内容无关。"参见：凯尔森，《纯粹法学》第 2 版，页 199；奈特英译本，页 197。

❸　参见：凯尔森著，斯图尔特译，"宪法的功能"，页 115 – 116。

❹　关于"预设性基础规范"和"得到正当化证明的基础规范"二者间的区别，参见：佩策尼克，"基础规范的两面"（Two Sides of the Grundnorm），载《纯粹法学的科学讨论：凯尔森研究所著作系列》（*Die Reine Rechtslehre in wissenschaftlicher Diskussion. Schriftenreihe des Hans Kelsen-Instituts*，Vol. 7，Vienna，1982），页 60。

❺　"我们可以想象一项并非真实意志行为之意思的规范，但这一规范只存在于我们的思想当中。"参见：《纯粹法学》，奈特英译本，页 9。

❻　"'应当'是对'意愿'的补充。没有意愿就没有应当。这是一项至今仍未得到探讨的逻辑原则……没有施令者（Imperator）就没有命令（Imperative），没有指挥官（Befehlenden）就没有指令（Befehl）……不可能存在仅仅只是设想的规范，不可能存在只作为思维行为之意思的规范而不是作为意志行为之意思的规范。"［中译者按］在德语中动词"wollen"是"will"的原型，"Wollen"［意愿］和"Wille"［意志］是它们的名词化形式，两者是近义词。凯尔森在探讨时所使用的词汇与"自然法学说的基础"一文保持了一致。参见：凯尔森，"自然法学说的基础"（Die Grundlage der Naturrechtslehre），载 *ÖzöR* Bd. *XIII*，N. F，1963，页119 – 120。

因此，凯尔森觉得自己有责任去反驳"规范形成了思维行为的意思"这样一种观念。❶凯尔森说，当我们在法律思维中预设基础规范时，必须同时去思考那个权威主体。因此，基础规范将构建起（被拟制的）权威的一个［37］（拟制的）意志行为的意思；❷那么，人们实际所设想的，或者所预设的，便是一个拟制的意志行为。❸

然而，在这项思维链条上存在——或者似乎存在——一个症结，因为基础规范显示，它自身是一个矛盾性的预设，基础规范这个预设，将宪法视为最高权威之意志行为的意思：一方面，基础规范旨在将权力授予历史上的首位立法者——然而，另一方面，基础规范又是自我"制定的"（由一个拟制的"更高级别的"权威所制定）。

凯尔森并不认为这是一个症结。他说，这种情形仅仅只是揭示了基础规范的真正地位，即哲学家法依兴格尔"假如哲学"意义上真实拟制的地位。❹

基础规范之所以具有真实拟制的特征，不仅是因为它与现实

---

❶　"我曾把我的整部基础规范学说展示为这样一项规范，它不是意志行为的意思，而是在思维中被预设的。先生们，现在，我必须对你们承认，我现在不能再去维护这种学说，并且，我还必须放弃它……我对该学说的放弃乃出于以下认识，亦即，'应当'必须是对'意愿'的补充。"参见：凯尔森，"自然法学说的基础"，页119－120。

❷　参见：凯尔森著，斯图尔特译，"宪法的功能"，页117。"我的基础规范是一项拟制的规范——该规范预设一个拟制的意志行为，由该行为制定该规范。以下是拟制，即某个权威意愿到，应当通过意志行为来制定一项基础规范。"参见：凯尔森，"自然法学说的基础"，页120。

❸　"人们在基础规范上所设想的任何东西，都是对一个意志行为的拟制，该行为在现实中并不存在。"同上。

❹　参见：凯尔森著，斯图尔特译，"宪法的功能"，页117；参见：凯尔森，"论纯粹法学"（On the Pure Theory of Law），载《以色列法律评论》（Israel Law Review, vol. 1, 1966），页1－7。"在法依兴格尔假如哲学思想中，基础规范是拟制的典型类型。"同上，页6；亦参见：凯尔森，"宪法的功能"，页1977；参见：凯尔森，《规范的一般理论》，页206。

相矛盾，而且也因为它自身就包含了矛盾和冲突。在法依兴格尔看来，法律上的拟制是"将一个情形涵涉一个概念构造之下，而后者实际并不能恰当地包含前者"。与假设不同，拟制从来都是不可检验的，原因众所周知，因为它们本身就是不真实的。但是，拟制是有用的，因为无论在何时，认知的素材都会抵制那种直接的认知过程，而拟制恰好使得人们有可能间接地实现认知的目的。❶

凯尔森解释说，基础规范的假设——诸如宗教道德秩序中的基础规范或法律秩序中的基础规范——同现实是矛盾的，因为这样的规范并不是作为一个意志行为的意思而实际存在的；此外，基础规范也包含着"自身的矛盾，因为基础规范代表着对至高无上的道德权威或法律权威的授权，因此，基础规范是由一个凌驾于那个最高权威之上的另一个权威所颁布的，即便这个凌驾于最高权威之上的另一个权威完全是拟制的"。❷

基础规范这个术语，在凯尔森的纯粹法学中存在变动，但与他在20世纪60年代早期的一般性展望当中的是一致的。也就是说，自古典阶段或先验阶段开始，直到怀疑主义阶段，他背弃了许多曾经持有过的观点。❸［38］事实上，持有"假如哲学"以及基础规范预设之观点的人（尽管准确来说，并不是所有的规范都是预设的）提出了这样一种观念，即法律规则被认为仅只是想

---

❶　关于法依兴格尔，我认同鲍尔森的观点，参见：鲍尔森，《规范性与规范的导论》(*Die Philosophie des Als-Ob*, Leipzig, 1927, repr. Aalen, 1986)。

❷　参见：凯尔森著，斯图尔特译，"宪法的功能"，页117。

❸　关于凯尔森转向怀疑主义阶段，参见：斯坦利·鲍尔森，《规范性与规范的导论》。关于凯尔森术语的转变，参见：拉尔夫·德雷尔（Ralf Dreier），"关于基础规范理论的评述"（Bemerkungen zur Theorie der Grundnorm），载《纯粹法学的科学讨论：凯尔森研究所著作系列》(*Die Reine Rechtslehre in wissenschaftlicher Diskussion. Schriftenreihe des Hans Kelsen-Instituts*, Vol. 7, Vienna, 1982)，页38；亦可参见：佩策尼克，《何为正确？民主、法律、伦理和法律论证》，页118。

象的产物。❶

　　诸如在"宪法的功能"一文中就曾出现，可以说，基础规范——一个被"虚弱化的"基础规范❷——当然产生了一系列的问题。其中最重要的问题便是，如果基础规范真的是法依兴格尔所说的那样一种拟制：❸因此，［39］基础规范与现实不符，它

---

　　❶　自20世纪30年代开始，斯堪的纳维亚法学派一直坚持这种观点。这个学派可以追溯到瑞典哲学家阿克塞尔·海耶斯特勒姆（Axel Hägerström，1868～1939）：他和Adolf Phalén（1884～1931）一起开创了斯堪的纳维亚法学派（乌普萨拉法学派）。这一学派对于斯堪的纳维亚半岛几代法学家都产生了巨大的影响，其中包括Vilhelm Lundstedt、Alf Ross以及Karl Olivecrona。

　　拒绝承认任何形式的"形而上学"和"认识论及道德的理想主义"，这是乌普萨拉法学派的特征之一。参见：Bjarup，《理性、情感和法律》1982年，页425－431。他们批判传统法理学将法律效力设立在形而上学的、站不住脚的假设基础上。因此，凯尔森的基础规范——基础性的预设——难以得到乌普萨拉法学派的认同。

　　在探讨法律的进程中，由于欠缺一个恰当的逻辑起点，凯尔森在这一点上备受质疑。海耶斯特勒姆强烈反对凯尔森的认识论基础和社会基础理论，参见：Bjarup，"海耶斯特勒姆对凯尔森纯粹法学的批判"，1988年，页20－24。至于基础规范，海耶斯特勒姆认为：首先，为了将规范视为法律规范，也没有必要预设基础规范；在事实的自然秩序中，任何原因和结果之间都必然存在关联关系，因果关系是普遍性的、也是统一的。参见：Bjarup，"海耶斯特勒姆对凯尔森纯粹法学的批判"，1988年，页41。其次，凯尔森对基础规范的论证——源自对实在法规范的分析乃至基础规范的必要性——是无效的，因为凯尔森没能证明基础规范是将法律视为一个实在的、有约束力之规范体系的必要条件。参见：同上。

　　关于斯堪的纳维亚现实主义法学派的问题，我认同Bjarup的观点，斯堪的纳维亚现实主义法学派，包括海耶斯特勒姆和其他几位：Vilhelm Lundstedt，Karl Olivecrona，Alf Ross；参见：Bjarup，《理性，情感和法律》（Reason, Emotion and the Law, Aarhus, 1982），页425－431；"海耶斯特勒姆对凯尔森纯粹法学的批判"（Hägerström's Critique of Kelsen's Pure Theory of Law），载《纯粹法学的继续与批判》（Reine Rechtslehre im Spiegel ihrer Fortsetzer und Kritiker，Springer-Verlag，1988），页19－45。

　　关于Karl Olivecrona对于法律规则的观点，见第二章，页78注释5。关于凯尔森先验论证中的有效性，见本章1.1.2节。

　　❷　这是鲍尔森的表述，参见：鲍尔森，《规范性与规范的导论》。

　　❸　凯尔森在他的早期论文"法律拟制的理论——尤其关注法依兴格尔的'假如哲学'思想"（Zur theorie der juristischen Fiktion. Mit besonderer Berücksichtigung von Vaihingers Philosophie des Als Ob），载Annalen der Philosophie，1，1919，页630－658。凯尔森关于表述的观点，意味着他对"拟制"（fiction）这一术语的使用不同于法依兴格尔。参见：凯尔森，《纯粹法学》第2版，页301－304；奈特英译本，页299－302。这一内容，亦可参见：Wolfgang Mantl，"现代化与颓废"（Modernisierung und Dekadenz），载Jürgen Nautz和Richard Vahrenkamp, Die Wiener Jahrhundert wende，Böhlau Verlag，1996，页80－100。

注定是"矛盾的"，但又很难说它是"自我矛盾的"，这一点一直为人们所争论。❶然而，另一方面，考虑到"要求人们遵守宪法"的规范实际上是由正常法律体系（不是极端不正义的法律体系）中的法学家和法官们所假设的，那么说基础规范真的与现实相矛盾，这似乎就值得质疑了。❷

总结如下："宪法的功能"一文以一种简约却又明晰的方式阐释了阶层结构、凯尔森相对化的宪法概念同那具有授权功能和统一功能的基础规范之间的相互关系。对实在法宪法之合法性的探索——对实在法宪法之有效性的基础所展开的探索——可以说，能够通过法律内在化的方式予以实现：宪法是有效力的，是因为法学家们认为它是有效力的，并且是应当被遵守的，❸或者换言之，是因为法学家们预设了基础规范；确切地说，这两种说法是一回事。

依照我的观点，基础规范（相当于一个拟制）这一术语的改变，可以这样来看待——它仅仅是术语上的一个变化，而不是实质内容的改变。在凯尔森最漫长的古典阶段，他的作品蕴含着这样一个观点：他并不在乎基础规范究竟是被称为"规范"还

---

❶　这是斯坦利·鲍尔森的观点，参见：斯坦利·鲍尔森，《规范性与规范的导论》，页 XLV。

❷　仅仅是依据这些来进行推理，那么，可以说基础规范是作为一项真正的规范而存在的，即存在于法律推理的实践活动中。参见：佩策尼克，《何为正确？民主、法律、伦理和法律论证》，页 541。规范构成了意志行为的意思，这一理论与哈里斯（J. W. Harris）没有达成共识，例如在规范的逻辑范畴这一条件下接受这一理论。参见：哈里斯，《法律与法律科学：对法律规则与法律体系概念的研究》（*Law and Legal Science: An Inquiry into the Concepts Legal Rule and Legal System*, Oxford, 1979），页 39。哈里斯阐释了凯尔森基础规范的概念，最终形成了"基础法律科学中的菲亚特"理论，同上，页 70。相反，佩策尼克则持有"规范构成了意志行为的意思，这是完全错误的"观点。在佩策尼克看来，规范的意思肯定不能完全被理解，如果人们当时并未同时思考这一意识；然而，该规范的意思并不只是颁布规范之人的意志，它同样也是规范服从者的意思；况且，必须牢记，规范同时具有规范性和描述性的意思。参见：佩策尼克，《何为正确？民主、法律、伦理和法律论证》，页 441－442。

❸　参见：凯尔森著，斯图尔特译，"宪法的功能"，页 117。

是"假设"，抑或"拟制"；即便使用"拟制"这一术语也是可以的，只要基础规范的"预设"实现了它的目的——联合、统一隶属于该法律秩序下的全部规范，并保持全体规范的一致性和融贯性。在纯粹法学中，这被称为"解释的框架"。❶

根据凯尔森的观点，即便基础规范是一种拟制，它在科学上也是合法的。

1.2.4　"斯通教授与纯粹法学"（1965 年）❷

[40] 在我看来，基础规范学说中最具启发性的评述就存在于"斯通教授与纯粹法学"一文当中，这篇论文是凯尔森对斯通教授的批判所作出的回应。❸ 通过这次回应——尽管对语言强加了限制——凯尔森留给人们的印象是：他认为，基础规范的真实属性包含了法律上的属性（法律内在合法性意义上的属性）以及法律外的属性（非制定法意义上的属性）。如同凯尔森所强调的那样，这取决于"法律体系"一词的定义，以及基础规范究竟被视为是法律体系内的规范，还是法律体系外的规范。❹

斯通教授对凯尔森批判的核心内容是，斯通认为，凯尔森自己也并不是很清楚和明确；斯通说，基础规范究竟是体系内的规范（基础规范属于实在法体系的一部分）还是体系外的规范（基础规范是法律外的或超法律的规范），凯尔森对此自己也不

---

❶　参见：凯尔森，《纯粹法学》第 2 版，页 3 - 4；奈特英译本，页 3 - 4。

❷　参见：凯尔森，"斯通教授与纯粹法学"（Professor Stone and the Pure Theory of Law），载《斯坦福法律评论》（*Stanford Law Review*, 17, 1964 - 1965），页 1128 - 1157。

❸　参见：斯通，《法律体系与法学家推理》，页 104，同页 29 注释 3。

❹　参见：凯尔森，"斯通教授与纯粹法学"，页 1151。

明确。❶ 在斯通看来，基础规范的地位是悬在这两种选择之间的，❷ 它既不是合法有效的，也不是无效的（可以说，这暗指基础规范既是实在法规范，同时又是非实在法规范）。❸

斯通的批判遭到了凯尔森不同寻常的强烈辩驳。❹ 在凯尔森看来，斯通的批判暗含着他对基础规范学说的一种特定解读，而这种解读无论如何都不可能得到他著述的印证——相反，斯通从未打算明显地区分非实在性的基础规范（非实在性基础规范相当于法律逻辑意义上的宪法）和实在法宪法。❺

这是对的。然而，对斯通而言，要像凯尔森本人那样了解基础规范，是不可能的。凯尔森将基础规范视为一个概念上的假设，并认为它具有与实在法宪法相同的功能，并且能够在任何不同的标题下被使用，即能够在"被预设的"条件下被使用（该条件——进而——仍然取决于其他的各种条件）。

凯尔森对斯通的答复明确地说明，凯尔森已经意识到了，在对基础规范学说的要点进行翻译的过程中，语言所带来的局限性。这样一种事实——亦即，基础规范是由不同类别的法学家以及在不同的意义层面上所预设的——可以用德文"voraussetzen"［预先制定］一词来表述——而不是用英文"to presuppose"［预先假设］一词来表达。

[41] 凯尔森承认，想用英文恰当地翻译这个旨在说明实在性（"被制定的"）规范同并非"被制定的"基础规范之间区别的动词，是不可能的。❻ 他说，基础规范预先被制定，意味着这

---

❶　斯通的问题三，参见：凯尔森，"斯通教授与纯粹法学"，页1148。

❷❸　斯通评价道，凯尔森的基础规范概念掩盖了一个歧义："一方面，基础规范处于每一个法秩序中的规范金字塔顶端；另一方面，基础规范又是处在法秩序规范金字塔之外的，因此它也是元法律性的。"参见：斯通，《法律体系与法学家推理》，页104。

❹　参见：凯尔森，"斯通教授与纯粹法学"，页1140。

❺　同上，页1141。

❻　参见：凯尔森，"斯通教授与纯粹法学"，页1141。

不是一个关于一项（通过意志行为）被制定之规范的问题；而是只要当人们在法律的层面上进行思考❶时，必须预设以下内容——作为一项规范的基础规范，如果它是被预设的，那么在法律体系中，它就处在规范体系中的顶尖位置（规范体系呈金字塔结构）："基础规范是法律思维中的一个预设性规范，如果它是被预设的，那么在每一个法律秩序当中，它都是处于规范金字塔体系的最顶端。"❷

在我看来，这些词语说明，凯尔森一直在研究两种不同类型的人，这两种类型的人都预设了基础规范，只是所采取的方式不同而已。对我来说，似乎存在这样一个问题，一方面，基础规范是法学家们在概念上的预设（"它被预设为一项规范……"）；另一方面，基础规范也是法官们作为一个行为规则而预设的——例如，对法官而言（"……基础规范［如果它是被预设的］……"）：法学家们在"作出一个基本的假设"这个层面上预设了基础规范，而法官们则是在"具有约束力"这个层面上预设了基础规范。

因此，基础规范的功能应当被理解成双重性的，可以同时适用于两种不同的法律观。凯尔森似乎想让基础规范同时具备"间接的"（内在于体系的）和"直接的"（先验逻辑的）功能：前者指的是适用法律的人，他们预设了一个（具有规范性的）真实的、有效的规范；后者指的只是法学家，他们的任务是研究什么才是"客观有效的法律"。当人们称基础规范为"先验逻辑意义上的"宪法时，凯尔森显然指的是后者，即基础规范的直接功能——该功能影响着整个规范体系的层次结构。在这一功能中，基础规范的身份是一种授权性规范，它赋予了第一部宪法的创设

---

❶　凯尔森并未将他所指的对象特定化；然而，他在回答斯通第六个问题时又指出，他所指的既包括法学家，又包括法律实践者。参见：凯尔森，"斯通教授与纯粹法学"，页1149。

❷　同上，页1141。

者以立法权。❶ 凯尔森说，正是因为这个授权，基础规范因而成为法律体系之有效性的终极理由。❷

如果将基础规范理解成一个授权性规范，那么基础规范便具有了完全的动态属性：❸ 基础规范赋予了首位立法者以"创设法律的权力"，❹ 然而，首位立法者在人们尚未设想他得到基础规范的授权之前实际上已经获得了"规范创设的权力"。❺ 凯尔森强调说，基础规范"授权给"首位立法者，这意味着存在这样一个问题，[42]"立法者就是立法者，即便基础规范并未被预设"。❻（授权性的）基础规范的目的就在于，它尽可能使得人们将"立法者实施权力之行为的结果"理解成就是法律，❼ 即作为合法的法律规范来理解。凯尔森对斯通说，这就是他所要表达的意思，凯尔森的意思必须从他先前对于基础规范作为"有效性的理由"那些陈述中推导得出。❽

然而，有效性的"理由"并不等同于有效性的"基础"。

当人们将基础规范称为法律规范客观有效性的基础时，凯尔森指的是在阶层结构中合法性最高的、纯粹形式上的来源，以及——在必要的法律逻辑层面上——法律规范性的出发点；按照后一种方式去理解，基础规范肯定是外在于实在法的，但是如同凯尔森所坚称的那样，它具有［实在性］法律上的相关性。依据凯尔森的观点，基于基础规范的（内在）合法化功能，以及

---

❶　参见：凯尔森，"斯通教授与纯粹法学"，页1147。

❷　同上，页1145。亦可参见：凯尔森，《法与国家的一般理论》，页111；对有效性理由的研究，最终由一项"最高的"规范所终结，即"有效性的终极理由就存在于规范性的体系内"。

❸　参见：凯尔森，《纯粹法学》第2版，页198；奈特英译本，页195。

❹　参见：凯尔森，"斯通教授与纯粹法学"，页1145。

❺　同上，页1147。

❻　同上，页1145。

❼　参见：凯尔森，《法与国家的一般理论》，页116。

❽　参见：凯尔森，"斯通教授与纯粹法学"，页1145。

它的法律逻辑功能，基础规范因而可以被称为一个"法律概念"。❶

"斯通教授与纯粹法学"一文至少在三个方面极具启发性。通过这篇文章，凯尔森的意思变得更加清晰、明确了。

第一，凯尔森旨在让基础规范同时具有"直接的"（认识论上的）和"间接的"（法律的－内在的）功能——因此，基础规范必须被理解成是一种"先验逻辑"上的概念和一个法律概念。

第二，在使用它的直接功能时（这时，基础规范相当于法律逻辑层面上的宪法），基础规范被认为是实在法体系之有效性的终极基础（这个"终极"暗示着，在规范的层次结构中还存在其他较低级别的理由）。有效性最终的基础❷是假设性的，因为它取决于基础规范这个预设。❸

第三，基础规范的身份似乎悬而未决，这是因为，在描述基础规范的直接功能和间接功能时，凯尔森所使用的是"证成/奠基"和"预先制定"这些晦涩、模棱两可的词语。

1.3 小　　结

如同《纯粹法学》第 2 版所描述的那样，基础规范并不是一个单一的实存，并且，可以理解的是，它被认为是一种同义反复，❹ 或者说，它既不被认为是体系内的规范，也不被认为是体

---

❶　参见：凯尔森，"斯通教授与纯粹法学"，页 1148。

❷　同上，页 1143。

❸　参见：凯尔森，《纯粹法学》第 2 版，页 47、页 224；奈特英译本，页 46、页 218。

❹　参见：凯尔森，"纯粹法学的难题"，页 153，同页 30 注释 3。

系列的规范。❶［43］基础规范要么呈现为两种完全不同的实存，要么呈现为一种悬而未决、夹杂在两种地位（法律的和先验的）之间的实存。基础规范（相当于一种法律逻辑上的假设）旨在与实在法宪法拥有相同的功能，即授权"法律规范的颁布"。将基础规范表述为一种行为规则，这本身并未否定它就不是一种资格性规范。

在最初的时候（1960 年），"基础规范的功能"这个实存被表述为单纯的授权。在历经数年发展后，基础规范又作为一项规范而出现（更确切地说，是作为一项法律规范而出现）：1963年、1964 年则体现出内在合法化功能；1965 年最终作为一个双重性的实存而出现。对凯尔森而言，基础规范这个概念，必然是一个认识论上的概念，也是一个法律上的概念。

凯尔森再次强调，法律科学的任务就是去客观地描述法律，而法律则是规范的体系。因此，纯粹法学是一种关于法律知识的理论，纯粹法学的唯一目的便是去认知它的客体，而它的客体就是法律（法律规范）。对社会关系进行规范化地解释，也就是将社会关系解释为由客观有效之规范所构建起来的义务、权力、权利等——法律规范的客观有效性仅仅是为了确保让这种解释成为一种价值中立的解释，因此也能使其成为一门科学的解释。❷

凯尔森构思了一个理想的、具有逻辑封闭性的法律思维。纯粹法学所需要的，是法律上"应当"的来源——这个来源同时也起到了作为判断是否是成员关系标准的作用。追溯法律规范有效性的来源，它所指的既不是因果关系，也没有暗示任何非法律性的正当理由。人们也许会问，凯尔森的法律理论所要求的究竟是一种什么样的法律有效性的"基础"？

第一，有效性的基础，它必须是由规范组成的——然而，它

---

❶　参见：斯通，《法律体系与法学家推理》，页 104。

❷　参见：凯尔森，《纯粹法学》第 2 版，页 224；奈特英译本，页 218。

却不是一项"被制定的"规范。❶

第二，有效性的基础，它必须区别于自然法。自然法的基础规范是绝对的——但实在法体系之有效性的基础，必须是假设性的。❷

第三，有效性的基础必须这样，即实在法不能与之相冲突和矛盾。❸ [44] 这意味着，有效性的基础必须脱离具体的内容，它只能指向法律的动态体系。❹

第四，有效性的基础必须将规范的层次结构圆满地封闭起来，从而为规范性的创建和规范性的传递构建起出发点——简言之，有效性的基础，必须对法律体系中最高实在法规范的颁布予以授权，并为体系内那些需要获得强制约束力的低级规范提供这种约束力。因此，有效性的基础必须为实在法的创设程序构建起一个起点。❺

---

❶ 参见：凯尔森，《纯粹法学》第 2 版，页 203；奈特英译本，页 200；亦可参见：凯尔森著，斯图尔特译，"宪法的功能"，页 115："只有一项规范能够成为另一项规范有效性的基础。"

❷ 在他对斯通的回复中，凯尔森解释说，当他说基础规范是一种假设命题（hypothesis）的时候，意指文义上的假设命题，即一种"预设"（pre-supposition/Voraussetzung）。参见：凯尔森，"斯通教授与纯粹法学"，页 1149。凯尔森继续说道："事实是，我是在某种关联关系层面上使用假设命题（hypothesis）这一术语的，这与基础规范无关，而只是和实在法普遍性规范相关——康德是在与绝对的（cathegorical）相对立的层面上，使用假设命题（hypothesis）这一术语的。"参见：同上；这一点必须引起读者的注意。

❸ 这旨在：（1）标明纯粹法学与自然法之间的区别；（2）证明纯粹法学的普适性，基础规范把构造实在法的内容这一任务交给了"法律的创建程序、立法程序及立法惯例的程序。因此，实证性法律可以从来不与基础规范相矛盾"。参见：凯尔森，"自然法理论与法律实证主义"（Naturrechtslehre und Rechtspositivismus），载《自然法和法律实证主义的学说：布宜诺斯艾利斯法律评论》（*La Doctrina del Derecho Natural y el Positivismo Juridico. Revista Juridica de Buenos Aires*，4，1961），页 7 – 45；repr. in *WRS I*，页 817 – 832。

❹ 内容的欠缺，赋予了凯尔森的基础规范与康德的学说具有相似的特征。参见：凯尔森，《纯粹法学》第 2 版，页 208。

❺ 参见：《纯粹法学》第 2 版，奈特英译本，页 199。

　　凯尔森的基础规范满足了这四项条件：凯尔森的基础规范是一项非实在法规范；凯尔森的基础规范是假设性的，即一旦符合特定条件，基础规范的存在便得到了假设（或预设）；凯尔森的基础规范赋予了实在法宪法中的规范以客观有效性，而与这些规范的具体内容无关；凯尔森的基础规范赋予了（历史上首部）宪法（以及源自该宪法的其他规范）以强制约束力。

　　在纯粹法学中，基础规范被称为"实在法有效性的终极基础"，也被称为"实在法之有效性的证成"。在基础规范面前，选择这种表述似乎是不幸的：某事或某物的"终极基础"并不必然要与它的"证成"完全一致。实际上，凯尔森也许——并且确实也是这么做的❶——为自己辩解，没有一个动词能够准确地表达出他的意思（也就是说，没有哪个动词可以清楚地表达规范性起源中的因果关系）。❷

　　在我看来，凯尔森使用"基础"和"证成"这些词汇来为"法律上的应当"建立起依据，如果考虑到规范的"制定"以及层次结构等背景，这便是有意义的。

　　在德文当中，"aus dem Grund"［出于……的原因］❸ 这一表述（凯尔森通常是这样使用的），是一项长久以来一直被使用的固定短语，其意义根植于坚实的出发点这一观念。❹ 然而，在时间的历程中，"基础"一词已经包含了数种含义：可以指一般意义上的基础，❺ 也可以指任何事物的原初构成——后一种意思

---

　　❶　参见：凯尔森，"斯通教授与纯粹法学"，页1141。

　　❷　在德文中，足以表达其意思的动词是"normativ fundieren"［规范性的奠基］。

　　❸　根据雅各布（Jacob）和威廉（Wilhelm）的观点，这一短语早在16世纪就已开始被使用。参见：雅各布和威廉，《德语词典》第四卷第一节第四部分（*Deutsches Wörterbuch*, Vol. 4, SectionI, Part 6, Leipzig, 1935），页721、页725。

　　❹　参见：雅各布和威廉，《德语词典》，页721、页725。

　　❺　同上，页713。

[45] 显得更为明显，它所指的是"（事物的）本质"。❶ 此外，大概是在 16 世纪初期——"Grund"一词（它的意思是"基础"[foundation]）被用以表示"根本性或必要性的假设"，❷ 而在哲学领域，"Grund"一词代表的是"终极原则"，康德就是这样使用的。❸

然而，"Grund"（或"foundation"）一词在意义上转向了因果关系的层面："Grund"指的就是事物将自身之实存归因于它的这样一种事物（这个基础既涉及"实在基础"[Realgrund]，又涉及"动因"[Beweggrund]）。❹ 自启蒙运动开始，"Grund"就被用以表达"动因"或"原因"的意思，这一点业已通过"aus Gründen der Vernunft"[出于理性的原因] 这项固定短语有所显现。❺

与"Grund"[基础/理由] 一词相对应的动词是"gründen"[奠基] 和"begründen"[证成] 两词。"begründen"一词的含义随着"Grund"这个名词之词义的变化而变化：一方面，"begründen"意指奠立或创造某物；另一方面，该词又意指解释，亦即，为某事提供理由（证成）。❻ 如果人们可以充分地解释某事物，那么该事物就会最终被认为是得到证成的或合法的。❼

在 1.1.2 节中曾指出，凯尔森并未清晰明确地区分"特定规范的有效性"和"法律体系整体的有效性"。

---

❶ 参见：雅各布和威廉，《德语词典》，页 713。

❷❸ 参见：保罗（Hermann Paul），《德语词典》（*Deutsches Wörterbuch*，9th edn.，Tubingen，1992），页 373。

❹ 参见：雅各布和威廉，《德语词典》，页 729；保罗，《德语词典》，页 373。

❺ 参见：保罗，《德语词典》，页 373。

❻ 根据 1989 年出版的《德国词源词典》（*Etymologisches Wörterbuch des Deutschen*，Berlin，1989），页 615；"begründen"只有三种意思：（1）"发现"或"创造"某事物（例如，家庭或工作）；（2）依据其他某事物"建立起"某事（例如，将某理论建立在特定研究基础之上）；（3）为某事物找到理由（例如，为主张或声明）。参见：同上，页 469。

❼ 参见：《杜登德语词典》卷一（*DUDEN*，Vol. 1，Mannheim-Vienna-Zurich，1976），页 326。

就个体规范而言，"规范之有效性的基础"或"对规范有效性的证成"存在于或取决于另一项级别更高的有效规范。在这种情形中，"Grund"一词既指规范体系中（更高级别的）规范性基础，也指形式上完成了对规范的证成。因此，就层次结构中的规范而言，"Grund"［基础/证成］和"Begründung"［奠基/证成］在凯尔森眼里可以说是一致的。

然而，对于宪法而言，情况就变得不一样了。如果还是像上面那样思考这个问题，那么我们所获得的——用凯尔森的话来说——就是"有效性的终极基础"。❶ 在宪法层面上，不存在（层次结构意义上的）"Grund"［基础］，[46] 而宪法效力的"Begründung"［证成］也必然是处在阶层结构之外的："宪法为何是有效力的"这个问题不能再以"因为宪法是经由权威依据另一项更高级别的规范而制定的"这样的方式来回答了。因此，宪法的有效性必须是被假设的或被当作理所当然的。

显然，"Geltungsgrund"［有效性的基础］和"Geltungsbegründung"（有效性的证成）这些表述一定同凯尔森的法律观是密切相关的（根据凯尔森的观点，法律是一个由各种规范组成的体系）——凯尔森的法律观摒弃了那种因果关系意义上的终极有效性基础：对有效性的证成，绝不能被理解成是对有效性之原因的解释。对凯尔森而言，单一规范之有效性的证成——单一规范的有效性的基础——等同于规范（在纯粹形式上）的合法性。既然一项规范之有效性的基础在于另一项更高级别之规范的客观有效性，那么"Grund"［基础］指的便是更高等级的（规范性的）"basis"［基础］，该基础将法律的有效性传递给了❷低

---

❶　"处在该预设中的，是最终的但根据其本质却仅仅是有条件的以及在该意义上是假设的法秩序有效性基础。"参见：凯尔森，《纯粹法学》第2版，页47。

❷　短语"in oder durch etwas begründet sein"［在某样东西上或通过某样东西得到了奠基］意指一种派生，例如"in der Natur der Sache begründet"［奠基在事物的本质上，意指派生自事物的本质］。参见：《杜登德语词典》（DUDEN），页326。

级规范。这样看来，"letzter Geltungsgrund"［最终的有效性基础］这一表述（Grundnorm［基础规范］）意指规范体系❶在逻辑上必要的封闭性，而绝不意指充当原因的一项终极原则。

在我看来，可以说，基础规范不是对实在法体系的补充（从该体系之外补充到该体系内）：如同凯尔森所言，法律是自我规定的（selbst-bestimmend），而不是自我证成（selbst-begründend）的❷（换言之，基础规范只是给予法律体系以一种形式规定性，而不是以充当其原因的方式来证成其效力）。

---

❶ 吉尔特·埃德尔（Geert Edel）指出，凯尔森早期的著作——尤其是《哲学基础》以及《国家法学说的主要问题》（*Hauptprobleme*）第 2 版前言——提到基础规范相当于文字意义上的假设（类似于自然科学中的假设），即意指"奠基"（Grundlegung）。参见：埃德尔，"基础规范的假设：凯尔森和科恩"（The Hypothesis of the Basic Norm：Hans Kelsen and Hermann Cohen），载 *NN*，1998，页 195–219。

❷ 参见：凯尔森，"法律的自我规定"，页 1452。

第二章　哈特的承认规则学说

简　介

[47] 哈特的出发点是法官和其他官员的实际行为。通过观察他们这些角色，哈特注意到，在构建"有效法律"的时候，这些人诉诸的是不同的渊源。哈特所面对的问题是，在这些被观察的社会事实面前，该如何表达"有效的法律"——或者换言之：究竟应该如何表达法律的"内在方面"：哈特说，法律的"内在方面"就在于，官员们对承认规则的接受和认可。

承认规则当中，包含着一个必要的标准，这个标准是用来判断和识别"哪些规则是有效之规则"的。

例如，与美国相比，英国就存在以不成文（非制定）宪法来限制议会的立法权，而判断和识别某项规则是否是有效的规则，只需回答"这项规则的有效性是否能够追溯到女皇在议会中的立法行为"这个问题。如果能够追溯，那么这项规则就是有效力的，倘若不能追溯，那么它就是无效的。❶

因此，哈特关注的兴趣点，是一种关联关系，即作为"有效法律之资格"的渊源与社会实践之间的关联关系。❷

我应该继续研究规则的制定和颁布，哈特能够通过他的承认规则理论，成功地将"内在的"转换为"外在的"，所谓"外在的"指的就是法律的事实面貌以及它们可被观察的方面。尤其是，我对"承认"这一概念提出了不同的解释：仔细思考那援引自每一种解释而得出的论证，我要说明的是，承认规则可以被解释为是一种资格规则，也可以被解释为是一种概念规则，还可以被解释为是一种义务强加规则（2.1节：承认规则——一个资格规则，一个概念规则，还是一个义务强加规则？）。因而，我尝试着去构建哈特自己所使用的"承认"一词的意义。在此过程中，我关注的是哈特在表述其思想过程中所使用的"承认"一词在语言学上的意思（2.2节：承认的瞬间）。

2.1　承认规则——一个资格规则，一个概念规则，还是一个义务强加规则？

英文及物动词"to recognize"（承认），可以意指不同的含义：例如，该词可以表示"再次知晓（先前曾遇到过的人或

---

❶　哈特，《法律的概念》，页293。
❷　从本书第二部分的内容可以看出，凯尔森的基础规范学说并不涉及这一话题。

事）"；［48］或者也可以表示"接受或认可（某事）"，即承认某事是正确的、有效力的或有约束力的。因此，当我们在与司法相关联的层面上使用该词时，对该词汇的含义便产生了质疑——确切地说，法官对某项法律规则的承认，究竟意味着什么？

在介绍承认规则这个概念的时候，这个概念在《法律的概念》（*The Concept of Law*）❶ 一书中有所改变和调整，哈特将承认规则描述成是一种用以判断和识别"某项特定规则是否属于某个法律体系"的方法或工具：哈特说，这样的一种承认规则指明或规定了"其他规则要想成为法律体系的成员所必须具备的资格"。❷ 这种资格被哈特称为"识别的标准"❸ 或"识别的特征"。❹

因此，承认规则是这样一种规则，它规定了其他规则要想获得承认（法官承认它为法律体系的成员）而必须具备的资格。到目前为止，似乎还未发现什么问题——显然，"to recognize"一词是在认知意义层面上被使用的。

然而，当法官是以"它就是法律……"❺ 这一风格表达他们自己的时候，他们所做的正是哈特所说的"内在的陈述"，这种"内在的陈述"所表达的是"法官接受了承认规则，并且无须说出自己已经接受了它的这个事实，法官很自然地适用着承认规则，承认体系内某些特定的规则是有效力的"。❻

人们可能会问，法官们实际所做的是不是意味着他们就"承认了"某些特定规则是有效力的？除了这个问题之外，是不是所有的法官都有义务去适用承认规则？如果是的话，那么承认规则作为一项真正的规范，就是一个问题：亦即，承认规则将会成为

---

❶　哈特，《法律的概念》，页 94－98。

❷　"承认规则能将被检验之规则的特征，作为一个结论性肯定迹象来特定化，并通过施加的社会压力来支持其作为规则群中的一项规则。"同上，页 94。

❸　同上，页 95。

❹　同上，页 96。

❺　同上，页 102。

❻　同上，页 102－103。

一项被用来约束法官的义务强加规则。

　　法律学说已经开始给予哈特的承认规则极大的关注❶：［49］对于"潜藏在承认规则之下的目的"、对于"承认规则是否存在"以及"承认规则的具体内容是什么"这些问题，已经展开了充分的探讨——然而，当下的研究却并未提到瑞典法律学说中关于恰当翻译的著名转换问题。❷ 尤其是，有学者主张，承认规

---

❶　关于对哈特学说的赞同和批判，早期贡献最大的是 Marcus G. Singer，参见：Marcus G. Singer，"哈特法律的概念"（Hart's Concept of Law），载《哲学杂志》（*The Journal of Philosophy*，60，1963），页 197 – 220；也可参见：罗伯特·S. 萨默斯（Robert S. Summers），"哈特论正义"（H. L. A. Hart on Justice），载《哲学杂志》（*The Journal of Philosophy*，59，1962），页 479 – 500。撇开那些关于承认规则的丰富文献，下面这些著作特别让人产生兴趣：罗伯特·阿列克西（Robert Alexy），《法律的概念和效力》（*Begriff und Geltung des Rechts*，Freiburg，1992），页 159、页 171、页 194；Kent Greenawalt，"哈特的承认规则与美国"（Hart's Rule of Recognition and the United States），载《法之理》（*Ratio Juris*，1，1988），页 40 – 57；P. M. S. Hacker，"哈特的法哲学"（Hart's Philosophy of Law），载《法律、道德和社会：哈特纪念文集》（*Law，Morals and Society. Essays in Honour of H. L. A. Hart*，Oxford，1977），页 1 – 25；Matthew Kramer，"哈特法理学中的拒不承认规则"（The Rule of Misrecognition in the Hart of Jurisprudence），载 *OJLS*，8（1988），页 401 – 433；尼尔·麦考密克（Neil MacCormick），《哈特》（*H. L. A. Hart*，London，1981）；斯坦利·鲍尔森，"大陆规范主义和英国：他们有何不同？"；帕夫利克，《纯粹法学与哈特的法理学：一项批判性的对比》（*Die Reine Rechtslehre und die Rechtstheorie. H. L. A. Harts：Ein kritischer Vergleich*，Berlin，1993）；William C. Starr，"哈特的承认规则与欧共体"（Hart's Rule of Recognition and the E. E. C），载《北爱尔兰法律季刊》（*Northern Ireland Legal Quarterly*，28，1977），页 258 – 286。

❷　尤其是在瑞典法律学说中，承认规则的翻译转换问题已经产生了。一方面，瑞典语"Igenkänningsregel"［承认规则］一词，可以意指英语的"Know-Again Rule"［再认识规则］，参见：奈西尔·西蒙兹（Nigel E. Simmonds）于 1988 年，佩策尼克、阿尼奥（Aarnio）与吉纳尔·贝伊赫尔兹（Gunnar Bergholtz）于 1990 年的著作。另一方面，瑞典语"Igenkänningsregel"［承认规则］一词，也可以意指英语的"Rule of Acknowledgement"［确认规则］，这种用法参见：斯特龙伯格（Tore Stromberg）于 1991 年的著作。在瑞典语中，该词的含义还有其他的可能性，那就是德语的"Rekognitionsregel"［承认规则］和"Identifieringsregel"［识别规则］。参见：西蒙兹，《法律的原则问题：正义、有效法律和权利》（*Juridiska principfrågor. Rättvisa，gällande rätt och rättigheter*，trans. Lars Lindahl，Stockholm，1988），页 88。参见：佩策尼克、阿尼奥和贝伊赫尔兹，《法律论证——法理学教科书》（*Juridisk argumentation—en lärobok i allmän rättslära*，Stockholm，1990），页 39、页 44。参见：斯特龙伯格，《晚期著作的回顾》（*Review of the latter work in SvJT* 1991），页 458 – 464。

则不值得被称为"规则",因为它并不是一项真正的规则,它仅仅只是一种用以识别法律体系内有效规则的定义或概念性标准。❶

尽管对哈特的学说产生了普遍的关注,但对于"承认"一词的歧义所产生的理由,尚未展开充分的研究。因此,这个问题从我们开始:

拉丁文"recognosco"一词,意指:

(1)再次知晓(to know again);

(2)回想(to remember, or recall to mind);

(3)查看、检阅、检测、观察等(to inspect, review, test, view etc)。❷

一方面,第(1)种和第(2)种意思,显然彼此之间是相互关联的。"再次知晓"(Knowing again)意指,某人遇到以前的一个人或事,以及现在回想起曾经所做过的事——它暗示着人们所记得的、能识别的,是类似的、熟知的事物。另一方面,第(3)种意思与"调查""测试"并不相同,它并不暗示任何先前的知识。与"recognoscere"一词相对应的拉丁文是第(3)种意思——"recognitio""-onis f."是调查或检阅的意思。❸

相比之下,英文动词"to recognize"一词则意指:❹

---

❶　参见:下文2.1.2节。

❷❸　参见:Christian Cavallin,《西班牙裔美国人字典》(*Latinsk lexikon till läroverkens tjenst*, Lund, 1888),页61。

❹　参见:《牛津英语词典》第2版(*Oxford English Dictionary*, 2nd edn., Oxford, 1989),页343。参见:《韦伯斯特大词典》(*Webster's Dictionary*),"to recognize"一词的意思是:(1)回忆先前曾明白或感知过的知识;(2)形式上承认某种特定的身份。参见:《韦伯斯特第3版新国际词典》(*Webster's Third New International Dictionary of the English Language*, London, 1966),页1896。《简明牛津词典》(*The Concise Oxford Dictionary of Current English*)放弃了常用的意思"that of logical connexion or of comparative familiarity or importance","recognize"一词首次的规范性意思:根据该词典,"recognize"意指:(1)确认(真实、主张、存在)的有效性,发现或实现某种自然属性,对待、确认、现实或认可某种自然属性;(2)再次知道,识别以前所知道的事物。参见:《简明牛津词典》,页1033。

（1）通过［50］特别告知、赞同或拥护而承认；因为存在或有权考虑而作为有效力的被对待；以某种方式通知某事或某人；

（2）承认某种考虑，或身份、状态；

（3）再认识；感知先前曾知道的事物；

（4）了解某些显著的特征；通过表面或特征上的知识来识别；

（5）清晰地感知，认识。

对应的英文名词"recognition"一词意指❶：

（1）作为真实的或有权思考的承认行为；

（2）得到主权者或其他统治者在形式上的承认；

（3）对善心、服务、义务或美德的承认或认可；

（4）识别以前所知晓之事物的精神过程；

（5）在特定范畴或特征下理解某行为或事实。❷

因此，起初，拉丁文"recognoscere"和"recognitio"一词具有纯粹的认知意思，而它们在英文中的对应词汇——"recognize"和"recognition"——也都具有认知的意思和规范的意思。❸

---

❶　参见：《简明牛津词典》，页341－342；《韦伯斯特第3版新国际词典》，页1896。关于国际法中所使用的"recognize"一词，参见：《韦伯斯特第3版新国际词典》，页1896。然而，根据《简明牛津词典》，"recognize"一词使用的是它的字面意思，该词名词性质的主要意思就是它的动词意思，即"identify"［识别］和"再次知道"（know again），参见：《简明牛津词典》，页235；同样参见：Collins Cobuild，《英语词典》（*English Language Dictionary*, London and Glasgow, 1987），页1202。

❷　在该语境中，人们应当提到"recognize"一词在心理学意义上的用法："recognize"指的是精神的过程，即将其识别为以前曾领悟过的事物，或者将其划入特定的范畴——这个过程通常不同于回忆的过程。关于"Recognition Test"，参见：《简明牛津词典》，页342。

❸　在瑞典法律学说中，关于承认规则（Rule of Recognition）一词的翻译转换问题（参见：下文2.1.1节）：将其翻译成"Igenkänningsregel"，即"再认识规则"（Know-Again Rule），这意味着以名词中的认知意思为主，而翻译成"Erkännanderegel"，即"确认规则"（Rule of Acknowledgement），则标志着名词的规范意义得到强调。

[51] 如上所述,❶ 识别某客体的能力，假定识别者是在对该客体进行"再认识"。可能存在各种"再认识"某些特殊客体的理由——例如，它可能看起来极像另一个客体，或者它可能拥有某些显著的品质。只要我们已经"再认识"——并识别——该客体，那么我们就能够将它"具体化和特别化"，也能够指出我们所接触之事物的品质和特征。❷

与"识别行为"相对比，"承认行为"则是将事物放置于另一个层面上："承认某事"意味着，我们在特定的范畴或品质下，认可——也可能是赞同——该事物。

然而，承认任何事物的能力——承认某事物拥有特殊的资格或品质——它假定"事物的特殊品质已经存在了"：简言之，个体的人或事物必须已经具有了某种特定的品质。

2.1.1　一个资格规则?

在瑞典法律学说中，❸ 哈特的承认规则已经被译为"Igenkänningsregel" 意思大致是："再认识规则" [Know-Again-Rule] ——但是这种译法并未获得广泛认同。例如，托·斯特龙伯格（Tore Stromberg）就曾指着《法律的概念》❹ 一书中的相关

---

❶　参见：本书页 72 – 73（原版书第 49 页）。

❷　参见：《简明牛津词典》，页 108；Collins Cobuild，《英语词典》，页 718。

❸　瑞典语"Igenkänningsregel"一词出现在西蒙兹和佩策尼克等人的著作当中，参见：页 72 注释 2。在晚期著作的回顾当中，斯特龙伯格批判了这种译法，参见：斯特龙伯格，《晚期著作的回顾》，页 459。佩策尼克在回应中承认，斯特龙伯格的解释肯定是对应着哈特的援引"在承认体系内特定规则是有效力的过程中适用规则"。参见：哈特，《法律的概念》，页 102 – 103。但是，哈特视承认规则为一项经验事实——一种被证明是用来识别法律规则的方式。佩策尼克继续说道，我们的识别能力暗示着我们"再认识"——因此，将"Rule of Recognition"翻译为"Igenkänningsregel"是正确的。参见：佩策尼克，《晚期著作的回顾》，页 800。

❹　哈特，《法律的概念》，页 102 – 103。

页码论证说❶，如果法官接受了承认规则，但并未说明他们就是这么做的，他们适用承认规则，承认某项特定的规则是规则体系内的有效规则——那么，这里的"承认"（recognize）指的显然就是"接受"（accept）或"确认"（acknowledge），而非"再认识"（know again）。❷ 因此，将"Rule of Recognition"［承认规则］一词准确地翻译成瑞典语，［52］应该采用"Erkännanderegel"一词（相当于"Rule of Acknowledgement"［确认规则］）。

瑞典文动词"erkänna"一词（大意为"承认"），在不同的情景中可能具有不同的含义。其中一种意思便是，"承认某事，并暗示着对另一事的否定"这样一个行为：例如，"we erkänna an offence"——这里的"erkänna"等同于英文中的"承认"（"acknowledge"或"admit"），其大意是"我们承认自己的罪行"；再或者举例，"we erkänna to have been in the wrong"，其大意为"我们承认所犯下的过错"。然而，当我们"erkänna"实际存在的某事或某人时，以及当我们已经接受这一事实时，"erkänna"一词则具有其他不同的含义，即我们不仅仅只是承认某人或某事物的客观存在，同时也是在承认他们（它们）所特有的身份和资格（品质）。

现在，斯特龙伯格指出，上文所提到"erkänna"的第二种含义，即承认某项规则的地位为有效力的法律，这是有问题的：

---

❶ 斯特龙伯格，《晚期著作的回顾》，页459，见页72注释2。斯特龙伯格（1912～1993年）为隆德大学法学理论的第一任主席（1961～1977年）。斯堪的纳维亚现实主义法学根植于乌普萨拉学派（参见：第一部分第一章第56页注释1），斯特龙伯格不仅仅只是追随了Karl Olivecrona的步伐：根据Karl Olivecrona对于"法律效力"的意思所进行的分析，斯特龙伯格形成了一个有价值的心理洞察。目前，关于斯特龙伯格对斯堪的纳维亚现实主义法学贡献的评价，主要参见：佩策尼克，《论法律与理性》（*On Law and Reason*, Kluwer Academic Publishers, 1989），页261–262。

❷ 根据哈特的观点，"这就是法律……"（It is the law that...）这一表述指的就是"基于恰当的目的，人们共同认可相关规则的情形"。参见：哈特，《法律的概念》，页102。

在他看来，哈特式的法官们"承认某项规则"，这意指"他们认为该项规则是有效力的"。

然而，在斯特龙伯格看来，"有效力的"并不是规则所实际拥有的一种品质；它不过只是一种拟制的品质。在斯特龙伯格看来，哈特的承认规则是一种资格规则："赋予资格"，这要归功于具有权威资格的人或者事；确切地说，这就是哈特承认规则的功能与目的。

要想领悟斯特龙伯格"将承认规则作为资格规则"这样一种理解，就必须考虑两点——斯特龙伯格有关"法律体系"的观点，以及他对"有效性""有效力的法律"这两个概念的态度（这是乌普萨拉学派通常持有的态度）。

依据斯特龙伯格的观点，一个法律体系大致由两种类别的法律规则所构成——一种类别是行为规则，另一种类别则是非行为规则。如果某项规则隶属于第一种类别，这意味着，在这些规则中，规定了某项特定的必须被实施的行为，或者是规定了某项特定的必须被禁止的行为。相比而言，隶属于第二种类别的规则，则是授权规则或资格规则：这些规则并未规定任何事情或要求任何事情，也不禁止任何事情，但这些规则的意思却是命令式的——这些规则使得我们对特定的事或人，采取某种特定的态度。❶

资格规则通常是由陈述性命题所构成。然而，由于它们具有命令式的内容，这些命题因此具有实践的功能，从而引导我们以特定的方式进行思考。例如，假设我们称某人（X）为"监护人"：那么我们的意思是，实际上——或者像斯特龙伯格所辩称的那样——[53]我们把 X 这个人看作监护人，究其原因，简单来说，因为存在这样一项规则，它告诫我们要这么做（有项规

---

❶　参见：斯特龙伯格，《一般法律原则》第 8 版（*Inledning till den allmänna rättsläran*, 8th edn., Lund, 1980），页 63。

则认为，X 这个人是他未成年孩子的监护人）。❶

斯特龙伯格并不完全确信，诸如"将某人或某事当作……"这一表述在语言学上是完全准确的。他说，资格规则实际上并不能鼓励我们随意歪曲现实❷——但是，它们"明确地命令到"❸特定的品质或资格应当要形成。

根据乌普萨拉学派的观点，❹ 法律规则所拥有的特定资格——法律规则的有效性——只是一种思维上的、形而上学的资格，它无法回溯到某个实在的事物上：当谈及有效力的法律规则时，我们只是简单地想象着它们是有效力的。❺ 斯特龙伯格是如下这般解释我们"想象"法律规则之有效性的能力的。

总的来说，我们对于法律的态度多是主观性的——我们感受到来自法律的约束。正如斯特龙伯格所指出的，因为（法律是有约束力的）这种普遍性的观念，所以我们身上所产生的"法律是有约束力的"这种感觉，是"客观化的"，我们对法律的这种主观性态度，通过法律规则得到了体现。

---

❶　参见：斯特龙伯格，《一般法律原则》第 8 版（*Inledning till den allmänna rättsläran*, 8th edn., Lund, 1980），页 82 – 83。

❷❸　参见：斯特龙伯格，《一般法律原则》，页 83。

❹　关于乌普萨拉学派的哲学思想，参见：第一部分第一章第 56 页注释 1。

❺　根据斯堪的纳维亚现实主义法学家 Karl Olivecrona 的观点，法律规则是命令（imperative）的复合体，这些命令由社会主流行为模式所构成。Karl Olivecrona 将这些命令称为"独立的命令"：一方面，这些命令类似于它们在实施压力中的命令（command）——但另一方面，这些命令又不像独立的个人关系中的命令（command）。"独立命令"（independent imperatives）是命令式命题，但它们并非源自命令主体（施加命令者）；因此，无论是对国家还是对个人而言，这些命令都不是对意志的宣扬。参见：Karl Olivecrona，《作为事实的法律》第 2 版（*Law as Fact*, 2nd edn., London, 1971），页 129 – 130。然而，Karl Olivecrona 有关法律规则之属性的观点，与凯尔森不同：在 Karl Olivecrona 看来，法律规则"存在于"精神现实当中；因此，关于法律规则存在的陈述无法通过外在实体的比较来检验和证明。参见：斯特龙伯格，《一般法律原则》第 8 版，页 16 – 17。有关 Karl Olivecrona 的介绍，可参见：Bjarup，《斯堪的纳维亚现实主义》（*Skandinavischer Realismus*），页 140、页 170，同第一部分第一章第 56 页注释 1。

这里存在一个"情感反应"问题，❶ 这一反应的结果便是"有约束力的"这种品质或资格；作为一种品质或资格而出现的"约束力"，是内在于法律规则之中的，或者说，是法律规则所固有的。

根据斯特龙伯格的观点，"有效力的法律"这个概念是一个传统的概念——斯特龙伯格说道，有效力的法律是什么，那就是通过社会习俗而建立起来的东西。❷ 他的意思如下。

"法律规则是有效力的法律"这一陈述，并未直接实现自我证明——也许它仅仅只是考虑了，在法律体系内（法律体系是一个统一体），以什么方式让特定的规则"黏合在一起"——或者说，让它们协调一致。在最终的分析中，这一陈述能够被证明，但唯一的途径便是唤起那个普遍性的观点，那个普遍性的观点指的是"国内宪法以及［54］根源于该宪法的全体规则，都是有效力的法律，并且都应当被遵守"。在斯特龙伯格看来，关于国内法律体系有效性的普遍性观点，也同样支撑了我们关于个别性法律规则也是有效力的观点。

因此，实际上，这就是我们自己对于"哪些规则是有效力的法律规则"的态度：❸ 我们感觉到法律所强加的约束力，并相信其他每个人都有这样的感觉。

比较哈特和斯特龙伯格各自对于承认规则的观点，可以发现，他们都认同承认规则的目的——承认规则的目的旨在赋予体系内的全体规则以法律的品质或资格（也就是说，赋予它们成为有效力之法律的资格），然而，他们就这个资格或品质的性质，未能形成一致意见。

斯特龙伯格将哈特的承认规则视为一种资格规则，承认规则告诫法官，要将那些已经依据它而得到识别的规则视为有效

---

❶　参见：斯特龙伯格，《一般法律原则》，页48。

❷　同上，页48。

❸　同上，页46-48。

力的法律规则。然而，承认规则并未对法官强加一项行为义务。相比之下，哈特则认为，承认规则是一种有约束力的法律规则：依哈特之见，法官有义务适用那些已经得到准确识别的规则（也就是说，法官有义务适用那些隶属于该法律体系的规则）。

根据斯特龙伯格的观点，法律规则的品质或资格——有效力的品质或资格——它仅仅只存在于人们的想象当中；通俗地说：如果没有人们的想象，"有效力的法律规则"根本就不存在。相较而言，在哈特看来，"有效力的"这个资格或品质是这样的一种资格或品质，即一项规则要么具备这种资格，要么不具备这种资格：它不属于想象的范畴——而是一种实实在在的资格或品质，这种资格或品质是可以公开陈述的。❶

因此，哈特和斯特龙伯格之间关于承认规则的区别，似乎主要体现在本体论（亦称为存在论）层面上的限定性问题之中，也就是说，他们之间的区别根源于二人对实在性所持有的不同看法。

2.1.2　一个概念规则？

在布柳金❷看来，哈特所使用的"to recognize"（承认）一词，意指"know again"（再认识）或"identify"（识别），后者包含了"define"（定义）之意。

布柳金认为，承认规则更像一个概念规则，而非一项规范。

---

❶　"在任何一个法律体系中，法律有效性的标准问题是一个事实问题。它是一个有关规则的存在与内容的问题。"参见：哈特，《法律的概念》，页293。承认规则存在于体系内的实践之中，参见：斯特龙伯格，《一般法律原则》，页112。探寻这一规则的存在，是一个经验的、观念上的、复杂的事实，参见：同上，页292。

❷　参见：布柳金，"承认规则"（Sobre la regla de reconocimiento），载《逻辑分析与法律》（*Análisis lógico y Derecho*, Madrid, 1991），页383。

承认规则具有概念规则的功能，即给事物下定义：承认规则对"体系内什么才是有效力的法律"作出定义。❶［55］让布柳金感到遗憾的是，哈特在"承认规则"和"主要（义务强加）规则"中都使用到了"规则"一词。布柳金认为，正是因为这个原因，这两种规则之间的概念性差异被掩盖了。❷

承认规则究竟是关于什么的，布柳金说，承认规则为"何谓有效力的法律"提供了一系列的概念化标准。因为概念规则明显欠缺规范性的特征，所以布柳金认为，"承认规则对法官规定了'适用全部且唯一有效法律'的义务"这一说法，是没有道理的。❸

随后，我将讨论布柳金将承认规则当作概念规则来看待的论断。为了理解布柳金对于承认规则之属性和功能的见解，人们就必须根据他的"法律体系"的构成要素观和他关于法律命题的验证观去看待承认规则。

根据卡洛斯·阿尔罗若（Carlos E. Alchourrón）和布柳金的观点，❹法律体系是一个规范体系或规范的复合体，而规范则是法律语句构成的。这些法律语句就是规范（或者可以被称为

---

❶　参见：布柳金，"承认规则"，页384、页386。

❷　同上，页391。

❸　同上，页390。关于规范的决定性定义问题，参见：林达尔（Lars Lindahl），"定义，概念分析和法律的概念"（Definitioner, begreppsanalys och mellanbegrepp i juridiken），载《法理学中的理性主义和经验主义》（Rationalitet och empiri i rättsvetenskapen, 6, Stockholm, 1985），页37。

❹　阿尔罗若和布柳金，《规范体系》（Normative Systems, Vienna, 1971），页88。根据阿尔罗若和布柳金的观点，"法律体系"这一概念比"法秩序"这一概念更为普遍和宽泛："法秩序"指的是根据特定标准被认定为有效之全体规范的复合统一体，即根据特定的识别标准被认定为有效力的法律语句，参见：阿尔罗若和布柳金，《规范体系》，页74；"法律体系"则是"包含它们全部结果的法律语句之整体"，参见：《规范体系》，页75。阿尔罗若和布柳金指出，在法律科学当中，"法律体系"经常被当作"法秩序"的意思被使用。

"真正的规范性语句"❶）。这些规范必须区别于规范性语句（或"不合逻辑的规范性命题"❷）：规范性——或者法律上的——命题，它们所处的层次与规范所处的层次，二者在语言学上是有所不同的。❸

[56] 真正的规范性语句——规范——是规定性的语句，规定性的语句指的是"要求人们应当实施某种行为，或要求禁止实施某种行为"的语句（例如，"在 Q 这种前提条件下，P 这种行为被命令或被禁止"）。相比而言，不合逻辑的规范性语句——法律上的（规范性的）命题——则是通过描述性语句来加以表述的：这些描述性的语句传递着与规范相关的信息，或者传递的是与规范所颁布之义务、授权、禁止相关的信息（例如，法律就是"在 Q 这种前提条件下，P 这种行为被命令或被禁止"）。❹

说"规范 N 是有效力的"这个法律命题，可能是正确的，也可能是错误的。如果规范 N 满足了特定的描述性标准，那么这个法律命题便是正确的：根据布柳金的观点，法律命题的真正价

---

❶　参见：阿尔罗若和布柳金，《规范体系》，页 121；参见：林达尔，"规范、有意义的假设和法律谓词"（Norms, Meaning Postulates, and Legal Predicates），载《法律和道德中的规范体系》（*Normative Systems in Legal and Moral Theory*, Berlin, 1997），页 293 – 307。第一个发现"真实的规范语句"和"虚构的规范语句"之间存在区别的人，是 Hedenius，参见：Ingemar Hedenius，《法律和道德》第 2 版（*Om rätt och moral*, 2nd edn., Stockholm, 1963），页 102。凯尔森对于法律规范（Rechtsnorm）与法律命题（Rechtssatz）之间的区分，参见：凯尔森，《纯粹法学》第 2 版，页 16、页 73；奈特英译本，页 18、页 83。

❷　参见：阿尔罗若和布柳金，《规范体系》，页 121；参见：布柳金，"承认规则"，页 385（"proposiciones juridicas"即"法律命题"）。

❸　法律命题（juridical propositions）是元语言性的，参见：阿尔罗若和布柳金，《规范体系》，页 121。如同林达尔所指出的，所谓的规范性命题实际上是描述性的——规范性命题是与规范相关的描述性命题，人们不应对这一事实感到迷惑。参见：林达尔，"规范、有意义的假设和法律谓词"，页 293。

❹　参见：阿尔罗若和布柳金，《规范体系》，页 121。

值与体系内有效法律的识别标准是紧密相关的。❶ 因此，法律命题的正确性，假定了识别标准的存在，并且假定识别标准能够以概念规则的形式被表达。❷

在布柳金看来，只存在两种类型的法律规则："行为规则"（规范）和"概念规则"。这两种类型的规则，彼此之间是并行的关系，它们互不包含。❸

在概念规则的范畴下，还可以作进一步的类型划分——诸如，语法规则、语义规则和逻辑规则。它们之所以共同归属于概念规则名下，就在于它们的定义特征。这些规则不是行为规则——它们并不规定或禁止任何行为；它们唯一的功能便是确立"该如何适用特定的概念或术语"。❹

对于法律体系，阿尔罗若和布柳金区分了两种类型的概念规则，他们分别将二者称为"自认规则"和"废除规则"。而"自认规则"包含着各种前提条件，这些前提条件是规则（诸如通过立法程序而颁布的规则）有效性的标准；"废除规则"则决定那些依据"自认规则"而有效之规则的效力终止或失效。所以，"废除规则"就是"毁灭规则"。❺ 通过展示、罗列有效性和无效性的标准，"自认规则"和"废除规则"共同为"法律体系中什么才是有效力的法律"这一问题提供了一个定义。❻

为了证明承认规则必然只能是一个概念规则，[57] 布柳金援引了《法律的概念》一书中的著名篇章。有一个完全假想的

---

❶ 阿尔罗若和布柳金使用"有效的"（valid）一词来描述那些被法学家们认为是法律体系之基础要素的法律语句。为了识别这些语句，需要使用一些特定的标准：这些识别标准"确立了要想法律语句有效而必须满足的条件"，参见：阿尔罗若和布柳金，《规范体系》，页72；亦可参见：布柳金，"承认规则"，页385。

❷ 同上，页383、页386。

❸ "行为规则和概念规则"，参见：布柳金，"承认规则"，页383、384。

❹ 参见：阿尔罗若和布柳金，《规范体系》，页73。

❺ 同上，页72。

❻ 同上，页73。

君主，国王 I，他统治着一个假想的国度 Y：❶

在国度 Y 这个疆域内，有效力的法律就是那位处在至高无上地位的国王 I 所说的话（也就是国王在王位上所说的话）。国王所说的话，有两种情形：第一种，表述普遍性行为规则的语句（例如"成年人每年必须无偿工作三日"）；第二种，表述概念规则的语句（例如："成年人指的是 21 岁以上的人"）。❷

在国王的疆域内，有三个概念规则包含了"何为有效法律"的标准：

规则 1："国王在其至高无上的皇位上所发布的一切规范——这些构成了有效力的法律"。

规则 2："根据规则 1 授权个人 X 制定规范 P，并且 X 实际也制定了规范 P，那么规范 P 就是有效力的，并且也构成了有效力的法律"。

规则 3："有效力的法律，是由那些满足规则 1 和规则 2 之条件的规范所构成的"。❸

规则 1~3，共同形成了"有效法律"的循环定义：❹如果这三个概念规则顺利地适用到了一个特定规则之上，那么这个特定的规则便有可能构建起来，而无论它在 Y 疆域内究竟是有效力的，还是无效力的。

在布柳金看来，哈特的承认规则与上述的规则 1~3 具有同样的功能：布柳金说，承认规则为"法律体系内何为有效力的法律"提供了识别标准，简言之，承认规则对"有效力的法律"作出了定义。❺然而，因为不同法律体系下的承认规则在内容上不尽相同，所以，每个法律体系下"有效法律"的识别标准并

---

❶　参见：布柳金，"承认规则"，页 385；哈特，《法律的概念》，页 52。

❷　参见：布柳金，"承认规则"，页 385。

❸❹❺　同上，页 386。

不完全相同。❶

因此，布柳金宣称，哈特的承认规则并非类似于一个概念规则，它本身就是一个概念规则。尽管布柳金承认，哈特可能想将承认规则从定义功能和其他功能中解脱出来。❷ 鉴于这一考虑，布柳金开始转为研究——"承认规则是义务强加规则（承认规则给法官们强加了一项义务，它要求法官适用那些根据承认规则被识别为有效的法律）"这种说法是否是合理的。

在《法律的概念》一书中，哈特强调，承认规则 [58] 并未构建起单纯的习惯，它仅仅只是一个已被接受的规则而已，❸习惯与规则之间的不同之处是显而易见的，因为习惯是从规则当中脱离出来的。❹ 现在假定——或者如同布柳金所论证的那样——承认规则要么未被正确地适用，要么未被完全地适用：根据哈特的理论，承认规则应当是从这种脱离的结果之中产生的，而无论它是否是一个有约束力的规则。❺

结果，布柳金考虑到法官不适用有效法律的两种情形。这第一种情形是，法官确实准确地适用了承认规则，但法官并未适用那些依据承认规则被识别为有效之法律的规则——也就是说，法官并未适用该体系内的有效规则。第二种情形是，法官根本就没有适用承认规则——因为法官忽略了承认规则。❻

关于第一种情形，布柳金解释说，可能存在这样的情况，法

---

❶　相比之下，凯尔森的基础规范则通常具有相同的"内容"，参见：第一部分第一章页 34～35。

❷　参见：布柳金，"承认规则"，页 387。

❸　参见：哈特，《法律的概念》，页 55－60。"承认规则实际上是在体系的常规运行过程中被接受和被使用的。"参见：同上，页 108。"关键是，对于包含着体系之有效性标准的承认规则，应当要有一个统一的、共享的官方性接受和认可。"参见：同上，页 115。

❹　"对规则的背离通常被认为是失效或错误的批评，受到威胁的背离满足了一致性的压力……"参见：同上，页 55。

❺　参见：布柳金，"承认规则"，页 388。

❻　同上，页 389。

官在寻找可适用的规则时正确地使用了承认规则，尔后却又因为或这或那某个原因，放弃适用已被识别的规则。例如，基于宗教或道德原因导致法官拒绝适用特定的规则，这完全是可以料想到的。布柳金说，这个法官所做的，并不是他根据有效法律而应当做的：他没有履行一个法官的义务，也就是说，法官没有依据有效法律来裁决案件。然而，这项义务并不是由承认规则所强加的一项义务（承认规则已被准确地适用），而是由体系中的另一项规则所强加的义务，即一项"要求法官承担适用有效法律之义务"的规则。类似这样的情形，都将导致裁判上的实质性错误，都应当予以撤销并重审。❶

关于第二种情形，法官并未正确地使用承认规则，因为他们错误地认识了承认规则的内容：所以，法官可能适用了一项被他识别为有效法律的规则，然而事实上，该规则很可能并不是有效的。这种情形也会导致裁判上的实质性错误。❷

在上文所谈论的两种情形中，法官都没有做到他们应当做到的事情，即适用有效力的法律。但是，布柳金重申，"要求法官适用有效法律"的义务并非源于承认规则。有约束力的规范，必定不同于那些提供概念标准的规则，而哈特的承认规则恰恰就属于概念规则，布柳金意在通过比照承认规则的适用 [59] 与其他类型之概念规则（语法规则）的适用来说明这一点。

任何一名想要精通一门特定语言的人，都会去注意语法规则。如果语法规则未能被正确适用，换言之，如果我们犯了语法错误，那么就没人能够宣称自己正在履行义务；这种情形便是，我们没有正确地表达自己——简言之，我们是拙劣的演说家，就像那些忽略了承认规则内容的法官，也就是未能正确适用承认规则的法官，他们也是不称职的法官。❸

---

❶ 参见：布柳金，"承认规则"，页 389 – 390。
❷ 同上，页 390。
❸ 同上，页 388。

就像法官的义务是适用有效力的法律——这项义务是由一项真正的规范所强加的——这里也存在使用特定命令语言之义务的情形。例如，考虑教师的情形：实际上，如果教师习惯性地使用不准确的语言，那么教师也可能丢掉他的工作。教师的这项义务并不是由语法规则（概念规则中的一种）所强加的——语法规则本身并未规定任何内容；所以，教师的这项义务是由另一项规则所要求的，即一项规定教师有义务适用特定语法的规则。教师（适用特定语法）的这项义务，类似于法官（适用有效法律）的这项义务。❶

布柳金强调，"遵守还是不遵守承认规则"这并不是一个问题，因为根本就没有一项这样的义务强加规则；然而，承认规则有可能被正确地使用，也有可能被错误地使用；就像语法规则也可能被正确地使用，或是被错误地使用。❷ 法官有义务依照有效法律去作出裁判，法官通过适用承认规则从而能够履行该职责——但是，这项义务并非源自承认规则，而是源自法律体系中的另一项规范。❸

2.1.3 一个义务强加规则？

在拉兹❹看来，哈特使用"to recognize"［承认］一词意指"to accept（as binding）"［作为有约束力的而接受］，这一点是毋庸置疑的。拉兹视承认规则为一项真正的规范——是一项对法官提出义务要求的行为规范。为了支撑自己的观点，并将他从哈

---

❶ 参见：布柳金，"承认规则"，页388。

❷ 同上，页389。

❸ 同上，页390。

❹ 参见：拉兹，《法律体系的概念》，同第一部分第一章第36页注释1；参见：拉兹，《法律的权威：法律与道德论文集》（*The Authority of Law: Essays on Law and Morality*, Oxford, 1979）。

特的交流中脱离出来，❶ 拉兹提出了一个排除的过程：拉兹说，考虑到哈特的术语以及他对于［60］社会规则之存在的观点，❷ 承认规则一定属于"义务强加规则"这个范畴——简单来说，因为承认规则无法隶属于其他任何范畴。

随后，我将进一步思考：拉兹为何坚持认为"承认规则是一种义务强加规则"，拉兹为何要批判哈特所构设的承认规则。❸

拉兹的理由如下。❹ 根据哈特的法律理论，存在两种类型的法律规则——"义务强加规则"和"授权规则"。❺ 规则是作为"事实"（作为一个社会实践）而存在的，规则所表达的意思显然和承认规则相关；哈特在对规则的存在进行分析时，研究分析的就是义务强加规则，由此可见，承认规则也一定属于义务强加规则的范畴。这就是拉兹的第一个论点。

拉兹的第二个论点是，哈特对社会规则的解释，基本上就是对义务强加规则的常规解释，哈特根本就没有考虑到，社会实践所形成之习俗权力的存在——授权规则（这是哈特所认可的另外唯一一种类型的规则）："因此，既然承认规则是一项习俗性的规则，那么承认规则就必须被理解成是在强加义务"。❻

拉兹的第三个论点是，"官员们"通过其他的"次要规则"（次级规则或第二性规则）被授予法律权力，而这种"次要规则"就是"改变规则"和"审判规则"。因此，那种"认为承认

---

❶ 在与拉兹的交谈中，哈特声明自己并未将承认规则作为一项资格规则来设计。参见：拉兹，《法律体系的概念》，页199。

❷ 参见：哈特，《法律的概念》，页55-57。

❸ 然而，拉兹的批判并不是很公正，因为哈特当时已经意识到将"承认"等同于成员关系识别标准的缺陷，并已经开始就如何对这一概念进行限定提出了自己的建议。参见：哈特，《法律的概念》，页62。

❹ 参见：拉兹，《法律的权威》，页92。

❺ 根据哈特的观点，法律体系是"由主要规则和次要规则所构成的复合统一体"。参见：哈特，《法律的概念》，页114。

❻ 参见：拉兹，《法律的权威》，页93。

规则是一种授权规则"的想法，说明他已经混淆了这些规则的类型。❶

因此，拉兹像哈特一样使用"recognize"（承认）一词意指"accept as binding"（作为有约束力的而接受和认可）。拉兹说，承认规则向法律适用机构提出了一项强制性的义务，该义务要求法律适用机构"承认并适用所有满足有效性标准的法律，而这有效性的标准恰是由承认规则所规定的"。❷尽管一项法律规则隶属于该体系，但承认规则有别于其他规则，因此，承认规则的存在并不是由其他规则所确立的标准来决定的，承认规则被实际适用，这是一个事实。❸

将哈特的"承认规则"作为一项义务强加规则来理解，这意味着两点：第一，法官有义务适用那些被准确识别为隶属于该体系的规则；第二，法官有义务只适用那些已经得到识别（因此也隶属于该法律体系）［61］的规则。因此，根据哈特的理论可以得出如下结论，承认规则仅仅只适用于体系中的原始"成员"。

在拉兹看来，哈特将"recognition"［承认］与"membership"［成员］这一概念牢牢地联系起来，令人遗憾；因为这样做，使哈特无法关注到一个事实，即"法院有时会承认一项规则的可适用性，即便该规则明显不属于该法律体系"。❹对于这一批判，必须借助拉兹的法律体系身份观来看待。❺

根据拉兹的观点，法律体系的身份以及它的形式统一性，具有两个显著的方面：第一，体系延伸（相当于法律体系）这个方面；第二，体系的范围（体系的颁布）这个方面，规范是体

---

❶❷ 参见：拉兹，《法律的权威》，页93。

❸ 参见：拉兹，《法律体系的概念》，页198。

❹ 参见：拉兹，《法律的权威》，页97。

❺ 参见：拉兹，《法律体系的概念》，页187。"识别的问题就是去寻找一个标准的问题，这个标准是用来判断规范陈述是否对法律体系进行了充分的描述"。

系的组成部分。❶ 我们需要一个标准，依据这个标准，某些特定的规范可以被认定为是法律体系的组成部分，而某些规范则不会被这样认定；而法律体系的范围大小则是由这个标准来决定的。❷

拉兹说，法律是由规范构成的，而规范则是用以调整社会生活各个方面和领域的，规范也和一系列的社会现象以及习俗紧密相关。❸ 从这可以得出如下结论，法律是由规范构成的，这些规范必须被承认是（被识别为或最初隶属于）法律体系内的规范；有些规范尽管最初并不隶属于这个法律体系，然而，因为它为法院所承认，法院认为它也是"应当"被适用的规范，因为法律的功能之一便是支撑各种社会群体。❹ 拉兹说，就这些规范的"可适用性"而言，其决定因素就在于，执行这些规范的理由以及法院和立法机构在执行规范时的态度。❺ 但是，对于涉外案件中所适用的规范而言，这很可能会成为一个问题——诸如，调整涉外继承的诉求、商法或欧共体法律当中的规范。

由上可见，拉兹坚持使用"recognition"一词（由法院来承认），就像《法律的概念》一书中所描述的那样，将它作为识别[62] 成员关系的一个不充分标准。❻ 然而，拉兹的批判提出得太晚了（1970 年）：❼ 1968 年，哈特发表了一篇名为"凯尔森的

---

❶ 参见：拉兹，《法律的权威》，页81。

❷ "法律体系的身份是建立在一些标准之上的，那些标准决定哪些法律属于这个法律体系，哪些法律不属于。"参见：同上，页79。

❸ 法律体系"宣称它自身是调整一切行为的权威……它们既包含调整行为的规范，也包含授权制定规范的规范"。参见：拉兹，《法律的权威》，页116。

❹ "那些被承认是法律组成部分的规范之间的区别被掩饰了，因为法律支持各种社会组织的功能常常对国家的本质以及国家与其他社会组织之间的关系存在错误的认识"。同上，页101。

❺ 同上，页102。

❻ 同上，页97。

❼ 拉兹也承认了这一点。参见：同上，页98。

法律统一学说"（Kelsen's Doctrine of the Unity of Law）的文章❶，在这篇文章中，哈特提出了对"recognition"这一概念进行限定的可能性建议。

这篇文章可以清楚地说明，尽管有些规则明显不属于该法律体系，却也在被适用，哈特最终承认道，确实存在有关这些规则的承认。哈特现在也说："承认国内法体系中某项既存规则的约束力，并且适用它（这项规则是体系的一部分，它隶属于该体系）"与"承认一项源于另一规范体系之规则的可适用性"，二者之间是有区别的。例如，在国际私法领域中，法院就有适用外国法的义务。❷哈特说，承认这些规则是"可适用的"，这并不意味着我们已经将它们视为法律体系的一部分了。❸在这些例子当中，我们通常认为法院正在"适用"外国法：然而，在这种情况下适用外国法，从某种意义上看，也可以说是"承认了"外国法规则（以及"适用了"一项内容与之相同的国内法规则）。❹

为了限定自己的术语，哈特建议对"原初的承认"和"派生的承认"进行区分。如果案件是一件原初的案件——这里的"原初"意指不包含涉外因素，那么这个承认便是原初的承认。如果说，英国的法院适用了一项英国的法规，那么英国法院的这一做法，并不需要以"其他国家的法院对该项法规的承认（或将要承认）和适用"这个事实作为基础。另外，如果法院在某

---

❶　哈特，"凯尔森的法律统一学说"（Kelsen's Doctrine of the Unity of Law），载《伦理学和社会正义》（*Ethics and Social Justice*, Albany, 1968），页 171 – 199；repr. 1998 in *NN*，页 553 – 581。本书引用的是第 2 版。

❷　哈特说，在承认的某些情形当中，法院在案件中承认外国法，这就产生了国际私法问题。参见：哈特，"凯尔森的法律统一学说"，页 581。

❸　哈特首先提出了这个问题，但他没有就那些得到了承认却未被适用之法律规则的身份展开论述。根据哈特的法律学说，这样的规则"不属于"法律体系。参见：同上，页 579。

❹　同上，页 581。

个案件中承认一项外国法规则是"可适用的",那么这种承认便被称为"派生的承认"——诸如在一个涉及国际私法的案件中:法院承认外国法的可能理由是,这项外国法已经被(或者即将被)其他国家的法院原初性地承认。❶

哈特所提出的"原初的承认"和"派生的承认"这种划分,是有意义的,因为这种划分可以帮助我们查明,在具体案件中或特定领域内,"承认一项规范是可适用的"究竟意指什么。

承认一项规范是"可适用的",这意味着两点,即:

第一,这项规范是原初的规范,它 [63] 从一开始便是国内法体系的组成部分。所以说,这种规范具有"原始的效力",并且"自一开始就隶属于"该法律体系;

第二,这项规范是"非原始的"规范——诸如,外国法或欧共体法律中的某项规范:尽管这项规范并不属于国内法体系的组成部分,但它仍是一项"可对内适用的"规范,这可以称为"派生的效力"。

总结如下:如同拉兹所指出的,考虑到"承认"(作为体系成员的识别标准)一词的不充分性,人们应当想到,在哈特的理论中,"承认"这个概念存在两种截然不同的术语。在他的早期(《法律的概念》一书写作期间),哈特引用这个概念的意思相当于"作为法律体系成员的标准";然而在他的晚期(1968 年论文写作期间),哈特认同了对概念进行限定的必要性,因而能够构建起"非原初性但仍可被适用"的规范。

根据哈特早期的法律理论,依据承认规则而得到识别的那些规则,是法律体系的成员(也就是说,那些规则是法律体系的组成部分❷);作为法律体系的成员,这些规则是"可适用的",它

---

❶ 哈特说,在承认的某些情形当中,法院在案件中承认外国法,这就产生了国际私法问题。参见:哈特,"凯尔森的法律统一学说",页 581。

❷ "说一项规则是有效力的,这就是承认它通过了承认规则的全部检验、测试,它因而也就成了法律体系中的一项规则"。参见:哈特,《法律的概念》,页 103。

们之所以这样，正是基于承认规则作为义务强加规则的地位。因此，"为何这项规则'隶属于'法律体系，然而有些规则却不被这样看待"的原因就在于，承认规则的强制约束力。哈特早期的法律学说认为，理论上，只有那些依据承认规则已经被法院所承认并得到适用的规则，才是一开始便"隶属于"法律体系的规范。然而，哈特已经意识到其中的暗意，并开始修正自己的观点。

根据哈特晚期的法律理论（发表在他写作于 1968 年的论文当中），"recognition"（承认）一词（现已精确化）的概念被区分为"原初的承认"和"派生的承认"：派生的承认指的是，尽管一项规范并不隶属于该法律体系，却因为得到了法院的承认，而在某个案件中被法官所适用。

2.2　**承认的瞬间**（承认 = 识别为隶属关系，并因而承认它是可适用的和有效力的）

在"凯尔森的法律统一学说"一文中，❶ 哈特明确地、详尽地阐述了"recognition"［承认］一词的含义。因此，我接下来应该思考的是，哈特式的法官们所说的"know again"［再认识］某项特定规则和"acknowledge"［承认］某项特定规则意指什么；或者更确切地说：我应该在哪种意义层面上去描述哈特所使用的"recognize"和"recognition"［承认］一词。

如同哈特所描述的那样，在"recognition"［承认］这个概念中，❷ 存在三个鲜明的阶段，且这三个阶段是相互承接的，即

---

❶　参见：哈特，"凯尔森的法律统一学说"，页 575。
❷　同上，页 576。

[64] 在第一个阶段中，法官对规则进行区分，并且将特定的规范予以个性化；

在第二个阶段中，法官再认识或识别那些已被个性化的规则，并认为该项规则隶属于法律体系，是法律体系的组成部分；

在第三个阶段中，法官基于法律规则的内在观从而承认或认可某项规则是可适用的规则，也是有效力的规则。

哈特是这样描述承认过程的第一个阶段的。❶ 哈特说，法院对规则进行了区分：法院实现了规则的个性化，这样的处理方式有两种途径可以进行，要么通过关注规则的内容，要么通过关注规则的"个性化要素"来实现。❷ 然而，一方面，个性化的第一种方式，并非总是可行，因为内容完全相同的两项规则可能隶属于不同的法律体系。❸ 另一方面，个性化的第二种方式所关注的，是规则的原始背景这项要素——诸如，规则颁布的日期或机构。❹

哈特是这样评论第二种方式的：哈特说，如果是因为人们关注规则的实际背景，使规则从而得以个性化，那么该规则就能够永远得以建立，而无论该规则是否隶属于该体系。❺ 因此，一项规则可以在颁布的基础上被个性化：如果它已经由法律体系中的最高立法机构所颁布，那么该规则自然理所当然地被法院"再认识"。

在承认的第二个阶段，个性化的规则被归纳到特定范畴当

---

❶ 参见：哈特，"凯尔森的法律统一学说"，页576。

❷ "individuating factors"或"individuating elements"［个性化要素］。参见：哈特，"凯尔森的法律统一学说"，页577。

❸ 哈特是通过援引"苏联法律的效力法"（Soviet Laws Validity Act）以及"苏联宪法"这一显著的例子来说明这一点的。

❹ 同上，页577。

❺ 建立法律规则成员关系的方式——可以想象——划分不同法律体系之间的界限："在特定疆域内，通过负责法律识别和法律强制的有效机构划分不同的法律体系。"参见：同上，页576。

中：法官识别某项规则"隶属于"法律体系——也就是说，法官赋予这项规则"隶属"的资格。一项规则被承认"属于法律体系的成员"，是因为这项规则显现出了特定的品质特征（例如，它是由立法机构颁布的）——承认规则已经指出，这些特征就是"识别的标准"。❶

最后是承认的第三个阶段，这个阶段同法官对法律规则的态度相关，即哈特所称的"内在观"。只要一项规则根据承认规则已经被识别为体系的组成部分，那么法官就会突然意识到，这项规则实际上已经合格通过了：法官准备承认，这项规则实际上已经满足了作为［65］"有效法律"的条件，法官基于内在观而接受了这项规则，并"承认"这项规则是可适用的和有效力的。❷

因此，在承认的瞬间，这三个阶段是显而易见的，它们各自可以被这样称呼，即

（1）区别化与个性化的阶段；

（2）识别化或品质化的阶段；

（3）接受的阶段。

在第一个阶段（区别化与个性化的阶段），法官解释所给定的素材。

在第二个阶段（识别化或品质化的阶段），法官将一项符合特定标准的规则归入到体系"成员"的范畴中：可以这么说，"隶属（某个法律体系）"的品质要归因于承认规则。从第一个阶段向第二个阶段转型的过程，是一个纯粹的认知过程。

在第三个阶段（接受的阶段），法官基于内在观从而承认规则具有"约束力"这一品质。人们也许会说，在这一刻，法官

---

❶ "一项规则能否作为法律体系的成员，取决于该规则是否满足于承认规则所确立的标准。"参见：哈特，《法律的概念》，页109。

❷ 在这一点上，法官承认某些特定的规则，因为它们符合"何为法律"的识别标准，并因而成为他裁决的理由而非预言。参见：哈特，《法律的概念》，页105。

下定决心"承认"该规则是可适用的和有效力的。第二个阶段向第三个阶段的转型更像是"接受"而非"认知":就如同哈特所描述的那样,承认的瞬间似乎徘徊在第二个阶段和第三个阶段之间。

最重要的事,发生在第一个阶段与第三个阶段之间的某个点上——发生在个性化阶段与接受阶段之间——"recognize"[承认]一词的意思改变了。依我之见,这是一个"渐变"的过程:"to recognize"[承认]这个英文词汇的含义,存在一个由"know again"[再认识]向"accept"[接受]转换的渐变。❶ 随后,我将首先解释这一渐变的过程,并展示哈特是如何成功地抓住"recognition"这个概念在语言学上的转变的。

人们也许会问,"再认识"或"识别"这一行为是如何转变为"接受"这一行为的?面对一个特定的客体时,我们意识到它是存在的,我们自然也会注意到它的外在品质或特征,诸如颜色、背景等。我们识别客体,这意指"根据我们的观点,该客体与其他类似的客体是相一致的"——简言之:我们识别客体,这意指"对于我们而言,'再次认识'了它"。❷ 如果我们能够识别❸一个客体,那么我们就能够将它具体化,❹ 即能够说出它的要点[66](诸如一些显著的品质或特征)。

因此,我们比较相似客体的品质或特征,并且由我们来决定"符合业已确立之标准的特定客体是否拥有这些品质或特征";也就是说,由我们来决定特定客体是否具有某些品质或特征。因此,客体可以被比较,也能够被评价和鉴定。

在这个阶段,我们为客体归纳出它们特定的品质或特征——

---

❶ 相反,瑞典语"erkänna"一词所表达的,要么是第二阶段(识别化或品质化的阶段),要么是第三阶段(接受的阶段)。

❷ 参见:《牛津英语词典》,页 619–620;《韦伯斯特大词典》,页 1123。

❸❹ "如果你识别了某些事实,那么你就会注意到它们,并认可它们的重要性"。参见:《简明牛津词典》,页 718。

"再认识"这一行为已经以某种方式转变为"知道客体具有特定品质"这一行为。然而，"承认"这一行为——在哈特所使用的"承认"一词的意义上——要求不止一个步骤——基于哈特所称的"内在观"——来接受这一特定的品质或特征。

为了阐述哈特是如何领会发生在"承认"过程中的意思转变——一种渐变，我应该从《法律的概念》中援引一些语录加以说明：❶

主要规则最终可以被确定、引进、排除和改变，主要规则遭受侵犯的事实最终也可以被确定，据说次要规则（包括承认规则在内）就是通过这种方式而得以特定化的❷……"这样一种承认规则被个体和官员所接受，并为主要的义务规则提供了权威标准"❸……"作为次要规则之一的承认规则，被接受，并被用于识别主要规则"。❹

除此之外："说某项规则是有效力的，就是认可它已经通过了承认规则的全部检验，并因此认可它是体系中的一项规则"；❺……"以这种方式使用它们的人（例如未声明承认规则的人），表明他们对这些规则作为主导规则的认可……"；❻ 认可承认规则的人"适用承认规则……承认体系内的某些特定规则是有效力的"；❼……"'某项规则是有效力的'这一陈述是一种内在的陈述，它承认该项规则符合'何为法律'的识别标准……"❽

我们发现，在描述个性化阶段（阶段 1）时，哈特并未使用"recognize"［承认］一词：相反，哈特使用了"identify"［识别］和"ascertain"［确定］来偶尔代替"recognize"。当哈特转向品质

---

❶　强调这些内容援引自《法律的概念》一书的，是作者本人。

❷　参见：哈特，《法律的概念》，页94。

❸❹　同上，页100。

❺　同上，页103。

❻　同上，页102。

❼　同上，页102 – 103。

❽　同上，页105。

化阶段（阶段2）和接受阶段（阶段3）时，他所使用的词汇是
"recognize"［承认］和"accept"［接受］。事实上，在同一语句
中——使用"recognize"一词或其同义词的两种主要意思时，
[67]哈特意在抓住"recognize"一词意思的那种转变或渐变。

2.3　小　　结

对哈特的承认规则产生了不同的理解，因为"recognize"和
"recognition"这两个词汇确实包含了多种含义。究竟哪一种意思
才是它的主要意思，这取决于不同的因素。

在本章2.1节中，我提出了对承认规则的三种不同理解。在
关于承认规则的地位、身份以及功能这些问题上，这几种理解之
间的差异是很显著的。这三种理解分别为：

第一种观点认为，将承认规则视为一项命令式的非行为规则
（观点持有人，例如斯特龙伯格）；

第二种观点认为，承认规则仅仅只是为"何为法律"提供
了概念标准。与义务强加规则相比较，承认规则不具有规范性的
品质（观点持有人，例如布柳金）；

第三种观点认为，承认规则是一种义务强加规则（观点持有
人，包括拉兹和哈特）。

斯特龙伯格认为，承认规则是一种（不成文的）资格规则。
事实上，这种理解同哈特的设想恰恰径行相反，这种理解是根据
"有效性并非一种被拟制的品质，而是一个可以被公众所感知的
客观事实"这样一种观念发展而来的法律理论。❶

---

❶　承认规则既是"法律"又是"事实"：这些主张引起了关注，但公正地说，
我们不能给承认规则贴上"法律"的标签，也不能它贴上"事实"的标签。参见：
哈特，《法律的概念》，页112。

　　布柳金对承认规则的解释很有意思（他将承认规则构建成"有效法律"的定义），然而令人遗憾的是，他只考虑到了规则的识别方面。根据布柳金的观点，这并不完全是一个真正的规定性规范问题。[1] 布柳金的法律观，是"外在的"——他认为法律是一种形式体系，在这个体系中，承认规则仅仅只具有分类的功能；他并没有考虑到，法律是存在于社会之中的。结果，布柳金忽略了对承认阶段的关注，这个承认指的是法官"内在的"接受：法律规则——或者如同布柳金所宣称的那样——对法律适用机构而言，并未从内在观的角度去预设这个接受和认可。

　　拉兹的解释——将承认规则视为对法官提出的一项义务强加规则——并未真正地推动当前问题的解决。[68] 拉兹指出，以"承认"作为成员关系的标准是不够的，因为就某种程度而言，法院确实也"承认"非原初的规范。然而，这一批判发展地太迟了：在拉兹指明这一点的两年前，哈特自己就已经意识到"承认"概念的缺陷了，并提出了对这一概念进行限定的主张。

　　在我看来，哈特需要一个更为灵活的、可变通的、有弹性的术语，才足以反映出他关于法律规则特殊资格的理念。根据哈特的观点，为了将某项规则视为体系内有效力的规则，这项规则就必须从"内在观"的角度为大家所接受。要想表述这种内在的接受，哈特能够使用的语言，就是"recognition"［承认］这个概念。尽管存在一些缺陷，但这一概念似乎也是可以被认同的，因为这个概念在其含义上存在内在的转化：它由个性化阶段、品质化阶段和接受阶段组成，"recognize"和"recognition"这两个词汇均拥有认知之维和规范之维。

---

　　[1]　尽管哈特说，承认规则并不像其他规则，但在哈特看来，承认规则仍然值得被称为"法律"：他说，承认规则是一种"为法律体系中的有效规则提供识别标准"的机制。"具有法律体系所要求的特征，它才能被称为法律。"参见：哈特，《法律的概念》，页111。

第三章 学说的选择

[69] 第一章已经显示，凯尔森的基础规范将"法律概念"的身份同"真正的规范"的身份联系起来了：根据凯尔森的观点，基础规范是认识论的前提，也是实在法的基础。

从第二章开始，出现了承认规则——它是对法官提出的一项义务强加规则——因此也是一项法律规则，承认规则当中还包含了其他规则的有效性标准。承认规则既不是有效的，也不是无效的，它仅仅只是"存在的"，即承认规则是社会实践的结果。

哈特关注的是"有效法律之资格的来源"同"社会实践"之间的关联。相比之下，凯尔森的基础规范学说，与这个话题无关——这一点能够解释为何哈特和凯尔森未能相互了解对方的原因所在。❶

---

❶ 参见：帕夫利克，《纯粹法学与哈特的法理学：一项批判性的对比》，页160，同第一部分第二章第72页注释1。

　　"承认规则"和"基础规范"之间存在显著的相似性。❶
在此，提及一点：承认规则和基础规范都是终极规则，都构成了
实在法体系中其他全部规则有效性的"基础"；二者都可以实现
提升，是层级结构中各个层次的基础——在哈特那里，它是有效
性标准的层级结构，在凯尔森那里，它是规范自身的层级结
构；❷ 二者都凸显出了法律的规范之维这一设置；二者都旨在法
律体系内构建起一切有效性关联关系的［70］制高点——这个
"终极"点维持并形成了一个封闭的规范体系（该体系是一个统
一的整体）。❸

　　但是，在"承认规则"和"基础规范"之间，也存在显著
的不同之处——这些不同之处源于哈特和凯尔森各自持有的不同
法律观。❹

---

　　❶ 哈特自己也承认了这一点，参见：哈特，《法律的概念》，页292。
　　❷ 哈特关于法律渊源之层次结构的观点，多少有些让人难以理解。与凯尔森法
律规范层次结构（Stufenbau）相类似，哈特的层次结构（hierarchy）是与标准相关的
层次结构："通常，在高级的与低级的关系之间，存在数个标准之间的层次结构"。
参见：哈特，《法律的概念》，页105。哈特并未使用"排序"（derogation）这一术
语。显然，哈特关于标准的层次结构（高级的和低级的）归因于那些包含废除其他
规则之效力的特定规则。在哈特看来，这里有一个"替代"的问题：如果根据承认规
则得以识别的规则，被承认是有效力的，即便它们彼此之间相互矛盾和冲突（因为不
同的有效规则可能是根据不同的标准被识别的）——那么第一个效力标准便是"高级
的"。参见：同上，页106。帕夫利克将哈特和凯尔森对于层次结构问题的观点进行了
对比。参见：帕夫利克，《纯粹法学与哈特的法理学：一项批判性的对比》，页113。
　　哈特关于有效性标准具有层次结构的观点，存在缺陷。与凯尔森的层次结构相
比，哈特的层次结构中最初级的便是承认规则，除这一事实外——更确切地说："承
认"的瞬间——把握法律体系内一切被认为是可适用的、有约束力的规则。关于哈
特有效性标准的层次结构，参见：帕夫利克，《纯粹法学与哈特的法理学：一项批判
性的对比》，页155–156。
　　❸ 帕夫利克非常恰当地提到了"拱顶石"（Schluβstein' eines Gewölbes）。参
见：同上，页150–151。
　　❹ 关于这个问题，参见：斯坦利·鲍尔森，"大陆规范主义和英国：他们有何
不同？"，同第一部分第一章第37页注释2。鲍尔森指出，哈特对法律还原观的选择，
并不是凯尔森的大陆规范主义：二者之间的区别就在于两个事实的本质是不同的。参
见：同上，页239–241。

　　一旦人们探求哈特终极规则（承认规则）的"内容"和"存在"时，"承认规则"与"基础规范"二者间的区分就变得显而易见了。对哈特而言，这些调查具有纯粹的经验属性。说"存在"一个终极性的承认规则——一个承认规则，于特定的时间内，存在于特定的法律体系之中——这暗示了两点：第一，"官员们"实际适用了承认规则中所包含的有效性标准；第二，大部分官员基于内在观从而接受和认可"承认规则是公正司法裁判的公开、公共标准"❶——在哈特看来，这形成了充分的规范性陈述。

　　可以说，终极性承认规则的存在，可以归因于那些能够被感知的、适用法律的社会实践活动（特别是法院适用法律的实践活动）。如同哈特所指出的，这个存在是一个（社会）事实——是构成实践结果意义层面的事实。这是一种存在，它以官员将特定规则识别为有效法律的方式变得明显起来。

　　哈特的承认规则包含着具体法律体系中"何为有效法律"的判断识别标准；或者换言之：承认规则设置了特定的条件，唯有符合这些条件的规则才被视为法律体系的"成员"。因此，不同法律体系中的承认规则，可能在内容上有着相当大的变化和不同。❷

　　哈特承认规则的实际收获，是"单一规则的法律关系"同"法律体系参与者对规则的实际认可"之间的分离。如果一项规则是该体系内的有效法律规则，那是因为它们被人们所接受，而不是它们作为有效法律的资格能够被追溯的背景，客观地说，这建立起了体系内"有效性"的标准。

---

　　❶　参见：哈特，《法律的概念》，页116。
　　❷　相比较而言，基础规范完全缺乏内容。如同凯尔森指出的，我们能够谈论基础规范的内容，但基础规范不包含任何内容，它只是决定规范创设的事实以及规范创设权威的授权而已。尽管承认规则是作为一种行为规范来加以表述的，但也可以将它作为一种（预设性的）资格规范来理解。参见：凯尔森，《纯粹法学》第2版，页199；奈特英译本，页196。

承认规则是一个社会事实，从"内在观"的角度上看，这个事实已经作为一个标准得到了人们的接受和认可——这就解释了，尽管承认规则本身并不是有效力的，但它为何又能够得以"存在"："接受和认可"似乎暗示着"存在"——对哈特而言，承认规则所起到的作用就是，成为其他规则有效的理由。［71］因此，通过"将其他规则的有效性简单回溯到一个特定的标准为止（这个标准包含在承认规则当中）"这样一种方式，哈特为个别性规则的法律关系"构建起了基础"。

然而，承认一项规则（这项规则的存在体现在共同的实践活动当中），并且"承认"这项规则是有约束力的，这意味着从事实性（特定实践行为的存在）向规范性（人们"应当"遵守这些实践行为）的转化步骤。

此外：即便我们应该认同"承认规则的权威性取决于官员们对它的认可和接受"——然而，那些附属于承认规则的其他规则又当如何？在哈特看来，法律体系中的有效规则之所以是有效力的，是因为它们符合承认规则中所包含的标准。因此，承认规则的权威性简单地转换成为大部分规则的法律关联性，其他规则是否是有效力的，这要依据承认规则来确定，情况就是这样的。

在哈特的学说中，我们所遇到的问题是：承认规则并未准许将法律的"约束力"从"法律机构实施的、可感知的实践行为"那转移到"法律体系中的其他规则"上。哈特关于有效性的观点，并不包含规范强制力的继承和沿袭；然而，他们的理论就停止在"有效性的标准（相当于成员资格的检验）"这个概念上。在哈特的理论中，"复杂的社会实践"旨在将法律体系中的终极规则适用到社会现实当中，但在构建这个体系内特定规则的成员资格时，却并未——绝对没有❶——成功；在将法律的"约束

---

❶　哈特的"成员关系"标准过于狭窄，因此难以涵盖那些非原初性的却又可以适用的规则。见本章2.1.3节。

力"从一项规范转移到另一项规范上时，哈特也没有成功。对哈特而言，"立法行为的任务"和"社会实践行为的任务"二者之间是没有区别的。

下面，我们谈谈凯尔森：凯尔森强调，"一个体系内的终极规则"与"全体规则的渊源"之间的这种关系，不同于"普通规则"与"普通规则的渊源"之间的这种关系。基础规范旨在赋予宪法规范以法律资格，并以相同的方式也赋予法规、行政行为和"低级"规范以法律资格——通过对高级规范的基础予以解释（诠释）的方式而得以实现。根据凯尔森对"法律规范性的本质"之观点来看，通过法律体系内的宪法和法规，基础规范实现了将法律体系作为一个统一体的任务，即成功地将主观意志转换为客观意思——换言之，将权力的主观意志转换成法律。

在哈特的学说中，"复杂的社会实践"未能顺利实现的是什么——它未能赋予法律体系内的基本规则以强制约束力——但是在凯尔森的理论中，通过一种授权，这一点已经成功地实现了：基础规范赋予实在法的，是它们的有效性，而不是其他别的内容，这也是基础规范的目的和功能（这也就是纯粹法学"纯粹性"的体现）。

通过对合法性（这是一种源于法律内在观的合法性）来源的研究，我没有发现哈特的"承认规则"学说［72］能够帮助我实现这个任务。哈特外在的法社会学必定能够让他顺利地对"有效性"进行定义，但他的学说并没有成功地赋予法律规则以"合法性"。我再将目光转移到凯尔森身上，因为凯尔森有关法律和法律规范性的观点——他关于"规范统一性"的理念，以及"基础规范的预设是规范约束力的前提条件"这一理念——准确地抓住了它的前提条件。

随后，我应该更深入地研究这个问题，凯尔森的"基础规范的预设"实际意味着什么。

第二部分

法律意识*

* "简单来说，纯粹法学的目的就是为了提升法学家思维意识的层次，在将他们研究客体概念化的时候，他们排斥将自然法作为实在法有效性的基础，然而，将实在法理解为一个有效的法律体系，这个体系是规范，而不仅仅只是事实上突发事件的动机"。参见：凯尔森，《纯粹法学》第 1 版（*Reine Rechtslehre. Einleitung in die rechtswissenschaftliche Problematik*，Leipzig and Vienna，Franz Deuticke，1934），页 67；参见：波尼·鲍尔森（Bonnie Litschewski Paulson）和斯坦利·鲍尔森英译本，《法理学导论》（*Introduction to the Problems of Legal Theory*，Oxford，Clarendon Press，1992），页 58。

第一章 基础规范的预设（I）

[75] 基础规范的"预设"究竟意味着什么？在思考凯尔森法律理论中的这一核心问题时，其中一种路径便是将这个问题细化成下列几个更为具体的话题：

（1）谁预设了基础规范？

（2）有可能抵制或否定这样一种令人信服的预设吗？

（3）基础规范的预设产生了什么与众不同之处？

在本章1.1节中，我将用凯尔森自己的观点来回答第1个问题。在1.2节中，我会将关注点转移到第2个问题上，并对基础规范预设的两种主要重构思想的实质进行研究，这两种重构思想指的是，佩策尼克的"基础规范转换"理论，以及拉兹的"法律人"学说。1.3节回答的则是第3个问题；在这一章节中，我探讨的是凯尔森自己对于基础规范预设的意义具有何种特征的相关表述，以及人们对凯尔森语言细节的两种解释。

1.1 凯尔森关于基础规范遵守主体的观点

　　基础规范被以多种方式表述过。❶ 其中最著名的一种表述，❷ 就是将基础规范作为一项义务强加规则，它规定的内容是 ［76］ "宪法应当被遵守"。❸ 谁应当遵守它（基础规范）？那些实际预设基础规范的人有什么资格这么做？对凯尔森而言，关于这个问题，存在数种或多或少精确的陈述。随后我要研究的是，在这些

---

　　❶　参见：斯坦利·鲍尔森，"基础规范的不同表述"（Die unterschiedlichen For-mulierungen der Grundnorm），载《法律规范与法律实效：克拉维茨六十寿辰纪念文集》（*Rechtsnorm und Rechtswirklichkeit. Festschrift für Werner Krawietz zum* 60. *Geburtstag*, Berlin, 1993），页 53 – 74。斯坦利·鲍尔森分析了基础规范的十种不同表述方式，并将它们划分为四个组别，这些表述分别是关于：（1）法律体系的统一体；（2）体系的有效性；（3）授权；（4）基础规范的定义。参见：同上，页 58 – 70。根据斯坦利·鲍尔森的观点，基础规范必须被视为是法律"奠基"（Begründung）的核心，因为基础规范以三种不同的方式构成了法律的终极基础：第一种，动态的方式（作为法律资格的终极基础）；第二种，静态的方式（作为法律效力的终极基础）；第三种，规范性的方式（作为法律义务的终极基础）。最终，斯坦利·鲍尔森接受了一种多维度的基础规范概念。参见：同上，页 57。

　　❷　在《纯粹法学》第 1 版中，对国内法律体系中的基础规范概要地表述如下："在特定条件下，强制力以特定的方式被适用，亦即，以首部宪法制定者所确定的方式适用强制力，或者以代表权力的权威者所确定的方式适用强制力"。参见：凯尔森，《纯粹法学》第 1 版，页 65 – 66；奈特英译本，页 57。在《纯粹法学》第 2 版中，基础规范的表述如下："特定条件下，强制措施应当按照历史上首部宪法所创设之规范规定的方式予以实施（简言之，人们应当按照宪法的规定实施行为）"。参见：凯尔森，《纯粹法学》第 2 版，页 203；奈特英译本，页 201。

　　❸　"to observe"（遵守）一词误导了基础规范的复杂功能，基础规范有下列几类服从对象，即：（1）立法机构，它被授权颁布普遍性规范；（2）其行为受到这些规范指引的那些官员或其他个体。只有对后者使用"to observe"（遵守）一词才是恰当的。关于这个问题，参见：凯尔森，《一般国家学》，页 99；《规范的一般理论》，页 83。

陈述当中最重要的是哪一种，并思考它们的内容究竟是什么。

在过去的十年里，即凯尔森的古典阶段，❶ 凯尔森的学术成果主要同他工作中有关"国家"这一概念的话题背景密切相关，也同他对自然法的抵触相关。然而，自 1920 年开始，凯尔森又受到了其他两个因素的强烈影响，即来自阿道夫·朱利叶斯·梅克尔（Adolf Julius Merkl）的"法律规范的层次结构学说"❷ 以及"新康德主义"的影响。第一个因素，梅克尔的"法律规范的层次结构学说"，［77］影响的是基础规范的动态特征和授权

---

❶　关于凯尔森著作的周期问题，尚未形成一致意见。斯坦利·鲍尔森认为，凯尔森的著作可以分三个主要阶段：（1）建构主义阶段，包括 1911 年以及过渡时期（1913～1922 年）；（2）古典阶段（1922～1960 年），这个阶段又可细分为新康德主义时期（1922～1935 年）和混合时期（1935～1960 年）；（3）怀疑主义阶段（1960 年之后）。卡斯滕·海德曼（Carsten Heidemann）则将其划分为四个阶段，（1）建构主义阶段（1911～1915 年）以及过渡时期（1915～1922 年）；（2）先验主义阶段（1922～1935 年）；（3）现实主义阶段（1935～1962 年）；（4）语言分析阶段（1962 年之后）。参见：斯坦利·鲍尔森，"凯尔森法律理论的四个阶段？分期的思考"（Four Phases in Hans Kelsen's Legal Theory? Reflections on a Periodization），载 *OJLS*，18（1998），页 153－166；参见：海德曼，《作为事实的规范：凯尔森的规范理论》（*Die Norm als Tatsache. Zur Normentheorie Hans Kelsens*，Nomos，1997）。布柳金划分了凯尔森思想中康德主义与实证主义之间的分界线，并作出如下区分：（1）在这个阶段（1911～1940 年），可以看到康德主义和实证主义两种要素共存；（2）过渡时期（1940～1960 年）；（3）实证主义统治阶段（1960 年之后）。参见：布柳金，"凯尔森纯粹法学中的悖论"（An Antinomy in Kelsen's Pure Theory of Law），载《法之理》（*Ratio Juris*，3，1990），页 29－45；repr. 1998 in *NN*，页 297－316。本书使用的是第 2 版。
❷　参见：梅克尔，《基于其应用的法律》（*Das Recht im Lichte seiner Anwendung*，Hanover，1917），页 1167－1201。在 1920 年的《主权问题》一书中，凯尔森已经将自己的理论同梅克尔的学说等同起来了，参见页 118－119。凯尔森对法律规范第一次完整的陈述，出现在他的论文"国家的三种权力和职能"（Die Lehre von den drei Gewalten oder Funktionen des Staates），载 *ARWP*，17（1923－1924），页 374－408；repr. in *WRS II*，页 1625－1660。两年后，同样的内容出现在凯尔森的《一般国家学》当中，页 229－255。在《国家法学说的主要问题》的序言中，凯尔森将自己的贡献归功于梅克尔的成果。关于凯尔森初次采纳梅克尔的学说，参见：斯坦利·鲍尔森，"论凯尔森层次结构学说的内涵"（On the Implications of Kelsen's Doctrine of Hierarchical Structure），载《利物浦法律评论》（*Liverpool Law Review*，18，1996），页 49－62；斯坦利·鲍尔森，《规范性与规范的导论》。

性特征；第二个因素，"新康德主义"，通过将基础规范作为法律科学中一个必要的假设，影响的是纯粹法学的先验基础。❶

在 1914 年发表的一篇重要论文里——《奥地利宪法下的帝国法与邦国法》（*Reichsgesetz und Landesgesetz nach öster – reichischer Verfassung*）❷，凯尔森首次提到了❸"基础规范"这个理念，并将基础规范理解为终极规范层面上的一个概念必备品。凯尔森说，通常而言，法律的构建必然要以一项"被预设"为有效的终极规范或最高规范（抑或是规范体系）来作为出发点；❹这项终极规范或规范体系的有效性被理所当然地视作法律认知上的一种预设。法律科学预设了这项终极规范，尽管这项终极规范是体系外的规范。❺关于基础规范塑造过程中它的"原出处地"问题，凯尔森受益于沃尔特·耶利内克（Walter Jellinek）：在 1913 年发表的一篇论文里，耶利内克已经引用了一项"最高规范"，这项最高规范的正当性无法再诉诸另一项更高级别的规范，这项最高级别的规范是一个独立存在的实体，它的有效性归因于人们的行为，而不是一个概念性的必需品（或逻辑上的必要性）。❻

---

❶　参见：凯尔森，《一般国家学》，页 104；亦可参见：斯坦利·鲍尔森，"纯粹法学能在先验的层面得到奠基吗？"，页 168 – 178。

❷　参见：凯尔森，"奥地利宪法下的帝国法与邦国法"（Reichsgesetz und Landesgesetz nach österreichischer Verfassung），载 *AöR*，32（1914），页 202 – 245、页 390 – 438；亦可参见：《纯粹法学》第 2 版，页 3。

❸　然而，却没有使用"Grundnorm"［基础规范］这一术语。

❹　"所有的法律构造必须被特定的规范解释为有效的法律命题……总是必须被端点处的某项自身最终被预设为有效的［事物］的规范以及最高的规范（或者被一个规范体系）所接受。"参见：凯尔森，"奥地利宪法下的帝国法与邦国法"，页 216 – 217。亦可参见：鲍尔森，"论基础规范的早期发展"（On the Early Development of the Grundnorm），载《法律、生活与人的形象》（*Law*，*Life and the Images of Man*，Berlin，1997），页 217 – 230。

❺　"这项最终被假定为整体法学知识之预设的规范，其有效性问题因而处在这种法学知识的范畴以外。"参见：凯尔森，"奥地利宪法下的帝国法与邦国法"，页 217。亦可参见：鲍尔森，"论基础规范的早期发展"，页 223。

❻　同上，页 222。

　　凯尔森早期（1925 年）创作的另一篇论文是《一般国家学》（*Allgemeine Staatslehre*），这篇论文谈论的主题之一便是"我们称宪法性法律为什么"，法律科学预设的答案是"基础规范"❶、"基础规范或原初规范"❷ 或者"原初法律命题"。❸ 这些术语指的是一项基础性和预设性的规范，但这项规范却不是实在法的一部分。❹［78］可以这么说，它仍然是一项假设性的规范——早期的基础规范被视为是实在法有效性的根基，它相当于一项授权性的规范，或者如同凯尔森说的那样，相当于"法律逻辑上的宪法"。❺ 但是可以肯定，这一点还不是那么清晰明了。

　　凯尔森论证说，如果认为一项（高级）规范可以使得另一项（低级）规范有效化，那么低级规范的制定和颁布就必须被看作是得到了高级规范的授权——因此，如果法律体系内最高级别的实在法规范被认为是有效力的，那么体系内这些实在法规范的颁布就必须被看作已经得到了非实在性基础规范的授权。从暂时的意义上来看，基础规范被当作是在实在性宪法被制定之前就

---

　　❶　参见：凯尔森，《一般国家学》，页 104。

　　❷　同上，页 99、页 104。"原初规范"（Ursprungsnorm）这个术语在凯尔森"斯通教授与纯粹法学"的序言中已经出现。

　　❸　参见：凯尔森，《一般国家学》，页 104。

　　❹　凯尔森说，这是一项假设性的规范"它根本就不是内在于实证法律命题的体系之内的，而是首先为证成了它"。参见：同上，页 104。然而，在凯尔森看来，这并未危及法律体系的正面性，参见：同上。

　　❺　参见：凯尔森，《一般国家学》，页 249。如同凯尔森所指出的，"法律逻辑上的宪法"（juridico-logical constitution）这一术语对应着自然法中的"原初契约或基础契约"（Urvertrag 或 Grundvertrag）这一术语，即一个国家达成的第一次契约。凯尔森说，只要实在法被关注，在自然法领域内也存在同样的预设理论之需求："基于此，国家秩序的统一性被奠定在国家法律行为的多样性之基础上"，参见：同上，页 250。法律逻辑层面上的宪法理念起源于阿尔弗雷德·费德罗斯（Alfred Verdross），参见：凯尔森，《国家法学说的主要问题》（*Hauptprobleme der Staatsrechtslehre entwickelt aus der Lehre vom Rechtssatze*, Tübingen, 1923）。关于基础规范相当于"法律逻辑上的宪法"，参见：斯坦利·鲍尔森，"基础规范的不同表述"，页 59、页 65。

已经存在了的宪法，凯尔森实际上就是这样认为的。❶

　　因此，假设实在法宪法是有效力的，那么它的有效性暗示着，最高级别的规范制定机关已被授予了制定、颁布有效法律规范的资格和权力。❷ 换言之，由最高法律权威所颁布的规范，已经被赋予了作为法律规范的"资格"。❸ 因此，"授权颁布法律规范"和"法律逻辑意义上的宪法"这个术语，被证明是同一枚硬币的两面。❹

　　可以肯定的是，必须将"授予终极权威颁布有效法律规范的资格或权力"看作是基础规范的一项基本功能。[79] 然而，如同凯尔森论证的那样——单纯的授权——是不够的；此外，由终极权威依照特定方式所颁布的规范，一定是得到保障的。

　　1928 年，凯尔森的短篇专题著作《自然法理论与法律实证主义的哲学基础》❺ 标志着他在这个方面及其他方面有了一个新

----

　　❶　关于事前视角与事后视角的关系问题，参见：斯坦利·鲍尔森，"基础规范的不同表述"，页 64。

　　❷　"基础规范或原初规范以下述作为其典型的内容：设定一个权威，即一个法律渊源，而该权威的表达必须被当作具有法律约束力的［事物］"。参见：凯尔森，《一般国家学》，页 99。

　　❸　"［一项］这样的基础规范，亦即，将这一最终的质料事实认可为具有基础－质料事实（Grund-Tatbestand）的资质，或者换个说法，将君主（Monarchen）、国民议会（Volksversammlung）、国会（Parlament）设置为最终的法律创设权威"。参见：同上，页 104。"创设法律的行为自身从更为高级的规范那里获得其充当创设法律之质料事实的特殊资格；由该行为所创设的规范进而又授予有关相较更为低级的一项规范之创设的质料事实以资格"。参见：同上，页 249。通过赋予法律上的宪法品质，基础规范为规范之间提供了一个链接，并将规范动态化地统一成一个体系。参见：同上。

　　❹　参见：斯坦利·鲍尔森，"基础规范的不同表述"，页 65。

　　❺　参见：凯尔森，"自然法理论与法律实证主义的哲学基础"（Die Philosophischen Grundlagen der Naturrechtslehre und des Rechtspositivismus），载由康德研究会（Kant-Gesellschaft）发表的《哲学报告》（Philosophische Vorträge, 31, Charlottenburg, 1928），页 281 – 350；Wolfgang H. Kraus 英译本，《自然法学说和法律实证主义的附录》（Natural Law Doctrine and Legal Positivism as an appendix to Kelsen），页 391 – 446。本书使用的是英译本。

的发展。迄今为止，基础规范已被塑造成形式统一体的基础——也就是说，基础规范已经成为判断某项规范是否是法律规范的唯一标准（它已经成为判断某项规范是否是法律体系之成员的唯一标准）。❶ 在"哲学基础"（Philosophis-che Grundlagen）一文中，基础规范同样被描述成是让法律实质获得统一性的基础；诸如，基础规范既保证"法律是由权威颁布的"，也能确保"权威所颁布的内容会形成一个有意义的整体"。❷

　　在凯尔森著作的这个阶段，即在凯尔森古典阶段的前半时期，❸ 基础规范具有新康德主义的形态，它旨在实现其作为实在法"终极基础"和"先验基础"的功能。在这篇论文中，凯尔森追随康德，首次提出了自己的先验问题（这个先验问题在《纯粹法学》第 2 版中得到了充分的阐述），即"实在法作为认知的客体，以及作为法律科学的客体，这是如何成为可能的?"❹ 对这个问题的回答，便是那项被预设的基础规范——基础规范是实证主义法律认知的必要预设条件。❺

　　凯尔森说，基础规范是一个关于实在法规范体系的假设性特征和关联性特征的表述。诸如，基础规范不仅仅只是关于一门特

---

❶　参见：斯坦利·鲍尔森，"凯尔森早期关于实质和形式统一性的著作"（Kelsen's Early Work on Material and Formal Unity），载《司法、道德和社会：纪念佩策尼克》（Justice, Morality and Society. A Tribute to Aleksander Peczenik, Lund, 1997），页 331－345。

❷　"基础规范陈述的是，在特定条件 X 下，特定的结果 A 应当要发生。因此，基础规范旨在说明，在特定条件 X 下，非 A 的结果就不应当发生。因为在法律中，一定要设立非矛盾原则，倘若没有非矛盾原则，合法性概念将遭受损害"。参见：凯尔森，"自然法理论与法律实证主义的哲学基础"，页 406。基础规范的功能不仅仅只是承认历史性的材料为法律，而且也要将其作为一个有意义的整体来理解。参见：同上，页 437；参见：《纯粹法学》第 2 版。也可参见：斯坦利·鲍尔森，"凯尔森早期关于实质和形式统一性的著作"，页 332、页 343。

❸　关于凯尔森学说的阶段问题，参见：页 109 注释 1。

❹　参见：凯尔森，"自然法理论与法律实证主义的哲学基础"，页 437。

❺　见第一部分第一章 1.1.2 节。对于凯尔森所提出的先验法律问题的探讨，参见：斯坦利·鲍尔森，《规范性与规范的导论》。

定法律理论的假设。❶ 此外，基础规范还是关于一切法律认知的必要预设条件的表述，它向那些没有意识到它的存在的法学家们［80］揭示并澄清他们在认知法律素材时所做的事情，他们一方面拒绝将法律素材追溯到自然法，另一方面，他们又不将被提供的法律资料当作事实去理解，而是当作规范去理解。❷

对凯尔森而言，当前法律认知的直接客体是法律规范，而不是法律命题。凯尔森声称，法律认知假定"在'应然'（Sollen）的范畴内，非矛盾原则是可适用的"，这也就是说，非矛盾原则可直接适用于规范。❸ 根据凯尔森的观点，解释原则主要存在于法律认知的"预设"当中，因而它必须成为基础规范的一部分。❹ 得出的结论是，让基础规范去保障法律体系，即便它不能始终保持法律体系的完全一致性，❺ 然而必须认为基础规范构建起了一个有意义的规范整体。❻

《纯粹法学》第1版（1934年）❼ 显示，凯尔森想在"建立在自然法基础上的有效性概念"（道德）与"类似传统法律实证主义的有效性概念"（还原）二者之间实现一条"中间路线"。❽

---

❶ 参见：凯尔森，"自然法理论与法律实证主义的哲学基础"，页395。

❷ 参见：同上。关于规范性的问题，以及凯尔森在传统理论中的中间路线，可以参见：斯坦利·鲍尔森，《规范性与规范的导论》。

❸ "非矛盾原则……同样适用于规范性（应然）和事实性（实然）范畴中。在这两个不同的领域中，'A应当'和'A不应当'的判断同'是A'和'不是A'的判断一样，都是彼此相互排除的"。参见：凯尔森，"自然法理论与法律实证主义的哲学基础"，页402。也可参见：本书第三部分第一章。

❹ 参见：凯尔森，"自然法理论与法律实证主义的哲学基础"，页407。

❺ 同上，页406、页437。

❻ 单独的代表、授权无法完成和现实这一点："在基础规范的辅助下，作为实在法而生成的法律材料必须被理解成一个有意义的整体，必须作出合理的解释。单纯的代表原则无法保证这一点"。参见：同上，页402、页406－407、页437。

❼ 参见：页105注释。

❽ 参见：斯坦利·鲍尔森，"基础规范的不同表述"，页53－55。

基础规范是动态化❶统一体的渊源，也是法律规范性的渊源，❷基础规范通过授权的方式，将"应当"这一品格或资格传递给体系内的其他规范。❸自那以后，凯尔森论证说，这个基础规范就被理解成是康德式或新康德主义的术语，❹凯尔森交代给自己的任务［81］就是为"法律的规范性"概念建立起一种知识性的正当性：倘若缺少了基础规范的预设，那么我们所知道的"法律是规范性的"就不再成立了——这是凯尔森自己的论述。❺

法律是规范，而不是意志。❻对凯尔森而言，说"法律是有效力的"，这意味着两点：第一，这项法律是由得到授权的机构颁布（制定）的；❼第二，法律所显示出来的"应然"品质，源于基础规范。❽凯尔森沿袭了梅克尔的"法律规范的层次结构"

---

❶　"简单来说，基础规范……仅仅是一项基本的规则，法律体系中的规范依据这项规则来创设的；亦即，它仅仅是有关法律创设的基础质料的事实。这一基础规范，就是这个过程的出发点，具有彻底形式的、动态的特征"。参见：凯尔森，《纯粹法学》第 1 版，页 64。

❷❸　"最终，建立在基础规范之上的，是构建法律体系的规范性事实"。参见：凯尔森，《纯粹法学》第 1 版，页 66。

❹　"'应当'指明了在理解法律实证数据过程中的一个相对先验的范畴"。参见：凯尔森，《纯粹法学》第 1 版，页 23。在法律规范的重构过程中（在法律陈述中），通过将条件与结果密切相连，"Sollen"［应该］一词包含着特殊的意义。参见：凯尔森，《纯粹法学》第 1 版，页 66。

❺　关于凯尔森的先验论证，可以参见：斯坦利·鲍尔森，"纯粹法学能在先验的层面得到奠基吗?"，同第一部分第一章第 37 页注释 2；参见：斯坦利·鲍尔森，"纯粹法学的新康德主义之维"；斯坦利·鲍尔森，"论凯尔森—康德的问题：纪念阿尔罗若和布柳金论文集"（On the Kelsen–Kant Problematic），载《法律和道德理论中的规范体系》（*Normative Systems in Legal and Moral Theory*, Festschrift for Carlos E. Alchourrón and Eugenio Bulygin, Berlin, 1997），页 197–213。见本书第一部分第一章 1.1.2 节的内容。

❻　参见：凯尔森，《纯粹法学》第 1 版，页 5、页 7–8、页 11、页 15、页 19、页 29。

❼　"一项规范是有效力的，就是说该规范是一项法律规范，因为它是依据特定规则并以特定方式制定和颁布形成的"。参见：凯尔森，《纯粹法学》第 1 版，页 63–64。

❽　参见：页 115 注释 3。

理论，所以凯尔森解释说，"制定或颁布一项规范"的同时，也是"适用一项规范"。❶ 例如，"普遍性规范的颁布"意味着"对宪法性规范的适用"。因此，在法律体系中历史上第一部宪法被通过的时候，人们想要说的是，这历史上首部宪法的通过，标志着对另一项更高级别规范（基础规范）的适用。然而，实际情形并非如此。由于基础规范根本就不是一项实在法规范，即基础规范不是由一个更高级别的权威所颁布的，因此在这一过程中，就不可能存在对普通规范的适用。❷

那么，"基础规范被假设性地设定"，这当如何去理解？这个问题仍然是存在的，需要继续探索。凯尔森宣称，"预设"基础规范的行为具有完全的规范制定属性，他通过"基础规范的预先制定"这一表述生动地强调了这一点。❸ 凯尔森表述的内容如下。

尽管基础规范并不像其他规范那样被颁布，但基础规范预先被制定了（voraus-gesetzt，特别需要强调的是"vor"［在先］），也就是说，基础规范仅仅只是"在法律思维中被假设性地制定了"。如果不是被误导，人们很可能会说，凯尔森著作中的"Voraus-Setzung"［预先制定］指的就是这样的一种制定——假设性地制定——在逻辑上它先于❹其他实在法规范的颁布。很明显，以这种方式预先制定的规范，似乎无法具有任何规范性的效果。然而，至少在他漫长古典阶段的绝大多数期间，[82] 凯尔森并不赞同这一点。因为受到了梅克尔（规范层次结构的动态特

---

❶ 参见：凯尔森，《纯粹法学》第 1 版，页 82。

❷ 同上，页 83。

❸ "强制行为具有执行性，就如同对基础规范的预先制定具有纯粹规范之制定的特征"。参见：凯尔森，《纯粹法学》第 1 版，页 83。

❹ 人们可能会说，如果法学家能够解释隐含在陈述当中的隐性知识，那么他们就能够说，这些隐含的前提条件存在于同法律相关的隐晦性假设当中。

征）以及新康德主义（纯粹法学的先验"基础"❶）的影响，《纯粹法学》一书中所使用的"to presuppose"［预设］一词，标志着它已经取得了显著的规范性色彩。

然而，将规范性的效果归因于基础规范的预设，这早晚会改变个别性规范预设的地位。在很长一段时期内，凯尔森对"法律科学预设了基础规范"的正确性都是持怀疑态度。他在 1952 年发表了一篇论文"什么是立法行为"（What Is a Legal Act）❷ 来阐述这个问题。在那篇论文里，基础规范以内在体系化的方式塑造了宪法的基础或依据，因此，基础规范自身也成了宪法的组成部分。❸ 基础规范作为一个意志行为的意思，不能说是被法律科学所预设的，因为法律科学不具备制定规范的资格和能力。自那以后，基础规范便确立了凯尔森在法学界的地位。

"什么是立法行为"一文，是凯尔森为了回复费德罗斯❹的一篇文章而写作的，在那篇文章里，费德罗斯提出了如下问题："一个行为是如何被合法化而成为一个立法行为的"。费德罗斯

❶　受梅克尔和新康德主义哲学的影响，凯尔森渴望为自己的理论找到一个"先验的基础"。旨在为法律科学塑造"先验逻辑的预设"的基础规范，不再是过渡阶段的基础规范了；它既是实体统一体的终极基础，也是形式统一体的终极基础，它能够将"应当"的意义传递、转移给层次结构中的低级规范。参见：凯尔森，《纯粹法学》第 2 版，页 204。关于纯粹法学中的新康德主义之维，可参见：鲍尔森，"纯粹法学的新康德主义之维"；鲍尔森，"凯尔森和马堡学派：重建和历史的视角"（Kelsen and the Marburg school：Reconstructive and Historical Perspectives），载《现代法律体系中的规定的形式性和规范的合理性》（*Prescriptive Formality and Normative Rationality in Modern Legal Systems：Festschrift For Robert S. Summers*，ed. W. Krawietz，N. MacCormick，and G. H. von Wright，Berlin，1994），页 481－494。

❷　参见：凯尔森，"什么是立法行为"（Was ist ein Rechtsakt?），载 *ÖZöR*，4（1952），页 263－274，首次发表于 1952 年；本书使用的是该文的英译本，波尼・鲍尔森和斯坦利・鲍尔森译，"什么是立法行为"（What Is a Legal Act?），载《美国法理学杂志》（*The American Journal of Jurisprudence*，29，1984），页 199－212。脚注指的是德文和英文两个版本。

❸　参见：凯尔森，"什么是立法行为"，页 155。

❹　费德罗斯，"法律理论的矛盾"（Eine Antinomie der Rechtstheorie），载《法学报》（*Juristische Blätter*，73，1951），页 169－171；repr. in *WRS II*，页 1375－1380。

声称，存在一些不能以标准方式（被官员视为"合法的"而被接受和认可）进行合法化的行为——诸如，立法机构超越权限范围所颁布的规范，❶ 或者那些据以革命之名而颁布的规范。❷ [83] 根据最终的分析，费德罗斯得出的结论是：立法行为的合法性问题，并不由法律科学来作回答，也不由法律体系的基础来作回答，而是由社会学予以回答。❸

凯尔森从审视这个问题开始了自己的研究。在这个关联关系中，他对概念性要素与具体性要素作了区分，即（A）"立法行为"的标准；（B）在具体案件中，谁来决定某项特定行为是否是一个立法行为。❹

根据凯尔森的观点，对于问题（A）的回答，应该交给法律科学，因为法律科学的任务就是对所有的法律概念给出定义。❺ 关于层次结构学说的问题，凯尔森说，通过使用一个严格的形式标准，"立法行为"的定义实际上是由法律体系自身提供的。依据凯尔森的观点，立法行为是通过"法律规范被颁布（制定）或被适用"的方式而形成的行为，而且法律规范被颁布（制定）或被适用的过程，必须符合层次结构中规定法律体系内法律创设与适用的那些更高级别的规范。❻

另外，对问题（B）的回答，却并不是法律科学可以关注的，因为法律科学没有权力和资格决定任何事物。然而，一个行为的法律品格是由法律适用机关所作出的一项真实的、有创制权的、有法律约束力的裁判来予以确立的，法律裁判会给出特定结论。❼

凯尔森说，司法裁判暗含了意志功能，而非理智功能（认识

---

❶ 参见：凯尔森，"什么是立法行为"，页 160 – 161。
❷ 同上，页 162 – 163。
❸❹ 同上，页 153。
❺❻ 同上，页 154。
❼ 参见：凯尔森，"什么是立法行为"，页 157。

功能），因而，司法裁判事实上就是一项个别性的法律规范。❶
从这可以得出如下两点结论：第一，司法裁判的制作——个别性
法律规范的"制定"——这项权力必须下放给许多有权颁布规
范的个体；第二，这些相同的个体——法院和其他法律创设主
体❷——也只有他们才能预设基础规范。❸

　　在这篇文章中，凯尔森再次❹使用了他那个广泛的"法律实
证主义"概念。他说，如果法律实证主义被理解为意指"唯有
实在法规范（已经被制定、颁布的规范）才能被认为是法律"
的话，[84]那么只有将法律的资格不仅赋予实在法规范，而且
还要赋予宪法以及被预设的基础规范，这时，法律实证主义才能
成为一种可能。❺ 在凯尔森看来，以这样一种方式去构建一个
实在法体系是绝对有必要的，因为，如果缺少了预设性的基础
规范作为实在法宪法的基础，那么这部实在法宪法就无法被认
为是有约束力的。❻ 如果宪法性规范是法律体系的组成部分，
那么基础规范（它作为宪法的基础）必须也被视为隶属于该法
律体系。

　　因此，基础规范不是实在法。基础规范不是一项被制定
的规范，而仅仅只是一项被预设的规范。然而，基础规范却

---

　　❶ "一项具有法律约束力的司法裁判的作出，就意味着制定一项个别性的规
范"。参见：凯尔森，"什么是立法行为"，页157、页202。

　　❷ 同上，页155。

　　❸ 在这种情况下，最重要的是仔细阅读德语文本："Es ist daher nicht ganz rich-
tig zu sagen, wie ich selbst wohl mitunter gesagt habe, daβ die Rechtswissenschaft die Grund-
norm voraussetzt. So wie die Rechtswissenschaft keine Norm *setzen* kann, kann sie auch keine
Norm *voraussetzen* 因而以下说法并非完全正确（虽然我自己偶尔也会说）：法律科学预
设基础规范。因此，就像法律科学没法制定任何规范一样，法律科学也无法预设任何
规范"。参见：同上，页163。

　　❹ 参见：凯尔森，"自然法理论与法律实证主义的哲学基础"，页405、页406、
页437。

　　❺ 参见：凯尔森，"什么是立法行为"，页155。

　　❻ "如果［一部］宪法不与那项为其奠定基础的基础规范一并得到设想，那么
这部宪法就不能被设想为有约束力的规范"。参见：同上。

是一切实在法的"先验"前提。那些有权判断、确认某项行为是否具有法律资质的官员，是他们下意识地预设了基础规范，法律科学只是将描述和分析这一过程作为它自己的研究内容。

《什么是立法行为》这篇文章，清楚地显示了凯尔森在使用"presuppose"和"presupposition"［预设］的不同变化。在那个时期，即在他的古典阶段，"to presuppose"（"预设"一词的德文为"voraussetzen"）这一动词似乎被赋予了特定的品质，这个品质与"to posit"（"制定"一词的德文为"setzen"）［制定一项规范］是相关的，而且这个动词只能被描述为具有"约束力"（制定法的约束力）的概念。如果是这样的话，那么可以这样解释凯尔森的观点：法律科学并未预设基础规范；宪法可以被视为是有约束力的，一项行为可以作为真正的法律行为，但二者的前提是基础规范得到了预设（以适用法律的人预设了基础规范为其前提条件）。❶

大概是在 1960 年，凯尔森改变了他的想法。《纯粹法学》第 2 版显示，❷ 凯尔森对"法律科学预设基础规范"（这是纯粹认知上的预设）与"法律适用机关预设基础规范"（这是规范性的预设）进行了区分。由于作出了这种区分，凯尔森再次认为，"可以说是法律科学预设了基础规范"这个观点有了正当性的理由。凯尔森说，❸ 有些人将（或者是希望将❹）一项立法行为的主观意思解释为它的客观意思，即将其解释为一项客观有效的规

---

❶ "法律理论简单地确定着，如果——只要——在创设宪法的过程中基础规范被预设，那么宪法就能够被承认是一项有约束力的法律规范，而形成宪法的行为则能够被承认是一项立法行为。这一切都隐含在基础规范的预设性特征之中"。参见：凯尔森，"什么是立法行为"，页 163。

❷❸ 参见：凯尔森，《纯粹法学》第 2 版，页 34。

❹ 关于解释（Deutung），参见：沃尔特（Walter），"法律的制定"（Aufbau der Rechtsordnung），页 33。

范，而基础规范就是被这些人预设的。然而，与规范制定机构❶
（除此之外还包括法院）［85］所作出的解释相比较，法律科学
所作出的解释纯粹只是一种认知性的解释。❷

因此，似乎直到 1960 年，凯尔森才对"是否能够说是法
律科学预设了基础规范"打消了疑虑。因为"预设"所表达的
是，为法律规范的客观有效性奠基的终极规范是一种纯粹认识
论上的假设，❸也就是说，在建构法律规范的客观有效性时，
终极规范只是一种认识论上的假设。❹然而，就如凯尔森立马
补充到的那样，从"法学家仅仅只是在概念上预设了基础规
范"这一事实出发，并不能推导得出"法学家不能在其他层面
上预设基础规范"这个结论。并不是说，法学家不能在规范性
层面上（在有约束力之规范的层面上）预设基础规范。❺这第
二种可能性产生了这样一个问题：法学家什么时候才会被激励
这么做？

---

❶ "正确的仅仅是，当制定规范的那些机构把制宪行为的主观意思以及基于宪
法而被设定之行为的意思，解释为客观有效的规范，那么，这些机构就预设了基础规
范"。参见：凯尔森，《纯粹法学》第 2 版，页 34。

❷ 参见：凯尔森，《纯粹法学》第 2 版，页 209；奈特英译本，页 204。

❸ 参见：同上，页 206。

❹ 考虑到凯尔森数年后的陈述，他对"是否能够说是法律科学预设了基础规
范"的质疑肯定并未消退："因为作为一项规范，基础规范必须是一项意志行为的意
思，并不是法律科学预设了它。法律科学……只是确定了这样一个事实：如果人们认
为，人的意志行为创设了强制秩序，并且也作为一个大体上客观有效的秩序，在法律
思维中，他们将基础规范预设为一项意志行为的意思。"参见：凯尔森，"论纯粹法
学"，页 6。然而，因为凯尔森在该论文中继续说——这样一项意志行为并不存在于
实体中，而只是存在于法律思维中，基础规范的预设是法依兴格尔"假如哲学"的
一种典型类型。参见：同上，页 6、页 7。关于这一陈述以及"虚构"这一术语，参
见：第一部分第一章 1.2.3 节。

❺ "法律科学仅仅只是一门认知科学，在认知陈述中，基础规范是前提条件，
宪法创设行为的主观意思以及依据宪法所实施之行为的主观意思，被理解为是它的客
观意思，即作为有效的规范，即便这些行为的意思被理解为是法律科学本身"。参
见：凯尔森，《纯粹法学》第 2 版，页 208；奈特英译本，页 204。

1.2 "预设"的重构

凯尔森的基础规范已经吸引了一大群学者的兴趣与关注。学者们的学术研究推动了对基础规范复杂特性的认识，在这些人当中，尤其是佩策尼克和拉兹的研究成果，值得我们去特别地关注。在"基础规范的地位和身份"以及"基础规范被预设的方式"这两个问题上，佩策尼克和拉兹的观点都存在分歧，然而，他们的观点和看法又都具有极大的启发性。

在佩策尼克看来，基础规范是一项义务强加规范；[86]然而在拉兹看来，基础规范则是一项授权规则。佩策尼克的研究，关注的是"基础规范作为实在性法律有效性的基础"，这导致佩策尼克形成了"法律创设转化学说"以及"附条件的基础规范学说"。拉兹对凯尔森基础规范的研究，则形成了"基础规范重构理论"以及"法律人学说"，尽管对这两项理论仍存在争议，但现在普遍认为，这两项理论是拉兹对法律陈述模式作出的重要贡献。

在本章的前半部分，我将目光聚焦在佩策尼克的基础规范转化理论上（1.2.1节），在后半部分，我将探讨拉兹的法律人学说（1.2.2节）。

1.2.1 佩策尼克：基础规范的转化

根据佩策尼克的观点，❶ 法律体系由两种类型的规则组成，即构成性规则和调整性规则。构成性规则的特点是，为习惯性事

---

❶ 参见：佩策尼克，"何为正确？民主、法律、伦理和法律论证"，页162。

实的存在设置前提条件，而调整性规则是关于行为与目的的规则。按照佩策尼克的观点，凯尔森式的基础规范是一项行为规则，它规定了一项义务，即适用并遵守宪法的义务。❶

佩策尼克对基础规范的研究集中在两个问题上：第一个问题，基础规范是如何使得实在法正当化的——合法化的；第二个问题，基础规范自身是如何得以正当化的，或者换言之，仅仅只是被预设的基础规范，它自身的有效性是如何建立起来的。❷ 据说，这两个问题都可以在"基础规范转化理论"中找到答案，这个理论包含着在规范层面上对基础或根基的分析。❸ 佩策尼克论证到，在某种层面上可以这么说，基础规范是构成法律外在效力的"基础"；在另一层面上，又可以说，通过引用另一个规范性的假设前提，基础规范的预设就有可能合法化。随后，我将简洁地阐述一下佩策尼克论证中的要点。

就第一个问题或"外部"层面而言，出发点就是佩策尼克所说的一个"正常的"社会，这种社会指的是，体系内的法律规范既不是通常意义上的不道德，也不是极端的不道德。❹ 在这样的社会中，"体系内的宪法实际上是有效的法律，故应当被人们所遵守"，这一点是得到授权的。［87］佩策尼克指出，在这一关联关系中，法学家们得到了授权，他们实际实施的行为本身就完全符合凯尔森的基础规范。因为，基础规范说的就是同一内容，即"宪法是有效力的（因此，宪法'应当'被遵守）"。❺

---

❶ 参见：佩策尼克，"何为正确？民主、法律、伦理和法律论证"，页117。

❷ 同上，页118、页541。

❸ "一旦最高规范被预设，便是以使用这个最高规范作为法律效力的基础或根基为整个步骤的开始"。参见：佩策尼克，"论基础规范的本质与功能"（On the Nature and Function of the Grundnorm），载《法律理论》（Rechtstheorie, Beiheft, 2, 1981），页279－296。

❹ 参见：佩策尼克，"何为正确？民主、法律、伦理和法律论证"，页541。

❺ 参见：佩策尼克，"何为正确？民主、法律、伦理和法律论证"，页118、页541。也可参见：凯尔森，《纯粹法学》第1版，页34、页35。

因此，假设基础规范存在于一个正常的社会当中——这里不存在宪法有效性的理由——这完全不是一个问题；宪法是有效力的，因为基础规范说"宪法是有效力的"。因此，佩策尼克坚持认为，只要"宪法为何是有效力的"这个问题被提出，那么凯尔森基础规范的预设就是完全恰当的。❶

此外，佩策尼克还论证说，❷ 法律推理行为实际上暗示了："宪法是有效力的，并且应当被遵守"这一点是理所当然的——如果法律推理完全是可能的，如果对法学家们来说它不是被假定的，那么体系内最高级别的实在法规范如何是有效力的？❸ 一旦基础规范在概念上被假定，那么就可以说，基础规范构成了法律有效性的"基础"。❹

考虑到法学家们实际上显示了一种倾向，即理所当然地认为，宪法应当得到适用和遵守，因此，佩策尼克说道（然而他却没有坚定自己的这个观点）：人们可能会宣称，存在一项规定"宪法应当被遵守"的社会规范。因此，人们可能会这样说：基础规范"存在于"法律实践当中。❺ 然而，佩策尼克承认，"将一个纯粹概念上的假设作为实在法有效性的基础"，这确实很荒谬；❻ 为了攻克这一难题，佩策尼克提出了"基础规范转化理论"。❼

就第二个问题或"内部"层面而言，佩策尼克所研究的是，在那些"预设"基础规范的法学家们的思维中都发生了什么。佩策尼克说，法学家们从特定的前提条件中得出了一个规范性的

---

❶　参见：佩策尼克，"何为正确？民主、法律、伦理和法律论证"，页541。

❷　参见：佩策尼克，"论基础规范的本质与功能"，页281。

❸❹　因为法官事实上说宪法是有效力的法律，即"他们的说法必定不一致，除非他们假定了一项最高规范"。参见：同上，页282。

❺　参见：佩策尼克，"何为正确？民主、法律、伦理和法律论证"，页118。

❻　"这是一个谜"。参见：佩策尼克，"论基础规范的本质与功能"，页282。

❼　同上，页287。参见：佩策尼克，"何为正确？民主、法律、伦理和法律论证"，页543－545。

结论，即"宪法是有效力的，并且应当被遵守"——也就是说，法学家们成功地得出了基础规范这一结论。而这个前提条件陈述的是"法学家们知道什么才是有效法律体系的特征"，这种推断能够以下面这种方式予以描述。❶ 法学家能够明确说出有效法律的识别标准或必备要素。尤其是这些要素或标准能够以虚假性的规范语句来予以明确说明。以此作为出发点，那么真正的规范语句——规范——就可以被推论得出。［88］严格来说，这个推论是一个逻辑推论；然而，它描绘的是一个直观的步骤，佩策尼克称其为"法律创设的一个跳跃"。❷

"法律创设的跳跃"指的是，（规范体系之有效性的）特定可察觉的标准转化为法律效力的标准。例如，体系内的规范所呈现出来的是一种层次结构，并且包含着构成性规则，这些规范的标准已经被发现和确立。❸ 因为这一跳跃，法学家们发现，在法律体系内，他们自己受到了这些标准的约束，他们（法学家）的陈述虽然不是规范，却具有法律上的规范性。❹

法学家并未停止思考"为何既定体系内的宪法——譬如瑞典宪法——应当被遵守"这个问题；然而，法学家直觉上能够承认，这个体系是他应当遵守的体系之一。❺ 法学家的直觉能力归因于"跳跃"这一关键点，即所谓的"法律创设的转化"，这一转化的实现方式便是将法学家"对事实的认知"转化为"对有效法律的认知"。

佩策尼克"法律创设的跳跃"的意义如下。通过对一项真正的规范性前提来进行假定（或预设）这样一种方式——严格

---

❶ 作者要感谢佩策尼克大篇幅地探讨这一推论中的不同步骤。

❷ 参见：佩策尼克，"何为正确？民主、法律、伦理和法律论证"，页 544。

❸ 同上，页 543－544。

❹ 然而，法律结论中的"应当"与前提条件中的"应当"并不等同一致。参见：佩策尼克，"论基础规范的本质与功能"，页 288。

❺ 参见：佩策尼克，"何为正确？民主、法律、伦理和法律论证"，页 544。

来说，即通过预设另一项假设性的前提（这个前提具有规范性特征）这种方式，将特定要素或标准与体系的法律效力联系起来，因而也就是与遵守体系的义务联系起来，或者更确切地说，是与体系内的规范联系起来，法学家的本能推论——跳跃——转化成了一个逻辑推论。❶

只要基础规范理论被关注，被假定的附加前提条件简单来说就是如下内容：如果体系内的规范是一种层次结构关系，如果该体系是强制性的，如果该体系大体上是有实效的——那么，这个体系便是有效力的法律体系，这个体系内的宪法就应当被遵守；简言之，基础规范（说的是同样的内容）能够被预设。因为这个附加的前提条件，"要求遵守宪法"的这项规范的结论被转化成了一个逻辑上正确的结论。❷

可以得出以下结论：依我之见，对于如何理解凯尔森的"基础规范是在法律思维中所预设的"这一概念，佩策尼克的基础规范转化理论具有启发性。对"法律创设的跳跃"的分析显示，基础规范是如何借助另一项规范性前提条件从这些事实当中推论而生的，根据凯尔森的观点，我们赋予有效的法律以"层次结构"、"强制力"以及"实效性"这些特征。[89] 因此，基础规范的转化显示出，法学家们下意识地预设了❸"可察觉之事实"与"法律体系的有效性"二者之间的联系，佩策尼克成功地分

---

❶ 参见：佩策尼克，"何为正确？民主、法律、伦理和法律论证"，页 544 - 545。

❷ 同上，页 545。关于转化的概念，可以参见：阿尔尼奥、阿列克西、佩策尼克，"法律推理的基础"（The Foundation of Legal Reasoning），载《法律理论》（Rechtstheorie, 12, 1981），页 133 - 158。

❸ "在表述基础规范时，纯粹法学的目的并不是为法理学开创一门新的方法。纯粹法学只是为了提升全体法学家在概念化他们所研究的客体时（大部分的时候都是以口头形式）的意识水平，法学家拒绝以自然法作为实在法效力的基础，但是他们将实在法理解为一个有效的体系，一个规范的体系，而不仅仅只是作为事实上的应急动机的体系"。参见：凯尔森，《纯粹法学》第 1 版，页 67；《纯粹法学》第 2 版，页 209。

析了这种关联关系。一旦基础规范已经被预设，那么它就能够成为法律有效性的（规范性）基础。❶

佩策尼克的理论也产生了诸多的问题，这其中至少应该提及两点；这两个问题都是关于凯尔森对于法律效力三个条件（层次结构、强制力以及实效性）的充分性的。

根据佩策尼克的观点，在"正常的"社会中，就基础规范的预设而言，这三个条件是完全充分的条件。然而，佩策尼克关注到这样一个事实，即便在"规范化"的社会里，根据凯尔森的理论，在体系的规范层级必须被完善的意义上，"法律有效性的条件"与"法律体系中规范层次结构的凯尔森三要件"之间也是存在差异的。❷ 如果就是这种情形，那么一个单一的转化（基础规范的转化）就是必要的，也可以得出"宪法是有效力的"这一结论。然而，如果规范的层次结构并不完美，那么就需要数个转化来实现这一点，而每一个转化都将形成独立的规范性结论。❸

另外，只要宪法的有效性受到质疑，基础规范就将揭示其自身作为法律效力之（微弱）基础的地位。❹ 如同佩策尼克所指出的，另一项假设性前提条件（它相对而言较为简单），将可能为其他附加的假设条件（一个表述道德规范的假设条件）腾出空间。在那种情形中，法学家们的规范性结论不再是以凯尔森式的基础规范作为基础，而是建立在附条件的基础规范上。❺

---

❶ 用这种方式，我们破解这一问题的核心，这个问题就是：基础规范学说需要何种"基础"才能让它自己发挥作用。参见：佩策尼克，"论基础规范的本质与功能"，页282。

❷ 如果法律体系显示，任何法律规范的效力及其大量的结构层次被认为是源自更高级别的有效规范——也就是说，依据一项有效规范的授权和更高层次的程序性规范，如果规范已经被创设、制定，这便是那种情形。

❸ 参见：佩策尼克，"论基础规范的本质与功能"，页291–292。

❹ 参见：佩策尼克，"何为正确？民主、法律、伦理和法律论证"，页541。

❺ 参见：佩策尼克，"何为正确？民主、法律、伦理和法律论证"，页545。关于欧共体法律的基础规范问题，参见：第四部分第二章。

1.2.2　拉兹：法律人

[90] 在 1.2.1 节中，基础规范被塑造成一项行为规则和社会规范的形态，可以说，法律论证的存在，证明了基础规范的"存在"。对法学家而言，基础规范不言自明的预设，形成了法律上的规范陈述，以及规范性术语的合法使用。

而拉兹的想法则截然不同。在拉兹看来，❶ 法律体系包含了两种类型的规则，即 "D-法律"（"义务强加性法律" [duty-imposing laws]❷）和 "P-法律"（"授权性法律" [power-conferring laws]❸）。当谈论到凯尔森的著作《法与国家的一般理论》时，拉兹说道，基础规范属于第二种类型的范畴，即它属于一项授权性法律：拉兹说，基础规范是一项资格规则（a rule of competence）❹，并且是一项特殊的资格规则，即所谓的 "PL-法律"（PL-laws）。"PL-法律" 指的就是授权立法的法律。❺

"拉兹将基础规范视为一项资格规则" 这一事实，绝不意味

---

❶　参见：拉兹，《法律体系的概念：法律体系理论导论》（*The Concept of a Legal System: An Introduction to the Theory of Legal System*, 2nd edn., Oxford, 1980），页 164-165。亦可参见：拉兹，"纯粹理论中的纯粹性"（The Purity of the Pure Theory），载《国际哲学评论》（*Revue internationale de philosophie*, 138, 1981），页 441-459；repr. 1986 in *Essays on Kelsen*, 页 79-97；repr. in 1998 in *NN*, 页 237-252。本书使用的是 1998 年版本。

❷　参见：拉兹，《法律体系的概念》，页 147。

❸　同上，页 156。参见：拉兹，《法律的权威》，页 127。

❹　参见：拉兹，《法律体系的概念》，页 66。拉兹引用凯尔森 "赋予法律权威……"，参见：凯尔森，《法与国家的一般理论》，页 120。"限定一个特定的事件……规范创设过程中的起点"。参见：同上，页 114。亦可参见：拉兹，《法律的权威》，页 126。

❺　"*PL-norm*" [授权立法的法律] 的特征是由这样一个事实所确定的，即对行为准则之实施的反应是由其他规范所规定的。但是，当 "*PL-norm*" 被创设的时候，这些是并不存在的——然而，它们是由 "*PL-norm*" 自身的行为准则所创设的。参见：拉兹，《法律体系的概念》，页 163。

着拉兹错误地理解了基础规范的复杂特征。恰恰相反。根据拉兹的观点，授权立法的法律就是这种情况，"PL - laws"［授权立法的法律］引导着（得到授权的）立法者的行为，以及他们制定法律的行为。因此，"PL - laws"［授权立法的法律］可以被重新定义为"D - 法律"［义务强加性法律］。❶ 然而，在拉兹看来，[91] 像凯尔森那样将基础规范阐述为一项义务强加规则，这是令人遗憾的;❷ 拉兹相信，凯尔森的这种阐述与基础规范的实质不相符合，拉兹认为，基础规范的实质是赋予首位立法者以立法资格和权限，也就是对首位立法者的立法行为赋予"约束力"这一资格。❸

　　准确地说，"赋予立法行为以强制约束力"这一说法，已经表明了拉兹对基础规范学说的认同，尽管拉兹也看到了其中所存在的问题。

　　总的来说，拉兹对基础规范持有的是一种怀疑态度，至少对凯尔森式的基础规范是持怀疑态度的。在拉兹看来，基础规范并不具有真正的功能：拉兹说，基础规范在法律体系统一体的构建中没有发挥出作用，在法律体系的识别过程中也没有起到作用，

---

　　❶　参见：拉兹，《法律体系的概念》，页 167。拉兹是这样解释的："PL-laws"的标准形式是"X 通过在 C 地实施 A 行为，拥有制定法律的立法权。"这一陈述也是正确的，那么这也是一个陈述（服从法律的标准描述）："如果 Y 在 C 地实施了 A，那么 Y 就有义务遵守 X。"这一陈述也是正确的，那么第一个陈述便是必需的。因此，如同拉兹所主张的，如果"PL-laws"是一项授权立法的法律解释，因此也是一项服从性的法律，参见：拉兹，《法律体系的概念》，页 166。换言之："授权 X"可能暗示着"命令 Y"，参见：凯尔森，《规范的一般理论》，页 83；而"命令 Y"可能意味着"X 被授权发布命令"，参见：同上，页 210。关于授权的问题，参见：Torben Spaak，"法律资格的概念"。Torben Spaak 辩论说，资格规范在逻辑上能够还原为一个行为规范，由于欠缺特定种类的规范性，因而不应当具有显著的规范身份。参见：同上，页 177 – 179。

　　❷　参见：拉兹，《法律体系的概念》，页 96。

　　❸　"基础规范或原初规范以下述作为其典型的内容：设定一个权威，即一个法律渊源，而该权威的表达必须被当作具有法律约束力的事物"。参见：凯尔森，《一般国家学》，页 99。

基础规范没能证明法律规范的正当性——简言之，拉兹认为，承认基础规范的存在是毫无理由的。❶

虽然持有重大的保留意见和异议，但拉兹也承认凯尔森基础规范当中的价值与贡献——尽管凯尔森并未实现他在"法律创设事实的本质"这个问题上的目标，但仍值得在形式上称赞他。哈特的理论没能完成"以复杂的社会实践活动赋予体系内基本规则以强制约束力"这一使命，❷ 然而就像拉兹说的那样，凯尔森的理论却通过一项基本的资格规范（基础规范）的授权做到了这一点，而这种授权就是基础规范被预期的功能。考虑到纯粹法学中的"纯粹性"，基础规范是赋予实在法有效性的唯一规范，除此之外，基础规范并未规定其他任何内容。❸

凯尔森强调"体系的［92］终极规则与体系的渊源之间的关系"不同于"普通规则与普通规则的渊源之间的关系"，这一点是正确的，而且拉兹也是这样认为的。

因此，总的来说，拉兹对基础规范的否定态度，并不是建立在对凯尔森式基础规范的一贯检验之中，尤其不是建立在"从什

---

❶ 参见：拉兹，《法律体系的概念》，页138；拉兹，《法律的权威》，页78－102、页127－129。参见：斯坦利·鲍尔森，"凯尔森早期关于实质和形式统一性的著作"，页342。然而，拉兹承认，存在一个代表基础规范的单一论证，即每一个法律体系必须包含着至少一项非实在法规范，这项非实在法规范赋予历史上首位立法者以立法权。拉兹自己并不支持这项论证，因为它建立在这样一个假设的基础上，即假定他坚持着"立法权必然源自一项规范"这个错误。在拉兹看来，法律能够间接地授权它们自己的创设。参见：拉兹，《法律体系的概念》，页138；佩策尼克，《何为正确？民主、法律、伦理和法律论证》，页168；Torben Spaak，"法律资格的概念"，页190。

❷ 哈特关于法律效力的观点并不包含规范强制力的沿袭；然而，在成员关系的检验这个问题上，这个沿袭的进程停滞在"效力标准"这一概念面前。如同拉兹所指出的，哈特的理论将法律体系的终极规则与社会实体密切相连，复杂的社会实践在体系内建立起了特定规则的成员关系，并已取得了成功；然而，在法律强制约束力的传递上，却是不成功的。对哈特而言，立法行为的角色和社会实践的角色，二者之间是没有区别的。参见：拉兹，"纯粹理论中的纯粹性"，页251－252。

❸ 参见：拉兹，"纯粹理论中的纯粹性"，页251。

么意义层面上去预设基础规范？"这个问题上。

拉兹在提示人们思考这样一个问题，这个困惑源自凯尔森关于法律陈述模式的观点，尤其是源自凯尔森关于法律效力（效力相当于约束力）的规范性概念中。❶ 简言之，拉兹问道，强制约束力，即主体的法律责任，如何能够在不诉诸道德或事实，以及在不运用康德式理论或新康德式理论的前提下，能够被法律理论所解释。❷

根据拉兹的观点，凯尔森《纯粹法学》中的"纯粹性"受到了凯尔森自己关于"法律陈述的本质"观点的严重损害。拉兹论证说：一门法律理论，只要依据该理论所表述的命题，既不涉及道德，也不涉及经验事实，那么这门法律理论便是"纯粹的"。然而，如同拉兹所宣称的那样，对于凯尔森而言，法律上的陈述或其他的规范性陈述，是用来表达一种实际态度的；这些规范性陈述所表达的意思是"一项有效规范是存在的，而且这项规范构建了一种价值"。❸

如果一项法律陈述的约束力是基于它表述了一个价值的存在，那么拉兹得出的结论是，法律陈述是规范性的，道德陈述也是规范性的，二者具有相同的规范性——简言之，法律陈述与道

---

❶ 在凯尔森看来，说"一项规范是有效的（rerbindlich），这意指它是有约束力的——人们应该按照规范所确定的方式实施行为"。参见：凯尔森，《纯粹法学》第2版，页196；凯尔森，《一般国家学》，页99。关于有效性作为一个规范性概念，也可参见：布柳金，"凯尔森纯粹法学中的悖论"；参见：Carlos Santiago Nino，"凯尔森效力概念的一些困惑"（Some Confusions around Kelsen's Concept of Validity），载 *ARSP* LXIV，1978，页357–377。

❷ 参见：斯坦利·鲍尔森，"没有康德的凯尔森"（Kelsen Without Kant），载《公共道德还是私人道德？论法律的有效性基础及其合法性》（*Öffentliche oder private Moral? Vom Geltungsgrunde und der Legitimität des Rechts, Festschrift für Ernesto Garzón Valdés*, Berlin, 1992），页153–162；斯坦利·鲍尔森，《规范性与规范的导论》。

❸ 参见：拉兹，"纯粹理论中的纯粹性"，页243。

德陈述均具有十足的规范性。❶ 如果是这样的话，那么法律陈述
又如何能够纯粹呢？

　　拉兹说，凯尔森一定发现自己已经陷入了进退两难的境地：
一方面，如果法律陈述和道德陈述具有相同的规范性，那么它们
就都成了道德规范，而"法律规范一旦作为道德规范"这势必
损害凯尔森理论的"纯粹性"。另一方面，如果法律陈述不是道
德陈述——这是凯尔森的观点——那么法律陈述和道德陈述便都
不具有规范性，而这又势必［93］损害将法律科学作为规范科
学的主张。❷ 拉兹想知道，凯尔森如何能够宣称"一项有效的规
范是有约束力的规范，并且应当得到遵守"，以及凯尔森的法律
理论是如何无涉道德评价的。❸ 拉兹思考这个问题，并开始转为
对基础规范进行重构。阅读凯尔森的理论，让拉兹脱离了进退两
难的境地。在重构基础规范理论以及介绍法律人形式上的规范要
素这一过程中，法学科学家和法律实践工作者在超然的、各自的
层面上预设着基础规范。❹ 拉兹将这一切归结为凯尔森理论中的
三大步。

　　凯尔森的第一步，就是他的代表性宣言，他提出了法律科学
和社会学的并列关系：构建和描述法律的存在以及它的内容，这
并不必然要求使用规范性的术语；相反，这些完全可以用描述性
的方式加以进行。哈特将这一结果称为对"经验的、复杂的事实
问题"进行的描述。❺ 这种类型的描述——对法律的社会学描

　　❶　关于拉兹对凯尔森规范性概念的解释，参见：Alida Wilson，"拉兹论凯尔森
的基础规范"（Joseph Raz on Kelsen's Basic Norm），载《美国法理学杂志》（The Amer-
ican Journal of Jurisprudence，27，1982），页 46–63。
　　❷　参见：斯坦利·鲍尔森，"没有康德的凯尔森"，页158。
　　❸　这就是拉兹所称的凯尔森"语义上反还原主义"，参见：拉兹，"纯粹理论
中的纯粹性"，页245。与之相反的理论是"法律陈述是纯粹描述性的"。
　　❹　同上，页 246–247。
　　❺　参见：哈特，《法律的概念》，页292；参见：拉兹，"纯粹理论中的纯粹
性"，页245。

述——必将无涉道德评价；然而我们不能宣称，被描述的社会事实就应该具有规范性的结果。确切地说，纯粹法学所宣扬的是一种立场，不管法律的具体内容如何，站在这个立场上，就要将法律作为一个规范性的体系去加以描述。

拉兹论证说，纯粹法学之所以能够如此宣称，要归因于凯尔森的第二步，即他对基础规范的引入：基础规范规定"宪法是有效力的，并且应当被遵守"。但是，人们现在要问，基础规范对谁是有效力的？谁应当遵守宪法？

这时，法律人粉墨登场了。根据拉兹的观点，基础规范只能对法律人产生效力，因为只能说，是法律人预设了基础规范。❶

法律人指的是这样的一种人，他们的道德信念与法律是一致的。法律人虔诚地相信所有法律规范的有效性——并认为，也只有这些法律规范才属于他们的法律体系。这种信念并非一个巧合；法律人的信念是最高立法主体道德权威的逻辑结果。法律人真心地接受和认可基础规范，以及所有可以追溯到基础规范上的普通规范——除此之外，法律人不承认其他任何东西。❷

拉兹认为，凯尔森的第二步对法律科学所作出的陈述的本质，具有决定意义：法律人真的相信基础规范，并将基础规范作为真正的"法律—道德规范"去预设，然而，法律科学既不相信基础规范，也不预设基础规范。［94］拉兹说，法律科学是在基础规范被假设的基础上发展着：如果基础规范是有效力的，那么……或者在"基础规范被假设"这个基础上：如果法律人是正确的，那么……❸

通过这种方式，基础规范的预设被法律科学还原成一个纯粹假设性的自然基础，并得出一个假设性的规范陈述："如果基础

---

❶ 参见：拉兹，"纯粹理论中的纯粹性"，页251。

❷ 同上，页246。

❸ 拉兹倾向于选择使用"adopt"而不是"presuppose"。参见：拉兹，《法律的权威》，页142。

规范是有效力的——或者说，如果法律人是正确的——那么 X 应当……"通过价值中立的和附条件的陈述方式，法律科学设立了一个立场，法律科学站在这一立场上去构建"如果法律是有效的，那么法律是什么"。❶ 如同拉兹指出的，可能需要法律科学来完成这一任务。❷

此外，另一个必要条件便是法律实践工作者：他们不说"如果法律是有效的，那么法律是什么"——相反，他们说的是"法律是有效的"。法律实践工作者的陈述是绝对化的。对于这一点的看法，凯尔森需要的只是"法学家们的绝对化陈述，能够体现出他们的价值中立"。

因此，拉兹又将其归结为凯尔森的第三步，❸这第三步指的是，由法律实践工作者以特殊的方式来预设基础规范。❹

在拉兹看来，法律实践工作者通过"超然的法律陈述"这种方式，❺ 说法律是有效的规范体系。"超然的"法律陈述是一种绝对化的陈述，这并不是法学家个人的观点，而是法律人的观点。法学家们假装持有法律人的观点。拉兹说，这个假装表示，凯尔森通过说"法学家对基础规范的预设（等于虚构）"❻ 意指所谓的预设不再完全只是一个预设，而是"专业的、超然的选择"。❼ 认为是法律科学家和法律实践工作者预设了基础规范，这是拉兹的观点，而凯尔森则是为了避免在法律问题上扯上道德之维。

---

❶　参见：拉兹，"纯粹理论中的纯粹性"，页 246；拉兹，《法律的权威》，页 142－143。

❷❸　参见：拉兹，"纯粹理论中的纯粹性"，页 246。

❹　拉兹辩论道，当凯尔森说"基础规范是在法律意识中所预设的"时候，他指的就是这种特殊的方式。参见：凯尔森，《法与国家的一般理论》，页 116。

❺　参见：拉兹，"纯粹理论中的纯粹性"，页 247。关于"坚定的"和"超然的"法律陈述，见下文第二章 2.2 节。

❻　参见：拉兹，"纯粹理论中的纯粹性"，页 247。根据我的观点，在下文中，在使用合法性的时候，"虚构"一词可能会受到质疑。见第一部分第一章 1.2.3 节。

❼　参见：拉兹，《法律的权威》，页 143。

毋庸置疑，拉兹对基础规范理论的重构，是一个真正有意义的尝试，他旨在阐述凯尔森"法律的规范性"概念这一学说的意义，拉兹对凯尔森思想的研究有着诸多值得我们学习的地方。❶然而在我看来，［95］赞同拉兹的学说与结论——"基础规范的预设相当于法学家对道德态度的超然选择"——这并不是一件容易的事。对我来说，这种超然的选择，暗示着法律与道德之间的一种必然关联，却完全忽视了法律的内容。❷

围绕在这个问题周围的还有，人们如何能够以一种"超然的"方式采纳某事？我相信，拉兹的意思是，法律科学家和法律实践工作者都意识到了专业现象出现的原因，他们必须都假装法律实际上就是有约束力的，拉兹说，这一假装使得他们能够凭借良心使用规范术语。然而，这一假装似乎仅仅得出"陈述模式在本质上是不清晰的"这一结论——确切地说，"超然的"规范性究竟意味着什么？

简言之，我不确信法律人学说能够证明"凯尔森基础规范预设的正当性"——在基础无涉道德的情形下启动和转化规范性，支撑法律论证的手段，必将是"超然的"或其他类似的方式。❸

1.3 基础规范预设所产生的结果

1.2 节显示，解释基础规范实际上是有可能的。佩策尼克依

---

❶ 因此，如同他所指出的，拉兹遵守凯尔森在"制定规范"与"预设规范"之间的模糊差异。参见：拉兹，"纯粹理论中的纯粹性"，页 247。

❷ 参见：斯坦利·鲍尔森，"没有康德的凯尔森"，页 156。除了质疑法律人学说中法律规范性的类型之外，斯坦利·鲍尔森还指出了该学说的另一个缺陷，因为法律人学说不符合渊源理论。参见：同上，页 159－161。

❸ 见下文第二章 2.2 节。关于拉兹法律人学说中所意指的法律规范性的类型，也可参见：罗伯特·沃伦格（Robert J. Vernengo），"凯尔森的法律规则是一种超然的陈述"；亦参见：Alida Wilson，"拉兹论凯尔森的基础规范"。

据基础规范转化理论所建立起来的解释，形成了法律上的规范性陈述；拉兹对基础规范的解释，是建立在他的法律人学说基础上的，并形成了所谓的"超然的"法律陈述。

人们要问，凯尔森自己是如何处理这个问题的？凯尔森对法律语言的特征持有怎样的观点？

在凯尔森的古典阶段，❶ 当他提到如何实现法律规范的"重构"时——对能够反映出（有关归责的特殊法律关系的）真实法律素材的重述——他使用了大量的术语。在这些术语中，使用频率最高的就是"法律规范"（要注意区分凯尔森对"Rechts-satz"的用法和它的技术性层面，后者指法律条文）、"应然语句"（Sollsatz）、"应然判断"（Soll-Urteil），以及在1945年年初所使用的"描述意义上的法律规则"这些词汇。

在上述提到的术语中，最为复杂的便是"应然语句"一词。"应然语句"包含着［96］一项"应当"，即一项规范。它们或为规定性的（带有命令性的强制力），或为描述性的。表述时所使用的语言方式，同样也有规定性的情形和描述性的情形——不同的表述方式决定了我们究竟是在表达一项规范，还是在陈述与规范相关的内容。

思考下面这句话："你应当将车停在马路的这一边。"❷ 对这句话的第一种理解是，摆在我们面前的是这样的一项规范的表述，即它在颁布一项命令；因此，"应当"是以规定性的方式被

---

❶ 关于凯尔森著作的阶段性问题，我赞同斯坦利·鲍尔森的观点。参见：页109 注释1。

❷ 这一例子是对 G. H. von Wright 例子稍做的修改，参见：G. H. von Wright，《规范与行为》（*Norm and Action*, London, 1963），页 104。关于规范与命题之间的区别，参见：布柳金，"规范、规范命题和法律陈述"（Norms, Normative Propositions and Legal Statements），载《当代哲学：新的研究》（*Contemporary Philosophy*：*A New Survey*, Vol. 3, The Hague, 1982），页 127－152；斯坦利·鲍尔森，"凯尔森的法律理论"（Kelsen's Legal Theory：Final Round），载 *OJLS*, 12（1992），页 265－274；拉兹，《法律的权威》，页 146－159；G. H. von Wright，《规范与行为》，页 93－106。

表述的。对这句话的第二种理解是，我们所面对的是这样的一项规范性表述，即它是一个与命令相关的陈述，它可能是一个真实的陈述，也可能是一个虚假的陈述；因此，这种情形下的"应当"是在"描述性的意义上"来使用的。❶

随后，我将首先简要地概括一下凯尔森的术语，再通过应用马丁·戈尔丁（Martin Golding）和哈特的解释理论去尝试着阐述凯尔森关于法律"应当"上的"规定性"和"描述性"。

1.3.1 凯尔森的术语

尽管凯尔森一再强调法学家和立法者各自不同的功能与使命，❷ 然而，就像他自己承认的那样，❸ 在古典阶段的中期，他没有注意到要对法律规范和法律陈述予以区分。❹ 在他最重要的三部著作中——1911 年的《国家法学说的主要问题》（*Hauptprobleme der Staatsrechtslehre*）❺、1925 年的《一般国家学》❻ 以及

---

❶ 关于"描述性"，参见：斯坦利·鲍尔森，"凯尔森的法律理论"，页 271。

❷ "在赋予法律以规范的特征中，在将法律科学限定为一门认知科学的时候（认知法律的功能不同于制定和适用法律的功能），人们将法律从自然中分离出来了，人们将法律科学当作是一门从其他（阐释自然事件中的因果法则的）认知科学中分离出来的（对规范的）认知科学"。参见：凯尔森，《纯粹法学》第 1 版，页 9。

❸ 参见：凯尔森，《纯粹法学》第 2 版，页 83。

❹ 例如参见：凯尔森，《国家法学说的主要问题》，页 255；《一般国家学》，页 47。

❺ 见页 111 注释 5。在《国家法学说的主要问题》中，"*法律规则*"（Rechtssatz）这一术语是有问题的，因为该词用意广泛，除了"假设性的判断"之外，还存在其他几种意思，参见：凯尔森，《国家法学说的主要问题》，页 70、页 254、页 385；凯尔森，"自然法理论与法律实证主义的哲学基础"，页 335。此外，凯尔森对"裁判"一词的用法也是模糊的，至少他学术前半阶段（古典阶段）的确如此。凯尔森早著作中所使用的"Urteil"［裁判］，斯坦利·鲍尔森认为该词至少表示过五种以上的含义，即：（1）预设性制定的规范；（2）"法律规则"（Rechtssatz）的后一种意思；（3）规范的制定；（4）司法判决；（5）在非规范性文本中的主张或陈述。参见：斯坦利·鲍尔森"凯尔森法律理论的四个阶段？分期的思考"，页 163。

❻ 有关法律规范（Rechtsnormen）或法律命题（Rechtssätze）。参见：凯尔森，《一般国家学》，第 10 节，页 47。

1934 年的《纯粹法学》❶ ——没有任何一部著作反映出凯尔森已
经意识到了"规范表述可以使用两种方式，这两种方式是，要么
颁布一项规范，要么描述一项规范"这一点。❷

[97] 尽管对于法律规范和法律陈述展开系统化的区分始于
20 世纪 40 年代，❸ 然而，凯尔森当时却并未开展过系统化的研
究，直到 1960 年《纯粹法学》第 2 版的时候，他才以一种彻底
体系化的方式阐明了这种区别：❹ 然而，法律规范所表达的意
思，是在规定一项"应然"，❺ 而法律规则是法律科学在描述一
项"应然"时所表述的一个（假设性的）陈述。被假设性表述
的法律命题对应着一项（被假设性表述的）法律规范。❻

如同凯尔森所指出的那样，就感官上说，法律规范给人的感
觉是由法律权威所颁布的一种规定❼，这项规范是对法律主体强
加义务和授予权利的。❽ 法律规范欠缺真实的价值；法律规范要

---

❶　见页 105 注释。

❷　Ota Weinberger 声称，凯尔森在那个时候（也就是 1911 年期间），尽管已充
分地意识到法律陈述的规范属性，然而却没有意识到"规范理念是否能够通过相同
范畴的陈述被表述为一个认知理念"这个问题。参见：Ota Weinberger，"凯尔森的命
题：逻辑规则在规范上的不可适用性"（Kelsens These von der Unanwendbarkeit logisch-
er Regeln auf Normen），载《纯粹法学的科学讨论：凯尔森研究所著作系列》（*Die
Reine Rechtslehre in wissenschaftlicher Diskussion. Schriftenreihe des Hans Kelsen-Instituts*，
Vol. 7，Vienna，1982），页 108 – 121。

❸　参见：凯尔森，"纯粹法学和分析法学"（The Pure Theory of Law and Analyti-
cal Jurisprudence），载《哈佛法律评论》（55 *Harvard Law Review*，1941 – 1942），页
44 – 70。然而，凯尔森意识到法律命题与"法律科学家和立法者使命"之间的关
联——所以从早期开始，他将持有这后一种主张。参见：凯尔森，《纯粹法学》第 2
版，页 83。关于这一标题，参见：凯尔森，"法律拟制的理论——关于法依兴格尔的
假如哲学思想"。

❹　参见：凯尔森，《纯粹法学》第 2 版，页 73。

❺　同上，页 75。

❻　同上，页 75、页 83。

❼　规定（prescription）包含了指令（command）和命令（imperative），甚至许
可（permission）和授权（authorization）；然而，它们并非在任何情形下都是*教诲*
（Belehrungen/instructions）。参见：同上，页 73。

❽　同上，页 75。

么是有效的，要么是无效的。❶

在凯尔森的专业层面上，法律规定并不是这个样子的。尽管在法律规定中存在规范性的语词，但法律规定仍然是理论性语句：如同凯尔森所说的，法律规定是一种用来描述规范的"应然"判断，因此，法律规定就如同"实然"判断一样，或是正确的，或是错误的。❷

法律规定无论如何都是没有约束力的。相反，法律规定只是提供了一些信息，［98］一些与一项"应然"的存在相关的信息。在凯尔森看来，法律规范指向的是法律机构和法律主体，法律规定通过呈现特殊的意义❸来实现这一点；而法律规则只能被表述为一个假设性的判断，而不能以其他方式来加以表述；法律规定说的是"依据实在法秩序，在特定的条件下，特定的法律后果应当发生。"❹

凯尔森相信，法律科学所表述的陈述是一种"应然的"陈述，实际上也必须是"应然"陈述，因为它们描述的是"应然规范"。❺ 然而，因为"应然"陈述描述性地重述了❻法律规范中的"应当"，所以法律科学所表述的"应然"陈述，完全是描述性的。❼

在 20 世纪 60 年代初期，凯尔森并未将法律规范的语言表

----

❶ 规定（prescription）包含了指令（command）和命令（imperative），甚至许可（permission）和授权（authorization）；然而，它们并非在任何情形下都是*教诲*（Belehrungen/instructions）。参见：凯尔森，《纯粹法学》，页 76。

❷ 同上，页 77、页 78。

❸ "特定的意思"。参见：凯尔森，《纯粹法学》第 2 版，页 81。

❹ 参见：凯尔森，《纯粹法学》第 2 版。依据纯粹法学，*法律规则中的基础规范*如下："在法秩序所确定的条件下，法秩序所确定的一项强制行为应当发生"。参见：凯尔森，《纯粹法学》第 2 版，页 80。换言之：特定的条件下，这样的事情应该发生。

❺ 参见：凯尔森，《纯粹法学》第 2 版，页 76-77。

❻ 参见：凯尔森，《法与国家的一般理论》，页 163。

❼ 参见：凯尔森，《纯粹法学》第 2 版，页 76。

述看得太重要。他认为，最关键的是行为的意思，凭借此意思，规范得到了颁布——如他所说的那样，颁布规范的过程不同于被颁布之规范的意思，简言之，即被颁布之规范本身。❶凯尔森说，规范颁布的结果就是对规范的"描述"，然而这个描述中的"应当"与规范中的"应当"（在逻辑上）具有不同的品质。❷

凯尔森简要地解释说，"应当"是一种特殊的意思，它借助规范的方式将法律条件与法律结果联系在一起。❸"应当"中的意思，通过法律陈述的方式被表达出来了——确切地说，凯尔森所无法解释的，是在欠缺足够的意思理论前提下，它如何被表达。然而，凯尔森坚持认为，"应当的意思"❹有两种形式，这暗示着，所要求的内容是理所当然的。❺

[99] 凯尔森的术语，以及他术语的英译文这个问题，仍然

----

❶ "然而，重要的并不是语言的形式，而是法律创设行为（规范制定行为）的意思。行为的意思不同于描述法律行为的意思。"参见：凯尔森，《纯粹法学》第 2 版，页 73。

❷ 在那个时刻，凯尔森相信，这两种"应当"之间的区别是逻辑性的。参见：凯尔森，《纯粹法学》第 2 版，页 82。

❸ 同上，页 84。

❹ "应当的双重词义"，参见：凯尔森，《纯粹法学》第 2 版，页 77。然而，"应当"（Sollen）也具有"在一个有可能是真实的陈述中的一项本质谓词这一含义；此外，它意味着义务的负担，即责任的承担——此时的它是一个模态谓词，该谓词表达的是主观的个体意愿和一项施加命令的权力之间的或者和一项客观的规范之间的现存关系"。参见：同上，页 77-78。

❺ 关于规范术语的意思，存在两种观点：第一种，认知观点，这又可以细分为两种（i）自然主义观（根据该观点，规范性术语是有意义的，因此也是能够在实践术语中被界定）；（ii）非自然主义观点（根据该观点，规范性术语是有意义的，但不能在实践术语中被界定）。第二种，非认知观点（根据该观点，规范性术语是没有意义的，因此它们是不能被限定的）。这样的术语具有它们的功能——表达说话者的情感，并将同样的感情传递给他人。凯尔森持有的便是那种认知的非自然主义观。

存在大量的矛盾与冲突。❶ 我们应该关注凯尔森在解释其理论时所使用的表述。我将简要地关注一下有关凯尔森理论的两种解释，即戈尔丁和哈特二人对于凯尔森理论的解释。

1.3.2 对"应当"的描述性提及

如同凯尔森在《法与国家的一般理论》❷ 中说到的那样，在法律科学中，（假设性）"应然"陈述的功能，就是对规范中的"应当"进行"描述性的重述"。❸ 在艾德斯·韦伯（Anders Wedberg）的翻译中，这些"应然"陈述（ought-statements）被称为"法律规则"❹ 或"法律的规则"；❺ 凯尔森最初曾使用的德文现在未再使用过。在其出版的著作中，专业术语"Rechts-satz"（法律规则）一词在 1953 年之前从未出现过。❻

---

❶ 参见：拉兹，"纯粹理论中的纯粹性"，同页 128 注释 2；参见：斯坦利·鲍尔森，"没有康德的凯尔森"，同页 131 注释 2；参见：沃伦格，"凯尔森的法律规则是一种超然的陈述"（Kelsen's Rechtssätze as Detached Statements），同第二部分第二章第 161 页注释 5。

❷ 参见：凯尔森，《法与国家的一般理论》。

❸ "法律理论家的应然陈述诉说的是，规范仅仅只是一种描述性输出；应然陈述描述性地复制了规范中的应当"。参见：凯尔森，《法与国家的一般理论》，页 45、页 61、页 163。

❹ 参见：凯尔森，《法与国家的一般理论》，页 45。

❺ 同上。这一翻译已经备受质疑，参见：布柳金，"凯尔森纯粹法学中的悖论"，页 304，同页 109 注释 1。

❻ "纯粹法学……认定，一种这样的（应当形成的）关系向来只该处在一定的前提之下，并且，纯粹法学通过把这些法律命题（在其中，法律科学描述它的对象、法律规范以及通过这些规范得到形成的关系）与特定的假言判断相比较（自然科学在这些假言判断中认识其具体对象，并且，这些假言命题被称作自然法则）来研究特殊的意义，在这种意义上——在那些被称作法律命题的假言判断中——前提与结论是相连的。"参见：凯尔森，"什么是纯粹法学？"（Was ist die Reine Rechts-lehre），载《民主与法治国：吉亚孔米提纪念文集》（Demokratie und Rechtsstaat: Festschrift für Zaccharia Giacometti, Zurich, 1953），页 143–161。

凯尔森所说的"描述意义上的法律规则"❶ 的意思，长期以来一直为大家所广泛讨论。❷ 在这个关联关系中，其特殊的意义就在于凯尔森对法律科学家使命的 [100] 表述，也在于他对法律陈述的功能的表述；法律陈述是对实在法的"描绘"，也是对法律规范中"应当"的"描述性复制"。尽管这些表述被大多数评论家所忽略，但显然，戈尔丁是个例外。❸

尽管戈尔丁也对凯尔森的理论提出过严厉的批判，❹ 但他仍是为数不多未对凯尔森表达模式明确提出过质疑的学者之一。根据戈尔丁的观点，究竟该如何解释所谓的"描述性的应当"，这

---

❶ "重要的是，合法的规则和法律规则在描述意义上被使用"。参见：凯尔森，《法与国家的一般理论》，页 45。

❷ 例如，Harold Ofstad，"凯尔森所提出的法律规范概念的描述性定义"（The descriptive definition of the concept of legal norm proposed by Hans Kelsen），载 *Theoria* XVI, 2 (1950)，页 118。

Bjarup 分别于 1982 年、1988 年已经提出，凯尔森关于"Sinn des Sollens"[应当，即描述意义上的法律规则] 是建立在 Ernst Mach 和 Karl Pearson 的经验主义基础上，而不是受到康德的直接影响：根据 Bjarup，凯尔森的法律科学是对 Ernst Mach 科学实证主义原理的重要适用。参见：Bjarup，"阿克塞尔海格斯多姆对凯尔森纯粹法学的批判"，页 38，同第一部分第一章第 56 页注释 1。这一观点除了建立在这一事实上，即在《国家法学说的主要问题》一文中，凯尔森指涉了 Ernst Mach 和 Karl Pearson：他著作中的座右铭，凯尔森指出了 Karl Pearson 在民事和科学法律之间的区别，后者是描述性的，而非规定性的，参见：凯尔森，《国家法学说的主要问题》，页 3。在《国家法学说的主要问题》一文中靠后的段落里，凯尔森在说"不是这个原因，那是为什么，只因为他是值得关注的法学家"，参见：凯尔森，《国家法学说的主要问题》，页 353。如同 Bjarup 指出的，这就是凯尔森关于法律科学的目的的观点，即：描述，"陈述时在描述意义上使用应然这一概念，规范中在规定意义上使用应然这一概念"，参见：Bjarup，《理性，情感和法律》，页 388，同第一部分第一章第 56 页注释 1。在凯尔森和 Ernst Mach 的其他相似之处中，Bjarup 指出凯尔森同 Ernst Mach 和 Karl Pearson 一样，他们都认为，科学的统一性取决于方式而非客体，参见：同上，页 388。此外，凯尔森也采纳了 Ernst Mach 的认知经济或经济思想原理。

❸ 参见：戈尔丁，"凯尔森和'法律体系'的概念"（Kelsen and the Concept of "Legal System"），载 *ARSP*, 47 (1961)，页 355 – 386；repr. in *More Essays in Legal Philosophy. General Assessments of Legal Philosophies*，Oxford, 1971，页 69 – 100。本书使用的是后一个版本。

❹ 参见：戈尔丁，"凯尔森和法律体系的概念"，页 82、页 90、页 91。

个困惑与另一问题密切相关；这个问题就是，当比较原始素材（也就是权威性的法律言论）时，对规范体系进行理性重构的地位问题。❶ 戈尔丁暗示说，对于凯尔森的"描述意义上的法律规则"可能没有过多的疑惑；如同戈尔丁指出的，凯尔森已经明确地区分了"描述意义上的法律规则"和"被使用及被提及的法律言论"。❷ 然而，颁布法律规范的目的，旨在影响人的行为；法律言论，也可能发生在这样的表述当中，这种表述可能被理解为规范本身，而规范的表述是被提及的而非被使用的，那种情形中包含的不仅仅只是初始言论的表达；适当条件下的法律言论可能等同于法律规范的颁布。

［101］戈尔丁的解释，根源于对纯粹法学目的的洞察，这是他在评价凯尔森"法律体系"概念的过程中所获得的洞察。❸ 戈尔丁说，❹ 问题的关键就在于"理性重构"这一概念。❺ 尤其是，凯尔森想展示规范体系的理性重构是如何实施的；❻ 戈尔丁暗示说，在凯尔森著作中频繁出现的❼英文"repre-

---

❶ 参见：戈尔丁，"凯尔森和法律体系的概念"，页77。

❷ 同上，页78。参见：斯坦利·鲍尔森，"法律知识与法律解释？关于凯尔森的哲学重构和限定"（Legal Knowledge versus Legal Interpretation? On Kelsen's Philosophical Reconstruction and its Limits），载《法律的认知与解释》（Cognition and Interpretation of Law，Turin，1995），页117－137。

❸ 当戈尔丁写作"凯尔森和法律体系的概念"时，他还没有接触到《纯粹法学》第2版。

❹ 参见：戈尔丁，"凯尔森和法律体系的概念"，页80。

❺ 戈尔丁强调了维也纳学派（Vienna Circle）的逻辑实证主义对凯尔森的影响。科学分支的理性重构，意味着在理性原则的基础上，科学分支被重构。科学材料通过精准的定义和不确定术语的还原之方式而得以体系化和被解释。通过一个概念装置的需要，这个过程得到了证明，"科学分支是以一种非系统化的，甚至是因果关系的方式来发展的"，这并不是经常发生的，没有科学家意识到他们自己的预设以及结果的实际范畴。参见：同上，页71－73。关于凯尔森和维也纳学派的交流，参见：克莱蒙斯·雅伯伦纳（Clemens Jabloner），"凯尔森和他的圈子：维也纳那些年"（Kelsen and His Circle：The Viennese Years），载 EJIL，9（1998），页368－385。

❻ 参见：戈尔丁，"凯尔森和法律体系的概念"，页71－73。

❼ 戈尔丁引述凯尔森，《法与国家的一般理论》，页45、页61、页163。

sentation"［重述］一词，对其最恰当的解释就是"rational recon-
struction"［理性重构］这一相关术语。❶

就如同戈尔丁所理解的那样，凯尔森理论当中的要点就是详
细阐述那个为法律规范"恰当重现"的构建而提供的概念装置。
戈尔丁论证说，纯粹法学最好被看作实现一切法律体系之理性重
构的方式和方法，而不论该法律体系的具体内容是什么。❷

关于理性重构的主要功能，戈尔丁主张，在关注规范的语言
表达以及在研发一种同该语言表达相匹配的公式化标准的过程
中，❸ 纯粹法学为法律规范的表述提供了一个标准化的方式❹，
即一种假设性的重构，在规定了一项制裁惩罚措施的结论性条款
当中，包含了一个"应当"。❺

至于理性重构的地位和身份，戈尔丁对"重构"与"简单
地复制"进行了区分。戈尔丁论证说，理性重构的目的不可能是
对原始素材做一个单纯的复制。❻ 此外，实施这样一种单纯的复
制，本身并不切实可行，因为在"法律创设机构的言论"与
"理性重构的要素"之间，［102］不存在"一一的对应"。❼如果
真正的条款是有效力的，那么又是由谁来处理这个单纯的复制问
题？❽戈尔丁得出的结论是，法律陈述在描述的意义层面上❾"重
现了"法律规范中的"应当"，所实现的不仅仅只是对规范的一
个简单重复。❿

与法律规范相比，法律科学中的描述性复制，其地位和身份
是什么？二者之间的区别又是什么？戈尔丁说，二者的区别就在

---

❶　参见：戈尔丁，"凯尔森和法律体系的概念"，页73、页75。

❷　同上，页73、页78。

❸　"他们将合法的特征写在了脸上"。参见：同上，页75。

❹　"法律规范的标准形式"。同上，页89。

❺　同上，页88－89。

❻❼❽　参见：戈尔丁，"凯尔森和法律体系的概念"，页79。

❾　参见：凯尔森，《法与国家的一般理论》，页163。

❿　参见：戈尔丁，"凯尔森和法律体系的概念"，页80。

于它们表述法律规范的方式有所不同，而另一区别则体现在"理性重构所包含的不仅仅只是原始素材，而且也包含了由官员所假设的规范（尤其是基础规范）"这个事实上。❶

戈尔丁论证说，事实上，理解凯尔森"描述性的应当"是一件十分简单的事情——人们只需考虑"用词"、"表达"或"提及"之间的区别即可。戈尔丁这样解释了自己的意思，详见下文。

法律规范的颁布，使用的是这样的语句："如果 S 这种情况发生了，那么官员 A 就应当直接适用制裁惩罚措施"，法律官员实际上正在使用规范。表达法律官员的行为，使用的语言则是："'如果 S 这种情况发生了，那么官员 A 就应当直接适用制裁惩罚措施'这是加利福尼亚州的法律"，根据戈尔丁的观点，这句话就是法律科学家在提及这项规范。❷

根据上文的说明，人们可能会认同哈特的观点，并且说"凯尔森所说的描述性意义上的法律规则，指的是关于描述立法行为之意思的陈述，这个过程必将提及特定的'应当'或相当于立法行为之意思的'应然'陈述"。❸

通常来看，同陈述中所使用的词语或表达相比较，在陈述中所提及的语词或表达，可以被称为释义。这种关系，我们用下面的例子作为思考。

如果我们喊到"小心！狗咬人！"，我们使用了"狗"这个词语；我们的目的旨在警告某人保持不动，而不是在解释"狗"这个词汇的含义。但是，如果我们说的是"'dog'［狗］是一个由三个字母组成的词语"时，那么我们提到"dog"一词的目

---

❶ 参见：戈尔丁，"凯尔森和法律体系的概念"，页 79－80。参见：凯尔森，《法与国家的一般理论》，页 156、页 161。

❷ 参见：戈尔丁，"凯尔森和法律体系的概念"，页 78。

❸ 参见：哈特，"与凯尔森的一次访谈"，页 74。

的，就是为了给出一些与"dog"相关的信息。❶

可以得出以下结论：鉴于凯尔森意图将法律科学提升为一门真正的科学这项计划，戈尔丁通过理性重构的方式对"描述性的应当"的理解，能够被认同。［103］从内容上看，凯尔森使用的"representation"［重述］这一术语似乎是恰当的；"representation"［重述］一词的含蓄内涵比起"reproduction"［重现］一词的内涵更为丰富，实际上，"representation"［重述］可以含糊地解释为"reconstruction"［重构］的意思。

如上所述，戈尔丁将"Rechtssatz"解释为正在提及的"法律规范"。尽管这种观点还有后继者，❷ 但凯尔森对自己的观点却产生了质疑。因为如同哈特所论证的那样，❸ 在加利福尼亚大学伯克利分校，凯尔森在他们的论战中激烈地批判了"凭借词语只是被提及的而非被使用的，将法律陈述作为释义，或是作为关于法律的次要命令陈述"的观点。相反，凯尔森坚持了他的术语——"描述意义上的法律规则或应然陈述"。

1.3.3 对"应当"的描述性使用

"描述意义上的法律规则"暗示了凯尔森对法律科学的规范属性的明显转变，这让哈特感到迷惑——因为，如果法律规则是"描述性的"，那么它们显然就是非规范性的。❹

---

❶ 参见：哈特在"与凯尔森的一次访谈"一文中所举的例子，页74。

❷ "在法律规则中，我们能够说，通过相同的语句，规范被提及或者被涉及。我们可以说，规范出现在法律规定中"。参见：沃伦格，"凯尔森的法律规则是一种超然的陈述"，页101。

❸ 参见：哈特在"与凯尔森的一次访谈"一文中所举的例子，页74。该论文是凯尔森和哈特公开辩论的一次记录。

❹ 参见：哈特，"与凯尔森的一次访谈"，载《加州大学洛杉矶分校法律评论》（*UCLA Law Review*，10，1963），页709－728；repr. 1998 in *NN*，页69－88。本书使用的是第二个版本。

法律陈述相当于"描述意义上的法律规则"，这成为凯尔森和哈特于1961年11月期间在加利福尼亚大学伯克利分校进行论战的主要议题。❶ 如上所述，凯尔森在他与哈特之间的论战中明确地驳斥了戈尔丁的解释，这一点哈特论述地更为详细。❷ 在那场论战之后，哈特写下了"与凯尔森的一次访谈"，在该文中，哈特阐述了对于凯尔森表达模式的不同理解。❸

哈特的目的，旨在证明凯尔森的术语是原创性的。哈特关注于凯尔森"描述性的应当"与"解释者对命令的翻译"之间的类比。哈特说，翻译是一种语言行为，可以被称为"描述意义上的命令"。❹ 为了表达特殊的法律语言，人们必须首先审视法律与法律陈述之间的关系：根据哈特的观点，法律与法律陈述之间的关系，就好比一个说外语的人和他的英语翻译之间的关系。

［104］哈特通过引用一名德国集中营的典狱长为例来阐释这一观点。为了使自己能听懂那些说英语的犯人的话，典狱长必须依靠翻译官。哈特问道，与德国典狱长所发布的命令"Stehen Sie auf!"［站住］相比较，我们应当如何理解翻译官所说的"stand up!"［站住］这句话。翻译官的语言行为是一种什么样的陈述？❺ 可以肯定的是，这句话只是提及了那项最初的命令，这并不是在释义：翻译官的那句话并没有解释德文"Stehen Sie auf"［站住］一词的意思。翻译官的那句话也不是一项命令。因为翻译官没有发布命令的资格和权力；翻译官只是在那里简单地翻译着一项命令。

哈特得出的结论是，翻译官所使用的命令模式必须是纯粹描

---

❶　另外两个主要的问题就是，"凯尔森关于法律定义的观点"和"实在法与道德之间的关系"。关于哈特和戈尔丁的交流，参见：斯坦利·鲍尔森，"法律知识与法律解释？关于凯尔森的哲学重构和限定"，页130－135。

❷　参见：哈特，"与凯尔森的一次访谈"，页74。

❸　同上，页75－76。

❹　同上，页76。

❺　同上，页75。

述性的。然而问题是，根据哈特的观点，聪明的翻译官所做的，不仅仅只是在使用描述性的命令模式：哈特说，翻译官会对原始的命令给出某些解释，如果有需要，甚至还会添加一些要素——简言之，翻译官将原始的命令转化成一种理性重构。❶ 况且，语言行为是对某些事物的复制：显然，对于犯人来说，它就是一项命令，翻译官成功地复制了它，这一点是十分明确的。

因此，哈特的解释，就如同戈尔丁一样，是建立在理性重构这个理念基础上的。然而，如果人们比较哈特与戈尔丁的解释，很显然，哈特更关注凯尔森所宣称的法律科学的任务，法律科学的主要任务就是去表述法律规范的特殊意志。❷ 相比戈尔丁，哈特更强调的是凯尔森对于法律陈述的观点，这个问题就是对语言的特殊使用，而不是单纯的提及。周详考虑之后，哈特认为，翻译官的话语可以被理性地称为"一项描述意义上的命令"。❸

通过援引翻译官这个例子，哈特想表明的是，凯尔森说的法律的"representation"［重述］，既不等同于那有关法律规则之意思的陈述，也不等同于对那提到的但未使用的"应当"的释义。通过称呼法律语言为"一门独特的使用性语言"，❹人们认同凯尔森才是正确的。

因此，戈尔丁通过解释凯尔森描述意义上的法律规则，为自己的观点进行辩护，并将它们等同于关于法律的、仅仅只是被提及的次要性命令陈述；哈特得出的结论是，凯尔森对于法律规范特殊意志之"重述"的理解——通过对语言的特殊使用来实现对后者的复制，这一观念无法被正当化。哈特以翻译官为例强调这一点，有着重大的意义。

［105］就第一眼上看，哈特的类推极具启发性。然而他的

---

❶ 参见：哈特，"与凯尔森的一次访谈"，页75。
❷ 参见：凯尔森，《纯粹法学》第2版，页81。
❸❹ 参见：哈特，"与凯尔森的一次访谈"，页76。

术语仍是不足够的。在帕夫利克❶关于凯尔森和哈特法律理论的专著中，他论证说，翻译官的语言行为不能和凯尔森理解的法律陈述相比较。帕夫利克关注的是凯尔森理论中法律科学的"构建"角色，❷他说，翻译官的语言行为并未给原始素材添加任何内容，❸法律科学家的解释形成了法律规范（作为应然规范）的资格。帕夫利克批判的重点，是这种解释的可能性，在凯尔森看来，唯独通过假设的方式（法律的特殊意志就是法律的约束力）——根据基础规范的预设——才能产生。❹

总结如下：1.3 节的问题——基础规范预设的区别——被认为开启了凯尔森有关法律语言的观点，尤其是凯尔森关于恰当理解法律中"应当"的概念。这个概念仅仅只是在更广阔的上下文中出现了。

凯尔森关于法律语言特征的观点，可以追溯到那个阶段，在那个阶段里，他的著作瞄准的是法律规范的"重构"，即对于反映特殊归责法律关系的真实法律素材的重铸。凯尔森意图对"应然"语句进行"重构"。这个特殊的法律上的"应当"，它必然既作为"规定性"要素，又作为"描述性"要素而出现。

---

❶ 参见：帕夫利克，《纯粹法学与哈特的法理学》，页 189－191。

❷ 参见：凯尔森，《纯粹法学》第 2 版，页 74。关于凯尔森理论中法律科学的构建性角色，参见：斯坦利·鲍尔森，《规范性与规范的导论》；斯坦利·鲍尔森，"法律知识与法律解释？关于凯尔森的哲学重构和限定"，页 128；斯坦利·鲍尔森，"凯尔森和马堡学派：重建和历史的视角"。

❸ "他只是揭示出那些虽为隐藏、却一直已经存在的东西"，参见：帕夫利克，《纯粹法学与哈特的法理学》，页 190。

❹ 参见：帕夫利克，《纯粹法学与哈特的法理学》，页 191。"法律科学家通过其解释，不是把一项业已存在于原则中的法律翻译为科学用语，而是创造那种具有成为法律资质的法律"。

第二章　　基础规范的预设（Ⅱ）

[107] 前一章最后一节（1.3节基础规范预设所产生的结果）预料到了这一结果，即凯尔森预设基础规范，旨在号召对语言的"合法"使用。因为"规范表达"或（用来颁布规范的）"规范语句"，都是用来颁布规范的语言形式，而（用来描述规范的）"规范陈述"则是描述规范的。"规范表达"或"规范语句"的语言形式与"规范陈述"的语言形式极其相同。所以，"规范表达"与"规范陈述"之间的区别，一定就在于语言之外的强制力上。为了构建语言的"合法"使用这一本质，就必须适当地关注言说者的角色。

就这一点而言，最佳的发展路径毋庸置疑就是诉诸一种"意思理论"。然而，这一探讨的过程将超越我们的课题范畴。因此，我选择了另一种方式——采用并适用被哈特称为"规则的内在观点学

说"来展开研究。❶

据说，只要提起凯尔森关于法律语言特性的观点，人们可能就会这样说：凯尔森认为"法律规则"源于哈特的"法律规则的内在观点"。因此，我将关注于检验内在性的三项测试。在此过程中，我应当不只是要对每个作者所使用的术语进行语言性的检验，并且应该说明凯尔森式的说法的内在性："法律意识"——自身就是矛盾的。

随后，我将首先思考麦考密克关于"认知的内在性"与"意志的内在性"之间的区别（2.1 节），然后再思考拉兹"坚定的法律陈述"与"超然的法律陈述"学说（2.2 节）。最后，我要探讨的是英格（Svein Eng）的"融合模式"理论（2.3 节）。

2.1　认知的内在性与意志的内在性

麦考密克❷将"内在性"划分为"认知的内在性"与"意志的内在性"，这种划分给了哈特启发，哈特因此也将"陈述"视为"内在的"❸而非"坚定的"。麦考密克的观点是，对于体系以及体系的范畴而言，我们的法律观可以是内在的，然而这并不意味着［108］我们的法律观就是一种意志上的坚定。这样的一种法律观形成了他所说的"认知意义上的内在陈述"：如同麦考密克所指出的，在这些陈述中对规范术语的使用，假定了将法律作为一个"规范的体系"来理解，并且也因此将法律作为他人

---

❶　参见：哈特，《法律的概念》，页 56。

❷　参见：麦考密克，《法律推理与法律理论》（*Legal Reasoning and Legal Theory*, Oxford, 1978），页 275 - 292。

❸　参见：哈特，《法律的概念》，页 102 - 103。

的"意志"来理解。❶

在每个社会里，都存在这样一些人，他们对规则虽无信念，却仍然遵守。为何有些人缺少对规则的信念，当然，这有各种理由和情形。然而，这些人都有一个共同点，那便是他们都有规范性地谈论规则的能力。根据哈特的理论，从内在的观点出发，这些人的陈述被称为内在的陈述。❷

麦考密克并不认同这个术语。他声称，如果这些陈述真的是"内在的"陈述，那么他们的内在性就必须要区别于那些出于确信（信念）的言说者所作出的陈述的内在性——换言之，"对规则欠缺信念的陈述"的内在性，必定与"完全地规范性和坚定性的陈述"的内在性是不同的。麦考密克发现，哈特理论中"内在的观点"由两个要素组成，而这两个要素能够且应该被区分，但哈特的失误就在于，他并未对此予以区分，并因此导致内在陈述的歧义和模棱两可。❸

麦考密克的处理方式是严格意义上的心灵主义。他的出发点是《法律的概念》❹当中的部分内容，该书对内在的观点贡献巨大；尤其是它表明了，对背离标准的行为所持有的批判态度。在哈特看来，这一批判性的态度表明，它自身也处在批判之中，并要求符合认知，这样的批判和要求都是正当的，这一切说明了它们在诸如"应当""必须""权利""过错"及其他类似术语中

---

❶ "将社会规则和涉及人们意志之假定的规则，理解为基础模式"。参见：麦考密克，《法律推理与法律理论》，页290。

❷ 参见：哈特，《法律的概念》，页102。

❸ 麦考密克相信，当提到对规则的"接受和认可"时，哈特的观念中具有意志的要素。参见：麦考密克，《法律推理与法律理论》，页288。

❹ "对于作为公共标准的行为方式，应该有一个批判性的反应态度……这应该显示出它处在批判当中（包括自我批判），并要求符合一致，承认这些批判和要求是正当化的，在'应当'（ought）、'必须'（must）、'应该'（should）、'权利'（right）、'过错'（wrong）这些规范性术语中，可以发现它们有特点的表述"。参见：哈特，《法律的概念》，页57。

有特点的表述。❶

麦考密克对此并不赞同：他论证说，"批判的态度"是有意义的，只要它同"人们的真实喜好或意志"这些意识是相关的。麦考密克说，内在观的实际内容，并不仅仅只是［109］一个中立的比较，而是对实际行为和标准行为之间的比较所作出的一个关键评价。❷

麦考密克问道，"非故意攻击他人"这种行为的标准是什么？我们不只是比较实际行为与可能的行为模式；就像他所指出的，"实际的意志、期待、喜好、赞同等这些行为模式，以及我们自己社会中的评价"就是这样的一种模式。❸ 如果对于实际行为的"关键评价"（以确认的模式作为参考标准）这一表述是有意义的，那么人们就必须将标准或规范视为有意志的。❹

因此，在麦考密克看来，"内在观"的核心，是意志这一要素：❺ 如同他所指出的，希望将规则作为自己的和他人的标准，这就是从内在观的角度来看待规范；并且，它体现出来的是一种"意志的内在性"，这些人实际希望将规则作为标准，他们因为善意的理由而感受到来自规范的约束力。相应地，像麦考密克说的那样，凭借"意志上坚定的"内在陈述，这些人关于那些规则的陈述，是完全的规范性陈述。❻

然而，除了"意志上的内在性"之外，还存在另外一种内在性——"认知上的内在性"——"认知上的内在性"它只同

---

❶　参见：哈特，《法律的概念》。根据哈特的观点，规则的内在方面，除了带来感受之外，别无其他：哈特说，约束力的感觉，既不是法律规范性存在的必要条件，也不是它的充分条件。必要的是"一个批判性的反应态度"。

❷　参见：麦考密克，《法律推理与法律理论》，页284。

❸　同上，页286。

❹　同上，页286、页289。

❺　同上，页289。

❻　同上，页289。真正的社会规范，是根据人类的意志而构建起来的一项准则。然而，社会规则的存在，并不需要社会全体成员都在意志上是坚定的。

理解的水平相关，因此也必定导致另一种类型的陈述。

"认知上的内在性"指的是，言说者在保持完全地"超然性"的时候所提及的规则，❶那么这项规则就是为言说者所理解的规则：❷麦考密克的观点是一种超然的观点，对于所涉及的相关规范体系来说，他的观点确实可以被称为"内在的"，但是与"意志上的内在性"相比，这种"认知上的内在性"只和理解的水平相关。

麦考密克所使用的"超然的"这个术语，指的是对规范体系的理解，而并非指在法律体系内适用规则；然而，理解这些规则，实际上可以说是在用规范性的术语谈论这些规则：❸无论我们是冷漠地还是热情地对待社会规则，我们都能够将它们作为规则来理解和使用。❹

[110] 根据麦考密克的观点，内在观被理解为"超然的"，只有借助它的对立面——"意志上的内在观"，这一点才能被领会："超然的内在性"预设了"意志上的内在性"，因此也是寄生在它之上的。❺

规则的"超然观"是有意义的，只要我们认为"持有这一观念的人假定其他人是真诚地想维持某些特定的规则或规范"，即便这个假定是错误的；或者换句话说，只要我们认为"这些人假定其他人对规则持有意志上的坚定信念"，那么：在最后的分析中，就体系内成员的角度而言，规范性体系的存在只能被解释成是一种"意志上的坚定信念"。❻

---

❶ 参见：麦考密克，《法律推理与法律理论》，页287。

❷ "只有在理解层面上，这才是内在性的，因为在案件中，服从者对规范可能保持着完全超然的和不坚定的理解，这对他的事业是至关重要的"。同上，页291。

❸ 同上，页287。

❹ 麦考密克使用"超然的"之时，与拉兹的用法稍有不同（见本章2.2节）。

❺ 参见：麦考密克，《法律推理与法律理论》，页287、页289。

❻ "社会规则的超然观念是有意义的，只要社会规则假定（也许这是一种错误的假定），有这样一些人，他们关注着行为模式的维护"。同上，页287。

先前曾提到过，● 在每一个社会之中都存在这样一些人，尽管他们也遵守规则，却并不是基于他们的信念；相反，他们遵守法律，但这只是他们认知上的一种反映，他们的认知就是"社会期待服从有效规范"的外在信念。除此之外，还存在一些类似于社会规则的其他规则，它们是从社会规则中积极分离出来的规则。● 显然，这些人所欠缺的，就是麦考密克所称的"意志上的坚定信念"。然而，他们的共通之处就是，能够用规范性的术语来谈论规则。那么，他们的规则观便是一种"超然的"观点。麦考密克说，采纳这样一种观念的主要原因，是因为意识到"其他人想遵守他们共同认可的那项准则"。●

这一切的一切，麦考密克指出两点：第一，哈特的"内在观"是由不同的理解层次，以及意志上坚定信念的不同程度所组成；第二，纯粹的认知要素，意味着假定其他人的意志作为"支撑和维持规范的方式"。●

在我看来，麦考密克的"认知上的内在性"概念，适用于凯尔森所理解的那种在法律科学中假设性的和纯粹描述性的"应然陈述"。

追随着麦考密克，凯尔森式的法律科学家必定认同"基础规范是由其他人所预设的——由那些实际适用法律的人来预设的，而法律就是义务强加规范"：这后者，真正的预设，[111]它什么也没做，除了法律科学家将法律体系作为规范的体系来理解，这是纯粹的认知；而且，这只可能是个人的坚定信念。通过使用规范术语来进行表达，法律科学家将法律当作规范体系来理解，

● 见原文页 108。

● "赞同、过失、反抗的立场（以及任何类型的差异或调解）都被理解为对应着意志坚定的立场或是反对意志坚定的立场；虽然它们并不是由它所预设的，却必然由它们来预设"。参见：麦考密克，《法律推理与法律理论》，页 289。

● 同上，页 288。

● 同上，页 290。

这并不意味着他将自己同那些持有"意志上的内在观"的人区分开来了。

实际上,"描述意义上的法律规则"这种表述看起来是恰当的,在麦考密克的术语中,我们所见到的表述是,对"应当"的"超然的理解"❶ 这种表现形式。

2.2 "坚定的"法律陈述与"超然的"法律陈述

在各种不同的情形下,基于不同的目的,人们作出规范陈述。规范陈述与法律是相关的,规范陈述通常意味着言说者承认了规范的约束力。然而,这并不是必然的情形。

根据哈特的观点,法律陈述表达的不仅仅只是外在的观点,它也表达内在的观点。❷ 拉兹采取的第二步是,他论证说"法律陈述同外在的陈述和内在的陈述之间都具有逻辑上的关联关系,然而法律陈述却又不完全等同于外在的陈述或内在的陈述"。因为任何陈述的表达都是以言说者特定的观点作为基础的,所以,这些陈述构成了一种特殊类型的规范陈述。因此,拉兹说"凯尔森坚持认为法律陈述既不是纯粹规范性的,也不是纯粹描述性的",这是完全正确的。❸

拉兹对"间接的规范陈述"与"直接的规范陈述"进行了区分。"间接的规范陈述"是针对"他人同法律相关的观点、态度、实践行为"所作出的陈述,例如下面这个陈述:"1948 年,

---

❶ 参见:麦考密克《法律推理与法律理论》,页 292。

❷ 参见:哈特,《法律的概念》,页 88。

❸ 参见:拉兹,《实践理性与规范》(*Practical Reason and Norms*, London, 1975),页 172。

一套新的法律体系在以色列建立起来了"。❶ 这个陈述——等同于哈特所说的"外在的陈述"——它是纯粹描述性的。相反，"直接的规范陈述"同哈特的"内在的陈述"是一致的；"直接的规范陈述"要么包含着一项规范性的命令，诸如"应当""被允许"等，要么包含着一项规范性的宣言，诸如"有权利""有义务"等。随后，我应该将我的研究限定在"直接的规范陈述"范围内。

在拉兹看来，"直接的规范陈述"要么是"坚定的陈述"，要么是"超然的陈述"。❷ "坚定的法律陈述"❸ 是由那些真心相信法律强制约束力的人［112］所说出来的"具有十足规范性的陈述"。另外，"超然的法律陈述"则源于特定的法律观；这是人们根据法律来陈述权利和义务的一种方式。❹

在"坚定的"法律陈述中，言说者所表达的是"他对规则的内在认可"，也就是说，他认可规则是有约束力的，并相信"根据规范的术语，规则应当被遵守"。❺ 关于这种类型的陈述，拉兹说，它是对规范性语言的坚定使用。❻ 另外，在"超然的"法律陈述中，言说者并未表达出他对于规则的内在认可；相反，尽管事实上言说者并未感受到规范性指示所产生的约束力，然而言说者所使用的却是规范性的术语。用拉兹的术语来说，言说者以非坚定的方式使用着规范性的语言，❼ 其结果便是一种"超然的法律陈述"（或者说是一种基于法律观而形成的陈述）。❽

---

❶ 参见：拉兹，《法律体系的概念》，页49。

❷ 同上，页238。

❸ "坚定的陈述是那些使用规范性语言来陈述法律的普通人所作出的陈述，因为他们相信或打算相信法律的约束力"。参见：拉兹，"纯粹理论中的纯粹性"，页247。

❹ "超然的法律陈述是一个关于法律权利和义务的法律陈述，而不是关于人们信仰的陈述"。参见：拉兹，《法律的权威》，页153。

❺❻ 参见：拉兹，《法律体系的概念》，页235。

❼ 同上，页236。

❽ 参见：拉兹，《法律体系的概念》，页236。

在什么情形下，发布规范性的陈述（并不是完全意义上的规范性）才是有意义的？拉兹说，通常而言，有这样两种情形：（A）当我们希望引述他人（假定性）的法律观时；（B）当我们希望就法律事件给出（专业性）建议或信息时。❶

情形 A：当人们说到或者写到下列语句：❷"在最后的十年期间，很多人已经回头认可了妇女有权堕胎这一观点"，我们以非坚定的方式在使用"有权利干……"；❸规范性的宣言"有权利干……"是在纯粹描述性的层面上被使用的。这种陈述并未表明言说者的语言表达中含有规范性的指令。拉兹所说的"规范性语言的非坚定性使用"指的就是情形 A。❹

情形 B：律师在告知当事人一项法律权利的时候，他可能是这样表述的："在你的案件中，规则 N 是可以适用的"。换句话说，他所陈述的是"在那个案件当中，哪些法律是可以适用的"。律师所陈述的内容并不是"如果规则是有效的，那么法律是什么"；律师所陈述的内容也不是"其他人所认可的法律是什么样的"。❺ 在这种情形中，规范性的语言并不用于纯粹的描述；相反，它所陈述的是"根据特定的理论观点，所发布的法律内容究竟是什么"。所有法学家所作出的陈述都旨在说明，[113] 从这一点上看（从法律观的角度看），在诉讼中假定规则是有效力的情形究竟是怎样的。❻

根据拉兹的观点，情形 B 中的陈述是一种"超然的"法律陈述。如同拉兹所说，"超然的陈述"源于言说者业已"采纳"的观点，而不仅仅只是在表达他的个人信念。在情形 B 中，言说

---

❶　参见：拉兹，《法律的权威》，页 153。

❷❸❹　这是拉兹的例子。参见：拉兹，《法律体系的概念》，页 236。

❺　同上。参见：拉兹，《实践理性与规范》，页 177。

❻　同上，页 175。"从关联的角度出发，只要它是有效的，那么案件是什么样的。"参见：拉兹，《法律的权威》，页 157。

者采纳的就是法学家的视角。❶ 因为人们说话时的立足点，有时往往并不站在他们自己的观点上，因此很难说人们的陈述是坚定的。❷ 那么得出的结论如下，"超然的法律陈述"和"坚定的法律陈述"，它们二者的规范性不是同一种方式。

拉兹说，如果（只要）法律观是有效的和详尽无疑的（或者说，如果［只要］法律观被完全接受），❸ 那么"超然的法律陈述"便是真实的；拉兹认为，这种情形是不可思议的，也是荒谬的。❹ 然而，拉兹承认，人们有可能采纳一种（假设性的）观点，纵然他自己坚信"现实的世界中根本不存在这样的人"，这个假设性的观点指的就是"法律体系中的一切规范，并且也只有这些规范，才是有效的"。

在这一点上，凯尔森勾画出了一幅美景。❺ 拉兹相信，只要人们诉诸"道德上超然的陈述"，纯粹法学便保持了纯粹性，这些道德上超然的陈述可以分为两大类型。第一种类型，是法律科学中假设性的"应然陈述"；这种类型的陈述在道德上是不坚定的，因为这种类型的陈述，它们的规范性取决于"基础规范是有效力的"这个前提条件。第二种类型，是法律实践者"明确的陈述"；这种陈述在道德上也是不坚定的，因为它们源自特定的观念，它们所陈述的是"假设基础规范是有效力的，然而对于这个假设却并不是那么的确定，这时，法律是什么"。❻ 拉兹的"超然的法律陈述"属于第二种类型。

───────────

❶❷　参见：拉兹，《法律的权威》，页153。

❸　"只要法律观是有效力的和无遗漏的，那么超然的陈述便是真实的。换句话说……如果（只要）坚定的陈述……是真实的——假定这个世界上的非规范性事实——如果法律体系中的全部终极规则是有约束力的，如果这里不存在其他有约束力的规范性考虑"。参见：拉兹，《法律体系的概念》，页237–238。

❹　同上，页237。对法律观的专属接受和认可，这意味着英国的大法官不会承认一项未得到承认规则认可的权利。

❺　参见：第一章1.2.2节。

❻　参见：拉兹，"纯粹理论中的纯粹性"，页247。

　　因此，根据拉兹的观点，如果"法律人的观念"是有效的话，那么凭借"法律人"这一观念，"超然的法律陈述"就是"超然的"。然而，因为法学家仅仅只是假装"法律人这个观念是有效的"，他们摆脱任何对这一观念的承认，❶ 确切地说，[114] 凯尔森希望借助于他的基础规范学说来实现这一点——如果法律人的观点是有效的话，那么就采纳法律人的观点，然而，我们实际上并未认同它是有效的。❷ 拉兹或许就是这样主张的。

　　拉兹对凯尔森式的法律陈述的解释不大可能会不引起回应。在其他人当中，❸ 沃伦格❹就拉兹解读凯尔森的"反还原主义"以及"确保纯粹法学的陈述特征"的方式，提出了一系列的问题。

　　沃伦格根据他们的客体去理解道德态度：他论证说，道德态度意味着援引一部道德法典或一些道德规范。❺ 习惯性用语"基础规范是有效力的"这句话，不能简单地指涉一项为道德确信这一态度留有余地的规范。❻ 在凯尔森的理论中，沃伦格论证说，实在法体系中的基础规范——作为一种明确的法律思维——同实在法规范的实质证成毫无关系。因此，相同的基础规范也许是道德态度的客体，道德态度与凯尔森的理论毫无关系，这是不可想象的。❼ 关于"超然的"这个术语，沃伦格承认，容易受（积极

---

　　❶ 参见：拉兹，《法律的权威》，页 140。

　　❷ 同上，页 153、页 155、页 157。

　　❸ 参见：斯坦利·鲍尔森，"没有康德的凯尔森"，同第二部分第一章第 131 页注释 2；参见：Alida Wilson，"拉兹论凯尔森的基础规范"，同第二部分第一章第 132 页注释 1。

　　❹ 参见：沃伦格，"凯尔森的法律规则是一种超然的陈述"（Kelsen's Rechtssätze as Detached Statements），载《论凯尔森》（Essays on Kelsen, ed. R. Tur and W. Twining, Oxford, 1986），页 99–108。

　　❺ 参见：沃伦格，"凯尔森的法律规则是一种超然的陈述"，页 106。

　　❻ 同上，页 105。

　　❼ 参见：沃伦格，"凯尔森的法律规则是一种超然的陈述"，页 106。

的或消极的）道德信仰影响的陈述，也可以被称为"超然的"。但是他夸张地问道，何种态度才能对应这个纯粹认识论上的假设？沃伦格认为，正是这个"对基础规范信仰"的理念（就像拉兹的态度），显得非常的怪诞。❶

总结如下：拉兹对"坚定的法律陈述"和"超然的法律陈述"作出了区分，这表明了拉兹对这两种规范性陈述之本质的基本认识，而这两种规范性陈述的本质问题，先前在哈特的"内在的—外在的"二分法中是模糊不清的东西。拉兹使用"坚定的"和"超然的"两词，旨在表明"表达言说者感受到了法律约束力的那种陈述"同"源于非个人观念的那种陈述"之间的反差。❷ 对后一种陈述的使用，是法律实践工作者以及类似法律科学家那些人的特点，因为他们的职务范围并非适用法律，而只是根据法律观，告知他人按照法律应当如何行为。❸

[115]将这个问题归功于拉兹的结论，这是合理的，拉兹的结论是"不存在特殊的法律规范性，然而，规范性可以被认为是一种特殊的法律方式"。❹ 我仍然质疑，"超然的"这个概念，是否真得有助于接近"思考"这种特殊法律方式的核心。某事是超然的，这暗示着一种分裂——因此，将"超然的陈述"视为"绝不是在表达言说者自己的信念"，这不是没有道理的。然而，情形并非真的如此。

让我们重新回到情形 B——就像我们所回忆的那样，在这种情形中，律师告知他的当事人其法律权利，律师所陈述的是"在这个案件中法律是什么"。❺ 可以肯定的是，法律陈述所表达的

---

❶　参见：沃伦格，"凯尔森的法律规则是一种超然的陈述"，页 106 – 107。

❷　"源自一种观点的陈述"。参见：拉兹，《实践理性与规范》，页 177。帕夫利克的观点则截然相反，参见：帕夫利克，《纯粹法学与哈特的法理学》，页 191。

❸　参见：拉兹，《法律的权威》，页 155；《实践理性与规范》，页 177。

❹　参见：拉兹，《法律的权威》，页 145。

❺　见原文页 112。

内容，并不必然与法学家的个人信念完全一致。可以假定的是，他是完全自由地选择了这门法律职业，因此，他感受到了来自法律的约束力，这并不是没有可能的。这意味着，法学家所表达的陈述是坚定的，至少在某种程度上说是这样的。因此，将"超然的"这个术语适用到"根据现行法律"这句法律陈述中，这似乎大有可商榷之处。将这个问题暂时搁置一旁，就拉兹对凯尔森的"法律的规范性"这个概念的理解，我持保留态度。❶

拉兹辩论说，一方面，凯尔森不愿意承认社会规范性是完全的规范性，另一方面，凯尔森又声称有效力的规则是有约束力的规则。得出如下结论——拉兹也是这样的结论——凯尔森一定将"业已得到证成的规范性"当作"唯一一种存在的规范性"。❷

对凯尔森来说，法律的规范性并不是社会的规范性，这一点是毋庸置疑的；在称其为一种被证成的规范性时，我准备追随拉兹；然而，"被证成的"——如同我所理解的——不是在与（假装的）道德态度相一致的层面上被证成，而是借助于一项基础规范来动态地被证成。❸

---

❶ 拉兹对社会的规范性和正当化的规范性予以了区分。"社会的规范性"这一概念相当于"法律是规范性的，这归因于特定的社会事实"这一观念，以及"法律体系在人们自己的相对价值上，是独立规范性的"这一观念。这是哈特分析自己的《法律的概念》所得出的观念。正当化的规范性这个概念，一方面暗示着，行为的法律标准可以被认为是有约束力的规范，只要它们被证明是正当的；它们可以通过不同的方式得以正当化——例如，通过援引普遍有效的理由，通过直观地感知约束力的特定标准，或者通过个人的确信。根据这一观念，法律体系可以被认为是规范性的，只要那些认为体系是正当的人们，通过将体系内的规范作为他们个人的道德去接受，并由此"赞同"体系内的规范。规范性的概念通常能得到自然法学家的认同。参见：拉兹，《法律的权威》，页134、页137、页144。

❷ 同上，页136-137。

❸ 在纯粹法学中，基础规范被称为实在法有效性的终极基础和终极证成，见第一部分第一章1.3节。对这些词汇的选择使用可能是不幸的，但我想建议的是，这对于理解凯尔森的思想脉络是很有启发性的。

2.3　"融合的"模式

[116] 在本节中，我将致力于研究被凯尔森所忽略的那种陈述，即律师的明确陈述（或关于现行法的命题）。这些陈述的模式大部分得到了英格"融合模式理论"的阐释。❶

与传统观念截然相反，英格不愿在"真正的法律陈述"和"虚假的法律陈述"之间划出一条界线，❷ 因为他找到了一个恰当的理由，这个理由就是：如果人们应当希望对律师所表述的"什么是本案中的法律"这类陈述进行分类，如果我们应当经常不得不承认"陈述确定无疑处于'描述性——规范性'的维度，但它们既不是纯粹描述性的，也不是纯粹规范性的"。❸

然而，英格将这个维度作为一个"层次等级的模式"来看待。❹ 英格论证说，一些法律命题在它们的描述性和规范性特征上，被赋予层次等级的特性，而且，描述性和规范性这两个要素是如此纠缠地交织在一起，以至于在心理学上区分它们二者是不

---

❶　参见：英格，《分析——法律和一般法律理论的特殊视野》（*U/enighetsanalyse - med saerlig sikte påjus og allmenn rettsteori*, Oslo, 1998）。这部著作很快就要以英译本形式出版了。对这一著作的评价交给了佩策尼克，参见：佩策尼克的论文，载《*Retfaerd*, 83》，1998，页 84 – 88。对于英格理论中的要点，参见：英格，"描述性命题和规范性命题的融合：作为一个层次等级概念的'描述性命题'概念和'规范性命题'概念"（Fusion of Descriptive and Normative Propositions: The Concepts of "Descriptiv Proposition" and "Normative Proposition" as Concepts of Degree）；载《法之理》（*Ratio Juris*, 13, 2000），页 236 – 260。

❷　这是 Ingemar Hedenius 的术语，参见：Ingemar Hedenius，《法律和道德》第 2 版（*Om rätt och moral*），同第一部分第二章第 82 页注释 1。参见：英格，《分析——法律和一般法律理论的特殊视野》，第二部分 A5（3）。

❸　同上，第二部分 A5（3）和 A5（4）。

❹　同上，第二部分 F3.1（1）。

太可能的事情。❶ 根据英格的观点，律师根据现行法所作出的陈述，构成了这种维度的陈述范式：英格宣称，对于它们自成一格之特征的认知，要求一个独立的概念——一个层次等级的概念。❷

正是英格引入了"融合"这一概念。❸ 它融合了描述性和规范性这两个要素。一方面，是具体案件中（描述性要素），律师关于"同僚们认为的法律可能是什么"这个观点；另一方面，是具体案件中（规范性要素），律师自己关于"在该案件中，法律应当是什么"的观念。融合的结果便是，律师所表达的是"什么是站得住脚的法律"这一命题。❹

因为"融合模式"这一理论为法律规范模式的阐释贡献了一种有意义的方法，在我看来，［117］有必要将英格同凯尔森相提并论。此外，所谓"主流律师"❺ 的看法——这是英格所引用的另外一个术语——将把我们的探讨引回到下面这个问题，即基础规范的预设：在英格看来，律师们"普遍性观点"的存在是融合的必要条件，因而必须也要得到承认。❻

在这一章节中，我应该勾画出"特定法律命题的模式"同"假定与这一模式相关联的必要性"它们二者之间关系的轮廓。这一计划要求介绍英格理论的主要特征。因此，随后，我应该着手处理该理论中的两个要点，即"融合"意指什么，以及评估这一现象的依据标准是什么（2.3.1 节"融合模式"的标准），此外还有所谓的"主流律师的观点或见解"（2.3.2 节"主流律师"的观点）。

---

❶❷ 参见：英格，《分析——法律和一般法律理论的特殊视野》，第二部分 F1。

❸ "描述性命题和规范性命题的融合"。参见：同上，第二部分 F。

❹ 同上，第二部分 F2.1（3）。

❺ 见本章 2.3.2 节。

❻ "似乎有必要假定存在这样一种个体律师的意识视角"。参见：同上，第二部分 F2.3。

2.3.1　"融合模式"的标准

就"律师'根据现行法'所表述的命题"同"律师'根据
拟定法（以及后者的规范模式）'所表述的命题"二者对立的局
面来看，通过限定的方式，人们可以认为前者（"根据现行法"
陈述的命题）是纯粹描述性的。然而，就模式方面而言，律师对
于"根据现行法"这类表述的使用，往往是模糊的：律师所陈
述的命题模式"根据现行法"是一个实证问题。❶

根据英格的观点，法律概念应当具有显而易见的现实基础，
而不仅仅只是想象和虚构的现实基础。❷ 英格创设的"融合"这
个定义，是这样的：主观意思的特征（主观的意思指的是，言说
者的意思或特定某人的理解）——而不是语言实体的客观意思的
特征（客观的意思指的是，根据普遍性的语言实践所得出的意
思）。❸

"融合"的实证基础是由实体的三个特征组成的：第一，是
语言使用者的特征，即后者所表明的，律师对于陈述和实体之间
任何差异的反应；第二，在那一瞬间，律师对于这一反应发表陈
述时，他的深思熟虑；第三，律师的双重利益，部分存在于纯粹
的描述性陈述中，部分存在于纯粹的规范性陈述中。❹ 英格论证
说，实体的这些特征以揭示的方式共同发挥作用，［118］这种
方式指的是直观地激励律师，给律师"根据现行法"这个陈述

❶　参见：英格《分析——法律和一般法律理论的特殊视野》，第二部分 F2。
❷　同上，第二部分 F3.1 (1)。
❸　同上，第二部分 F1。英格指出，融合的开展能够（但非必要）发现语言上
的表述：融合可以通过个别词语来表达，但是它们也可能通过论证方式得以彰显，参
见：同上，第二部分 F4.1。也可参见：英格，"理论结构和理论的选择"（Teoristruk-
tur og teorivalg），载《法医学》（*Tidsskrift for Rettsvitenskap*，1992），页 496–504。
❹　参见：英格，《分析——法律和一般法律理论的特殊视野》，第二部分 F2.1
和 F3.1 (1)。

粘贴上"描述性"或"规范性"的标签，这是经常发生的事，但这是不可能的，或者说是不正确的。❶

"融合"的主要标准（或是反应的标准）❷，指的是律师在这种情形中的反应，这种情形指的是律师所作出的陈述与现实不符的情形，而这现实指的则是根据其他律师"什么是法律（例如法院的裁决是否是法律）"的观点。英格说，如果在这种情形中，律师修正他的陈述，那么这便是标准，即意味着陈述是描述性的；另外，如果律师尝试着修正现实，那么这是一种标准，即意味着陈述是规范性的。❸

然而，反应的标准不足以使人们领会"融合"这一现象，因为法律命题的模式可以是"融合的"，即便在个案中，律师也只是修正陈述或者仅仅只是尝试着修正现实。❹ 在这样的情形中，英格为反应的尺度进一步补充了两个标准：第一个标准，在这种情形中，在推动陈述发展的那一瞬间，律师并未决定在随后的差异事件中（陈述或现实）哪一个是可能被修正的；第二个标准，在这种情形中，律师将陈述与现实之间的任何差异视为"思考什么将被修正"这个自我相关的论证。❺位置：第 87 页，X，第 287 项矫正。❻

律师"根据现行法"作出的陈述，表达的是一种特定的用法：这类陈述显得含糊不清，因为言说者和听众都不能确立它们的模式究竟是描述性的，还是规范性的。一方面，就纠正法律推理的标准来看，言说者——也就是律师，在他表达陈述的同时或在那之后，发觉自己无法确定他的陈述究竟是描述性的还是规范性的；另一方面，听众实际上也不能真正地坚持任何一种模式，

---

❶ 参见：英格，《分析——法律和一般法律理论的特殊视野》，第二部分 F3. 1（1）。

❷❸ 同上，第二部分 F1。

❹❺ 同上，第二部分 F1。

❻ 同上，第二部分 F2.1（3）。

因为对于听众而言，在逻辑上，他不可能同时接受法律渊源理论，律师的判断立场和利益所在就在那里，它同时要求在描述性的陈述和规范性的陈述之间作出一个坚定的区分；显然，后者意指，人们要求律师在实际框架范围内（这些陈述被改进）做其他某事，而不是改进"根据现行法"这个陈述。❶

根据英格的观点，当"描述性的陈述"和"规范性的陈述"这些术语被理解为是一个层次等级式的术语（或者说是程度式术语）的时候，特定的法律用法能够由"描述性的陈述"和"规范性的陈述"这些术语来予以阐释。英格说，［119］纯粹描述性的陈述和纯粹规范性的陈述之间的关系，应当被设想为处在一个专门的——层次等级的——维度之中；从这个维度的中心向它的外围界限出发，各种程度的描述性要素和规范性要素都是可以被察觉的。"描述性的陈述"和"规范性的陈述"这两个概念被视为是这个层次等级维度中的极端点，而这个维度的中间点将揭示英格所称的"纯粹的"融合究竟是什么。❷

"融合"这个术语指的是描述性和规范性之间的特定关系：人们可能会说，在层次等级的维度中，"融合"存在于描述性的陈述和规范性的陈述之间，但它既不是描述性的陈述，也不是规范性的陈述。❸

2.3.2　"主流律师"的观点

描述性要素和规范性要素的渊源，具有截然不同的本质属性。一方面，描述性要素源于和先前法律实践的一致性，也源于律师对哪一项法律规范将被适用的预测能力——据此，描述性要

---

❶　参见：英格，《分析——法律和一般法律理论的特殊视野》，第二部分 G1。

❷　同上，第二部分 F3.1（1）。

❸　同上。英格在解释"融合"（fusion）一词的时候，他将"融合"比喻成黑白之间的灰色。

素可以被轻描淡写；另一方面，规范性要素源于"律师从事冲突的解决工作"这一事实。规范性要素是一种关于平等和公正的品质：因此，它不能被还原为"符合先前的行为、实践"或"符合其他律师的观点"诸如此类。❶ 相反，规范性要素的渊源，就在于律师自己所希望的那种公正、合理的裁决当中，除此之外，确切地说，还不得不考虑诉讼各方当事人以及公众的期望。❷

英格论证说，通常认为，"这与关注'其他律师在该案中可能的说法'相关"，这是最典型常见的法律推理。这个普通的特征具有特殊的面貌——通常被认为是同关注"哪一项规范更可能被法院适用"这一问题相关。英格宣称，这个关联就是在律师"根据现行法"这个陈述中通常的描述性要素的主要渊源：❸ [120] 他的观点是，描述性要素对应着"主流律师"所采取的视角。❹ 借用主流律师的视角，如同英格指出的那样，他意指的是个体律师的"基本观念的视角"。❺

当我们将"主流律师"的视角同非律师人士的法律观进行比较的时候可以发现，"主流律师"的视角具有如下的显著特征：

第一，其视角并非仅仅只是建立的，实际上，它是从其他律师的观点和行为中归纳概括而生的；因而，律师最重要的就是忠实于其他律师。视角不能被简化为有关以下事项的陈述，即特定

---

❶　参见：英格，《分析——法律和一般法律理论的特殊视野》，第二部分 F2.1 (2)。英格在是否使用"合理的"或"正当的"这一问题上明确不希望采取任何立场，这两个词汇都能还原到真实性上：他说，有关系的是，当律师表达"依据现行法"的时候，人们不希望律师采取（事实上也并未采取）这样一种还原。亦可参见：英格，"法律实践中隐藏的价值选择"（Hidden Value‑Choices in Legal Practice），载《正义、道德与社会：纪念压力山大》（*Justice, Morality and Society. A Tribute to Aleksander*, PeczenikA. Aarnio, R. Alexy and G. Bergholtz eds., Lund, 1997），页 123 – 145、页 1262 – 1268。

❷　同上，第二部分 F2.1 (2)。

❸　同上，第二部分 F2.1 (1)。

❹❺　同上，第二部分 F2.3。

的个体——法院或行政主体——说了什么，而是直接指向主流的法律听众；❶

第二，其视角显示出明显的深度，而这种深度归功于律师以及其他个体法学家（法官、公诉人、公司法务顾问等）对权力实际运作的认知；

第三，其视角能够从现象中捕抓住特定的方面——通常来说——诸如"法律主体""权利""义务"等方面，更具体地说，诸如"合同"、"建筑物"等。为了构建这些方面的存在与内容，这一视角所使用的是特定的方式，即法律的专业语言和论证。❷

英格比较了两种与法律相关的观点：一种是"发自内心学习"之人的观点，他们不是法律界人士或法学学生；另一种则是"根据现行法"所作的陈述的真正产物。英格论证说，从前一种陈述类型向后一种陈述类型的转换，要求假设存在一个"主流律师"观念的视角。❸因此，法学教育的一个重要影响便是，它为采纳"主流律师"的视角这一能力奠定了基础，以便让律师"根据现行法"所作的陈述被转换为陈述的一种特别类型。❹

特别是在构思与"主流律师"见解的关联关系时，英格对于"假定这一观点是存在的"所采用的推理方式是：英格宣称，如果我们不假设"律师采用这个观点或视角"，那么就没有"根据现行法"这个陈述中的一般描述性要素的空间，因此，不管是陈述性要素还是规范性要素，都没有为这些命题中的"融合"模式［121］提供可能性。然而，在英格看来，它们的

---

❶　同奥利弗·温德尔·霍姆斯（Oliver Wendell Holmes）和阿尔夫·罗斯（Alf Ross）相比，英格的分析并不是个人的受限：他所强调的描述性要素作出了一个预言，即什么样的规范在推动律师，而不只是推动法官或法学家。参见：英格，《分析——法律和一般法律理论的特殊视野》，第二部分 F2.1（1）（b）（ii）。

❷❸　同上，第二部分 F2.3。

❹　同上，第二部分 F2.3。

"融合"模式是一个事实——这个事实以律师的"普遍性观点"的存在作为前提条件；因此，这一观点的存在必须是理所当然的。❶

"融合模式"这一理论，是对法律专业语言使用语境敏锐分析的产物。正是因为有了英格，律师"根据现行法"这一陈述模式有效地预防了对传统标题的使用，诸如"真正的/虚假的"、"规范表述/规范描述"等标题，这些标题往往遮盖和掩饰了这些陈述的模式特点。❷ 结果，英格并未使用传统术语，而是引入了"融合"这一术语，依据他的观点，这个"融合"术语能够呈递出这一特性。

"融合"建立在某些事实基础之上，有些还是存在于律师自身当中，即存在于同他角色的个人意识以及他个人的期盼意识相关联的事实之中，有些也存在于同律师的日常实践（包括判例法）关联的事实之中。

英格理论的出发点是，"融合"是一个事实。然而，如果缺少一个假设作为前提，那么这个事实的存在就无法被解释：被假设的内容是，存在一个被英格称为"主流律师"的观点，它符合律师"根据现行法（它们的预测元素）"所作出之陈述的一般描述性要素。根据英格的观点，假设这个观点的存在并非只是在简单地做一个概念上的假设；然而，这个假设是建立在实体基础上，也就是说，建立在律师"根据现行法"这一陈述的"融合"模式之上的。

在英格的著作中，"预设的问题"是同一个可感知的层面（"融合的模式"）联系在一起的。一方面，英格的推理，转向到实际存在的事物（融合）；另一方面，转向到个人意识层面，使得"融合"成为可能，即"主流"律师的观点。英格得出结论，

---

❶ 参见：英格，《分析——法律和一般法律理论的特殊视野》，第二部分 F2.1 和 F2.3。英格强调，"似乎有必要假定存在这样一种个体律师的意识视角"。

❷ 同上，第二部分 A5（3）和 A5（4）。

因为个体意识的水平构成了"融合"的必要前提条件，所以它的存在必须是理所当然的，这一点并不让人奇怪。

　　因此，英格对"内在观"的分析引导着他到达某一点，在那里，他被迫回溯到一种假设之上。❶

---

❶　我要诚恳而衷心地感谢英格教授和我探讨他"融合模式"理论中的要点。

第三章　　　总结和结论

[123] 第一章和第二章的问题——基础规范的"预设"意味着什么——这一点并未立即得到承认和赞同；而是要求从不同的角度去审视它。这些已经做到了。

第一章 1.1 节主要是来探讨凯尔森基础规范的表述的。在 1914 ~ 1960 年，就"基础规范的假设是否能够归功于法律科学"这个问题，凯尔森就这个关联关系的陈述，显示出一种相当不确定的态度。在我看来，凯尔森的矛盾心态和举棋不定，直接指明了解决问题的关键所在，即"预设"一词的含义。

1.2 节显示，对"预设"进行解释，实际上是有可能的。在所形成的"法律的规范性"陈述中，佩策尼克将"预设"一词解释为可感官之事实与体系有效性标准之间的一种纽带；拉兹则将"预设"解释为对现实的道德规范的一种不坚定的、专业上的

"接受和采纳"，其结果便是"超然的"法律陈述。

在1.3节中，我讨论的是凯尔森式的法律命题，以及凯尔森在描述它时所使用过的一些习惯性词汇。我关注的是"描述意义上的法律规则"，并援引了对"描述性的应当"的两种解释，即戈尔丁的解释和哈特的解释。业已说明，凯尔森对基础规范的"预设或假设"，一定旨在唤起语言在法律上的特定用法。

在第二章中，我关注的是言说者的角色。在指出麦考密克对"认知的内在性"和"意志的内在性"（2.1节）所进行的区分后，我描绘了拉兹"坚定的、超然的法律陈述"学说（2.2节）的实质，以及英格的"融合模式"理论（2.3节）。我这样做的目的，旨在确定他们当中是否有人能够阐释和启发法律规范的模式，以及什么东西能够成为法律规范的基础。

当涉及"某些虽不属于这个规范体系，却能够使用这个体系内的规则"之个体的态度时，我们看见麦考密克使用了"超然的"这一术语。对于体系而言，这样的一种法律观是"内在的法律观"；然而，它是一种理解层面上的内在性（认知的内在性），这种认知的内在性产生了纯粹描述性的"应然"陈述。

根据拉兹的观点，法律陈述的模式归因于专业上（法律观上）不坚定的采纳。拉兹论证说，基于这种观点，规范术语的使用并不意味着［124］言说者（律师）的个人确信或信仰；相反，言说者（律师）的陈述，构成的仅仅只是对规范语言的"超然的"使用。

最后，我检讨了英格对于"根据现行法"这一司法观念之模式的见解。根据英格的观点，司法观既不是纯粹描述性的，也不是纯粹规范性的；它们是"融合的"，也就是说，它们是介于两者之间的东西。"融合"，其中一部分是建立在对公正、平等的期待之上的，而另一部分则是建立在特殊的法律观之上的，即尝试着将法律上的"应当"赋予"普遍的"法律听众。❶ 法律中的"应当"是由律师陈述中的描述性要素所组成的，道德中的"应当"是由规范性要素所组成的。因此，其结果便是，律师陈述的模式从纯粹的描述性悄悄地转换成规范性了。在英格看来，普通律师实际上采纳了"主流"律师的法律观，这一点必然是理所当然的，否则的话，就无法对"融合"进行解释了。

在本部分即将结束的时候，我可能要重温那些在第一章就开始探讨过的问题，即：

（1）谁预设了基础规范？

（2）以一种确信的方式为基础规范的预设进行辩解，这有可能吗？

（3）最后，预设产生的不同之处是什么？

前文已经显示，凯尔森对于"谁预设了基础规范"这个问题的回答并不是很明确（1）；通常而言，法学家的预设不仅符合自然的、业已接受的观点，而且也符合那或多或少可辨明的观点（2）；预设的结果，即凯尔森式的法律规范，它反映的是语言的特殊用法（3）。就这三个问题，我在一开始就提出了各自的答案，乍看，似乎有着那么多的共同点。然而事实上，它们只是有着共同的起源。

我论证说，"预设"一词不仅具有概念之维，同时也具有规范之维，因此，将基础规范学说适用到全体法官身上，从它所标明的融合性来看，"基础规范的预设"这一表述已经足够了，在所谓"法律的"语境中，这一陈述具有"描述性—规范性"的本质。

凯尔森对基础规范相关术语的选择，可能让人们感到遗憾，但我想提醒的是，实际上，他的术语是极具启发性的，那些术语

---

❶ 在英格的理论中，普遍的法律听众想起了阿尔尼奥的"作为法律论证终极措施的特殊听众"理论：在阿尔尼奥看来，理性论证只有在假定的听众面前才是有可能的。参见：阿尔尼奥，《作为合理的理性》（*The Rational as Reasonable*，Reidel，1987），页221。

点燃了［125］他思想的光。❶ 如同上面我所提醒的那样，❷ 解决基础规范这个问题的一个关键就是"预设"一词。与此紧密相关的另一关键则在于，法官对使用规范语言的偏爱。

根据凯尔森的观点，基础规范是在无意识地"法律"思维活动中被预设的。❸ 凯尔森已经选择去阐释这些词语，他也许说过下述这类话。

尽管法官参与一个习惯性的行为有着不同的角色和功能，但结果，它都成为宪法性规则的基础。通过诉诸这些规则，法官必然把自己交付给它们。在法律推理中，有一项规则影响着"法律客观上是有效力的、有约束力的"。法官被认为已经接受了这一规则。可以确定的是，法官并非必然需要这么做。然而，存在这样一种东西，它是描述性的法律认知，也是司法规范性的约束力。

在第一章中已经显示，凯尔森关于"是否能够说是法律科学预设了基础规范"的观念，与他在著作中长期持有的观点相去甚远。从"预设"所使用的上下文来看，可以推论出，与基础规范相关的这一表述，显示出两种显著不同的意思。

在第一种意思中，"预设"意指"认识论上的一种假设"。对法学家来说，被假设的内容是基础性的终极规范。因为基础规范单纯的假设性本质，假设性（或预设性）的行为完全避免了任何规范性的命令指示。

在第二种意思中，"预设"意指字面上的"在较早的阶段制定出来的（一项规范）"，即"预先制定的（一项规范）"。有意

---

❶ 我提议，在面对法律的客观有效性时，凯尔森对特定表达的使用（诸如"基础"［Grund］和"证成"［Begründung］），可以通过关注那些词汇的词源来得以阐释。

❷ 见页 173－174（原版书第 123 页）。

❸ 这里，最重要的是回到德文版本：凯尔森说的是"alle Juristen"［所有法学家］，参见：凯尔森，《纯粹法学》第 2 版，页 209。而英文译本说的则是"most legal scientists"［大多数法律科学家］，参见：奈特英译本，页 204。

思的是，"预设"的这种意思，可以说是被凯尔森生造出来的，德文 "Voraus-Setzung" ❶ 的准确译文是 "pre-posited"［预先被制定］，而不是 "presupposition"［预先假设］。预设（或预先被制定）的规范是同一项终极的和假设性的规范，然而，二者之间却有着重要的不同之处，因为，这里的"预设"不是由法学家来实施的，而是由法律官员来实施的，——亦即（在适用规范的过程中）实际"制定了"法律规范的那些人。因此，在规范制定的语境下，基础规范的预设不可避免地和必然地具有规范的维度。换言之，凯尔森要让我们相信，事情就是这样的。

在凯尔森著作中先验或古典阶段的早期，基础规范只是以第一种意思被法学家预设。预设的这一种类型相当于一种认识论上的假设，其结果便是一种纯粹描述性的法律陈述。［126］然而在先验阶段的后期，基础规范显然是以第二种意思被法律机构预设的——这层意思与"制定"规范的行为是紧密相连的。预设的这后一种类型，是用以解释法律创设者完全规范性的法律言论的。

因此，凯尔森的茫然：科学家在后一种意义上正确认识并预设了基础规范，规范性的意义暗示着"法律科学正在篡夺立法者的使命和任务"。

然而，如同凯尔森在 1960 年宣称的那样，可以说是法律科学预设了基础规范，因为基础规范构建的不是思维行为的意思，而是意志行为的意思。凯尔森的这一宣称指向整个事件的要点，因为他的宣称仅仅只是表达了他最初的观点——基础规范作为一种认识论上的假设——显然忽略了那些实际从事法律适用工作人士的任务和使命。然而，显然易见，人们仍然心照不宣地认为，是法律机构规范性地"预设"了基础规范。

因此，面对基础规范，"基础规范的预设"这一表述似乎是

------

❶ 参见：凯尔森，《纯粹法学》第 1 版，页 83。

令人遗憾的。然而，凯尔森仍坚持它。他的解释可能是建立在这样的一个事实上，很简单，凯尔森看见没有别的表述比基础规范更能实现他的目的。在我看来，他用语上的约束力能够以一种不同的方式诉说。

在法的纯粹理论中，存在有一些暗示——其中最显著的就是凯尔森对"法的观点"❶的强调——这意味着基础规范理论同时适用于法学家和法律实践者。现在所使用的、涉及显著法律角色的术语，也许在系统上是模棱两可的。在第一部分中我已经提到，为了构架起认知性和规范性之间差距的桥梁，哈特已经有意识地使用了一个含糊不清的词语，即"承认"。❷ "预设基础规范"所描述的就是这种类似的情形，即表述的潜在内涵使得凯尔森的理论很有可能被适用到法官这类人身上，法官的任务就在于制定和缄默地假设规范，据此，法官的陈述是一种不容易被定义的模式。

我认为，尽管言说者的角色和基础规范预设的各自方式之间有着特殊的关联关系，❸ 但指明凯尔森式的法学家有动力去规范性地预设基础规范这种特定情形，则是不可能的。然而，预设基础规范——以描述性的和规范性的意思去预设基础规范——法律论证中的出发点是法律知识和法律规范性的必要条件。[127]在"专业法律上的"论证没有心照不宣地将规则视为（附条件）规范性的"基础"，这将是不可能的：法律上的"应当"需要一个基础规范。

在我看来，声称"所有法官无时无刻都是在以两种方式无意

❶　参见：凯尔森，《纯粹法学》第 2 版，页 72。
❷　见第一部分第二章 2.2 节。
❸　尽管是间接地，然而这是凯尔森在答复斯通时自己暗示的：在该文中，凯尔森论证说，在法律思维中假设基础规范是一项规范，如果这一点得到了假设，那么在任何一个法律体系中，基础规范都是规范层次结构中的顶点。参见：凯尔森，"斯通教授与纯粹法学"，页 1141。

识地使用凯尔森的基础规范（一种方式是承认法律听众中的其他成员认可法律是有效力的和有约束力的，另一种方式是法律听众自己确信法律是有效力的和有约束力的）"，这并不是不合理的。在第一种情形中，可以说，基础规范是被假设的（或者说是在非坚定层面上被预设的）；在第二种情形中，可以说，基础规范是被真正地假设的，即基础规范是一项有效的规范。

实际上，法律推理是特殊的，法官被认为是无意识地从描述性向规范性转变，因此，法官的言论唤起了凯尔森所不能解释的模式。在不归因于上述"无意识"的法官下，"理性重构法律语言并不是切实可行的"这种说法，是有一定道理的。

就像凯尔森那样，对法官明确的陈述赋予"描述意义上的法律规则"这种特征，并不是完全遥不可及的。

第三部分

凯尔森和后凯尔森时期

导　论

[129] 在与欧共体法律规范之身份相关联的实证主义理论的充分性与非充分性问题上，学术界尚未达成共识；据说，传统法律实证主义所提出的法律理论"模式"，不能在这方面发挥作用。

这可归咎于各种理由。在一些作者看来，❶ 正是"sovereignty"（主权）这个经典的概念惹下的祸；对于任何有关欧共体法律之特定特征的公正评价而言，"主权"这个概念成为一道不可逾越的障碍。传统观念认为"主权是不可分割的，而且它只能属于某一个国家"，可以很肯定地说，支撑这一传统主权观念的法律理论"模式"已经过时了，因为它同现实的现状不相符合；可以用"将国家权力移交给欧盟机构"

---

❶ 参见：麦考密克，"超越主权国家"（Beyond the Sovereign State），载《现代法律评论》（*The Modern Law Review*, 56, 1993），页 1 – 18。

来解释欧共体法律的优先性：据说，欧共体法律的优先性至少可以归功于欧洲法院（The European Court of Justice，ECJ）对成员国种族隔离行为所作出的正式决议。❶

然而，另一方面，不可否认的是，在将基础条约"宪法化"的过程中，欧洲法院的做法证明"这实际上就是法律实证主义所使用的方法论和专业术语"。❷ 例如，在解释法律渊源的问题上，有人指责欧洲法院向我们提供了一项新的（凯尔森式的）基础规范，并将该基础规范解释成一种法律渊源，以及将基础规范当作欧洲宪法体系中的一个自然发展阶段来看待。❸

［130］传统的实证主义法律理论（例如凯尔森和哈特的法律理论）是否能够接受欧共体法律，道维克（F. E. Dowrick）自1983年便开始撰写大量论文来研究这个特殊的问题。❹ 道维克得出的结论是"不能"——其中一个理由便是，欧共体法律中的最高法绝不等同于凯尔森和哈特的终极规则。

道维克坚持认为，凯尔森的"法律规范"概念和哈特的"法律规则"概念都过于狭隘，因而不足以涵盖欧共体法律的客

---

❶ 参见：乔金姆，《阿姆斯特丹条约与欧盟：权力机构的平衡》（*Amsterdamfördraget och EU: s institutionella maktbalans*, Stockholm, 1998），页 223。

❷ 参见：凯瑟琳·里士满（Catherine Richmond），"保留身份危机：欧洲法律的自治、体系与主权"（Preserving the Identity Crisis：Autonomy, System and Sovereignty in European Law），载《法律与哲学》（*Law and Philosophy*, 16, 1997），页 377 – 420。

❸ 参见：Ola Wiklund，《欧洲法院的自由裁量权》（*EG-domstolens tolkningsutrymme. Om förhällandet mellan normstruktur, kompetensfördelning och tolkningsutrymme i EG-rätten*, Stockholm, 1997），页 216。Ola Wiklund 指出，基础规范是既存法律体系中所预设的；在建立和承认一个新的法律体系的过程中（诸如欧共体法律体系），法律实证主义毫无用处——结果，法律实证主义在欧洲"宪法"的创设中也发挥不了任何作用（参见：同上，页 216 – 217）；亦可参见：乔金姆，《阿姆斯特丹条约与欧盟：权力机构的平衡》，页 223。

❹ 德沃金，"欧共体法律体系的模式"（A Model of the European Communities' Legal System），载《欧洲法律年鉴》（*Yearbook of European Law*, 3, 1983），页 169 – 237。

体。❶ 借鉴"规范"或"规则"对欧共体法律进行分析，会忽略关键的信息——诸如，条约的序言及目标条款，以及欧洲法院所作出之判决的动机。❷

　　在探讨过凯尔森的理论之后，道维克承认，大部分的欧共体法律是由凯尔森式的规范组成的，❸ 仿照凯尔森的国内❹法秩序模式为欧共体法律体系构建起一个合理的规范层次结构，这并无困难。❺ 然而，进一步检验之后，这个层次结构瓦解了——因为缺少一个明确被认可的基础规范，反而存在欧共体法律的各种渊源，它们对至高权力形成了挑战。❻ 不得不说，在凯尔森的规范层次结构中，欧共体法律是一个有缺陷的法律体系。

　　[131] 这个分析同样适用于哈特"规则模式"。道维克不得

---

❶ 参见：德沃金，"欧共体法律体系的模式"，页 172、页 190。

❷ 同上，页 177。

❸ 同上，页 176 - 178。

❹ 德沃金驳斥了凯尔森有关国际法秩序的规范层次结构的完全恰当性。凯尔森式的关于国际法的基础规范，要求国家应该按照它们的习俗方式实施行为。在凯尔森国际法的模式下，欧共体法律规范的层次结构中存在一个顶点，它是《欧共体条约》必须遵守的普遍性规范，正是这个普遍性的规范授权成员国缔结了除《罗马条约》外的其他条约。就如德沃金指出的，这就是"欧共体的本质"，成员国不应该按照它们的习俗方式实施行为，而是"按照和平共存、并将传统权力的一部分移交给欧盟机构这种完全不同的模式展开合作"。参见：德沃金，"欧共体法律体系的模式"，页182。

❺ 欧共体的模式建立在凯尔森的理论基础上，并由下列层次所构成：（1）欧共体的基础规范说"《罗马条约》的规定应当被遵守"；（2）《罗马条约》中"高级"规范规定和授权"欧共体机构立法、裁判和执行，并在限定的范围内缔结条约"。除此之外，罗马条约也规定了一系列的"普遍性的"规范，这些规范形成了成员国的义务；（3）欧共体机构授权和制定的"低级"规范，构成了条例、指令和决定；（4）欧洲法院、欧共体委员会、政府以及成员国国内法院所颁布的个别性规范（在具体案件中有约束力）。参见：德沃金，"欧共体法律体系的模式"，页 180 - 181。

❻ 德沃金指出，构成欧共体法律主体的，并不是《罗马条约》所表述的规定，而是那些对这些规范的解释或补充——也就是说：法律的一般原则是由欧洲法院提出的。此外，欧盟委员会的决定绝不是"低级的"规范，反而构成了"宪法性"条款的主体部分。除此之外，修正条约（它构成了欧共体宪法的主要元素）得到了《罗马条约》第 236 条的正式授权（授权国家制定有约束力的条约），并被解释为国际法原则的立法。参见：同上，页 181 - 182。

不承认，尽管哈特的模式并不能接纳欧共体法律最显著的几个特征，但哈特模式却能阐明欧共体法律的某些特性，除此之外，还能够为一种更为广泛模式的构建提供概念上的工具。❶ 如同道维克解释的，之所以这样，是因为哈特只将边际作用归因于"制裁"，而不是强调"协商一致"这个因素，这里的"协商一致"指的是官员和民众对规则的约束力的接受和认可。因此，在道维克看来，哈特为法律的强制约束力提供了一种解释，但这种解释同欧共体法律现象是截然对立的。❷

然而，对哈特的理论而言，终极规则也存在问题。如同道维克指出的那样，❸ 在哈特的模式中，欧共体法律肯定具有自己的裁判规则和变更规则，但是缺少一个"鲜明的、被普遍认可的承认规则"。❹

因此，根据道维克的观点，哈特和凯尔森这两种"经典的"法律实证主义都否定了欧共体法律作为"法律体系"内的法规这一地位；换言之：说欧共体法律是一个法律体系，这一说法是有缺陷的。

然而，仍存在一个复杂的问题（道维克也指出过这个问题❺）：实证主义法律理论——或者欧共体法律"体系"的结构其问题出在哪里？

为了给这个问题提供一个答案，下面我应该首先探讨规范之间的冲突问题（第一章 规范的冲突），然后再转为研究欧盟的法律体系：尤其是，我应该研究欧洲法院和授权国国内法院二者关系中所固有的冲突危机的理由（第二章 可直接适用的欧共体法律）。

---

❶ 参见：德沃金，"欧共体法律体系的模式"，页 205。根据德沃金的观点，哈特的法律概念太狭隘，它仅仅只是构成了"规则"。德沃金提出了"权威命题"的广义概念。参见：同上，页 226。

❷ 同上，页 193–197。

❸ 同上，页 200–205。

❹ 同上，页 204。

❺ 同上，页 205。

第一章　规范的冲突

简　　介

[133] 通常来说，"规范的冲突"这一术语，指的是两项规范之间的某种缺陷关系。

尽管人们针对"规范的冲突"这一话题展开过大量的研究，❶ 但对于核心问题尚未形成一致意见，这个核心问题指的是"两项规范相互冲突，究竟意味着什么"，这个问题也可以用另外一种方式提出，即"规范冲突的标签"问题。实际上，可以使用很多不

---

❶　参见：斯坦利·鲍尔森，"规范冲突的问题"（Zum Problem der Normenkonflikte），载 *ARSP*，66（1980），页 487－506。

同的术语来表明规范之间的各种不一致："Wider-spruch"（德文中"矛盾"的意思）、"inconsistency"（英文中"不协调"的意思）、"conflict"（英文中"冲突"的意思）、"clash"（英文中"冲突、碰撞"的意思）、"incompatibility"（英文中"不兼容性"的意思）、"collision"（英文中"抵触"的意思）。

"规范的冲突"——或者，有时也在规范之间使用"Widersprüche"（矛盾）❶ 这个术语——在法律理论领域内，这些术语已经引发了长期的争论。与这些争论相关的、最重要的核心话题，可以通过下面这两个问题来表达：

规范之间是否可能存在矛盾和冲突？如果存在，那它是否是一种逻辑矛盾？

两项相互冲突的规范，其中一项必然被认为是无效的吗？——在这些规范中，其中一项规范的无效性是规范冲突的必然结果吗？

这些问题是彼此相互关联的，问题 2 的答案取决于问题 1 的答案。

对于问题 1，一些规范逻辑学家给出了肯定的回答：如果同规范相对应的服从性陈述❷之间的关联关系产生了矛盾，那么他们便宣称，规范彼此之间处于一种"冲突的状态"。根据这种观点，"规范的冲突"表达的是一种逻辑上的矛盾，并且可以这样理解，矛盾的力量源自同冲突规范相对应的服从性陈述。❸

---

❶ 将德文"Widerspruch"［矛盾］直接翻译成英文"contradiction"［矛盾］是错误的。在英文中，"contradiction"通常被使用在技术层面上，例如被使用在真假值的层面上（与"Widerspruch"的传统用法相比："Widerspruch"可以意指很多事情，具体取决于上下文）。我要说明的是，有各种办法来描述"规范的冲突"，但是这些办法之中在技术层面上并不是那么明显的"矛盾"。

❷ 关于"服从性的陈述"（obedience statements），参见：本章页 192 注释 3。

❸ 这是布鲁诺·切拉诺（Bruno Celano）的观点；参见：切拉诺，"规范的冲突：凯尔森晚期的观点和反驳"（Norm Conflicts：Kelsen's View in the Late Period and a Rejoinder），载 *NN*，1998，页 343－361。

[134] 然而，其他一些逻辑学家则宣称，两项规范处于上述的"彼此相互冲突的状态"，这是不可能的：他们论证说，"逻辑矛盾"仅仅只能适用于陈述之中——只有对陈述才能作出真实与否的评判。正是真实与否的评判阐释了"矛盾意指什么"。因此，可以得出如下结论，根据上述观点，不可能存在规范间的逻辑矛盾。

因此，问题 2 的答案取决于人们是否执著于"规范的有效性（或无效性）"和"陈述的真实性（或虚假性）"之间的直接并行关系。如果人们坚持这一理念，那么问题 2 的答案将必然是——"Yes"［肯定的回答］，即相互冲突的两项规范之中，其中必定有一项是无效的。❶ 然而，如果人们并不持有这个理念，那么问题 2 的答案便是否定性的——相互冲突的两项规范之中，并不是必然有一项是无效的。

对问题 1 的研究将超越我的课题范围，❷ 基于下列理由，问题 2 则处于本书第二部分的写作范围内。

从欧盟的视角上看，同欧共体法律规则相背离的国内法规则（二者调整的对象是相同的），构成了"不可适用的"法律。因此，以欧盟成员国的视角为立足点去看，这也是合理

---

❶ 这是凯尔森 1960 年之前的观点，见本章 1.2.1 节。凯尔森对于"冲突"的不同概念，参见：斯坦利·鲍尔森，"规范冲突的问题"。

❷ 除此之外，这个复杂的问题已经被广泛地讨论过，但并未形成一致意见。参见：哈特，"凯尔森的法律统一学说"；德沃金，"关于凯尔森法律学说统一的评论"（Comments on the Unity of Law Doctrine），载《伦理学和社会正义》（*Ethics and Social Justice*, Albany, 1968, 1970），页 200 – 206；布柳金，"规范与逻辑"（Norms and Logic），载《法律与哲学》（*Law and Philosophy*, 4, 1985），页 145 – 163；阿尔罗若和布柳金，"规范的表述概念"（The Expressive Conception of Norms），载《道义逻辑的新研究》（*New Studies in Deontic Logic*, ed. Risto Hilpinen, Dordrecht – Boston – London, 1981），页 95 – 124, repr. 1998 in *NN*，页 383 – 410；阿尔罗若和布柳金，"规范逻辑的实用基础"（Pragmatic Foundations for a Logic of Norms），载《法理论》（*Rechtstheorie*, 15, 1984），页 453 – 464；Ota Weinberger，"规范命题的意思，规范的不一致，以及规范的含义"（On the Meaning of Norm Sentences, Normative Inconsistency, and Normative Entailment），载《法律理论》（*Rechtstheorie*, 15, 1984），页 465 – 475。

的：从欧盟成员国的视角上看，在国内具有内在效力且原则上
可适用的一项规则（也就是说，该项规则在成员国国内能够被
证成），既然没有被认定是无效的，那么它又如何能够被永远
地压制和搁置。

因此，两个核心问题出现了，即问题一，如何解释相互冲突
或互不兼容的规范？问题二，什么情况下，对一项规范的适用会
在表面上侵犯或违反另外一项规范？

随后，我将首先关注规范冲突的不同类型（1.1 节冲突
的类型），接着再考虑规范冲突所产生的结果，即相互冲突的
规范的地位（1.2 节规范冲突的结果）。在结论中，我简要地
探讨了"可适用的法律（有效的法律）"这一表述的优势。

1.1　冲突的类型

出于这样或那样的原因，法律规范的体系会在以下意义上变
得失灵，亦即，当一些规范无法发挥其功能的时候——这里所说
的功能，［135］指的是通过规定、禁止或授权某些行为从而引
导人们的行为。据说，法律规范的体系之所以不能发挥其功能，
被认为或许源于规范体系的不完整性（也就是法律的漏洞），或
者源于所谓的"不一致性"，即体系内自身存在的某种矛盾；❶
法律上的"漏洞"和法律上的"不一致性"，它们的结果是相似

---

❶　另一个理由是，规范体系在语义上或逻辑上的含糊不清（然而在此，我并不
应该探讨这个）。这一点，阿尔罗若和布柳金已经做出了阐释，参见：阿尔罗若和布
柳金，"规范秩序的不完整性、不一致性和不确定性"（Unvollständigkeit,
Widersprüchlichkeit und Unbestimmtheit der Normenordnungen），载《道义逻辑和语义》
（*Deontische Logik und Semantik*，Wiesbaden，1977），页 20－32。

的，它们都让规范的服从对象陷入了进退两难的窘境。❶ "法律的漏洞"这个话题暂且搁置不谈，随后我将探讨"规范的冲突"标签下的"不一致性"这个特殊的话题。

关于"规范冲突的类型"最令人困惑的标准表述（关于规范冲突最令人困惑的表述），来自凯尔森：凯尔森说，规范的冲突是现实存在的，这种情形指的就是，一项规范以某种特定的行为方式作为义务，然而另一项规范则恰恰是以同这一行为不兼容的其他行为方式作为义务。❷

例如，思考下列这两项调整（约束）同一对象的规范❸：

规范1. 皮特应该在今天下午3点做A事情。

规范2. 皮特今天下午3点应该禁止做A事情。

当规范1要求实施A行为时，规范2却禁止实施A行为。因此，不管皮特怎么做（包括完全消极地应对处理），他都将不可避免地侵犯这些规范中的某一项，要么是这一项，要么是那一项。

凯尔森的表述立即产生了这样一个问题，即如何理解"不兼容的行为"。尽管"（规范之间的）不兼容性"这个术语被广泛地使用着，但它的意思却并不清晰明了，因为规范在许多不同的方面都可能是不兼容的。

关于冲突的类型，撇开"规范的冲突"这个表述暂且不论，还存在其他许多问题。例如，对于那些已经创设的规则来说，它们彼此之间存在不同类型的关联关系，诸如一项规则要求特定时

---

❶ 参见：阿尔罗若和布柳金，"规范秩序的不完整性、不一致性和不确定性"，页23。

❷ 凯尔森说，法律机构颁布相互冲突和矛盾的规范，这是很有可能的："当两项规范中的其中一项把一个行为规定为应为的，而另一项则把一个与前述行为不兼容的行为规定为应为的，那么，如此一种规范冲突便产生了"。参见：凯尔森，《纯粹法学》第2版，页209；奈特英译本，《纯粹法学》，页205。

❸ 这是斯坦利·鲍尔森使用过的例子，参见：斯坦利·鲍尔森，"规范冲突的问题"，页490。

刻实施某项代理行为，而另一项规则却禁止代理人在那一时刻实施该项代理行为。❶ 此外，规则之间的冲突［136］还可能是双向的或单边的，整体的或局部的，必然的（不可避免的）或偶然的（可避免的）。❷

特定的规范不能实施其功能，这可归因于各种理由或渊源。据说，其中一个原因是在规范的义务论模式中发现的，规范的义务论旨在使自身成为规范的基础；而另一个原因则可以在法律适用的过程中被发现——如果一项个别性的规范并未履行高级规范赋予给它的（实质的或形式的）标准。

从以上可以推论得出，两项规范之间的缺陷可以从两个方面着手——或者是通过关注规范（关注它们各自的创设条件以及它们的模式），或者是为了遵守规范（或者是授权性规范）而审视规范主体的可能性。至于前一种进程方式，这种"冲突"可以被视为源于规范的颁布，而对于后一种方式，这种"冲突"可能被证明是"规范主体面对的是其目的不可能同时实现的规范"这种情形。显然，如果所有这些例子中的规范是彼此相互冲突的，那么"冲突"一词便是在不同的意义层面上被使用的。

暂时搁置这些问题——这些问题已经被广泛地讨论过——我应该紧紧围绕法律体系最终的"不协调性或自相矛盾"❸，并直

---

❶ 关于授权性规范的问题，参见：哈姆纳·希尔（H. Hamner Hill），"规范冲突的功能分类"（A Functional Taxonomy of Normative Conflict），载《法律与哲学》（Law and Philosophy，6，1987），页 227－247。

❷ 参见：凯尔森，《规范的一般理论》，页 99；凯尔森，"排序规则"（Derogation），载《纪念庞德法理学文集》（Essays in Jurisprudence in Honour of Roscoe Pound，Indianapolis and New York，1962），页 339－355，repr. in WRS II，页 1429－1443。

❸ 在逻辑体系中，"inconsistency"［不一致性或前后矛盾性］这一术语具有技术意义。根据林达尔的观点，建议不要在同现实的规范体系相关联的情景中使用这一术语，参见：林达尔，"法律规范体系中的冲突：一种逻辑观"（Conflicts in Systems of Legal Norms: A Logical Point of View），载《法律的一致性与冲突》（Coherence and Conflict in Law，Boston，1992），页 1－2。本书使用的是原稿版本。

接转为关注导致规范冲突的可能方式。以这种方式来进展的理由就在于，用以确定规范冲突之存在的不同方法与同一个核心特点休戚相关——面对截然对立或相互抵触❶的几个规则，规范主体对其共同［即同时］遵守❷（joint compliance 或 joint conformity❸）的不可能性。

一共有三种情形，可能导致规范的冲突——［137］在陈述不同的法律规则时，逻辑上的、经验上的或规范性的（价值性的）不兼容性；换言之，"规范的冲突"可以被理解为"在这三种意义层面上，表达出来的不一致性"。❹

1.1.1　逻辑上的不兼容性

法律规则之间在逻辑上是不兼容的，这有两种情形：一种情形是，两项规则都是命令式的规则，其中一项规则命令某人实施某种特定的行为，然而另一项规则却禁止他实施该行为（"表达了规范之间的冲突"）；另一种情形则是，如果有两项规则，其中一项规则禁止某人实施某种特定的行为，而另一项规则却许可他实施该行为。

---

❶　Stephen Munzer 所使用的术语"clash"［冲突］相当于"collision"［碰撞］，"clash"已经成为主流用法，这归功于隐喻的影响。以一种直接的方式，"clash"成了动词"to clash"的词源，它意指"强烈的不合或相对立"，参见：Stephen Munzer，"法律的冲突和效力"（Validity and Legal Conflicts），载《耶鲁法律杂志》（The Yale Law Journal，82，1972–1973），页1140–1174。在我看来，"clash"一词成功地表达了规范主体所面对的窘境，而这种窘境的产生是因为规则要求了不可兼容的行为模式。

❷　在林达尔看来，"norm conflict"（规范的冲突）专门适用于相互冲突的义务，对相互冲突之义务的共同遵守是不可能做到的。参见：同上，页5。

❸　关于这个问题，参见哈特的观点，见原文页138。

❹　参见：佩策尼克，"法律勘误表"（Legal Errata），载《道义逻辑，计算语言学和法律信息系统》（Deontic Logic，Computational Linguistics and Legal Information Systems，Amsterdam-New York-Oxford，1982），页103–125；佩策尼克，《何为正确？民主、法律、伦理和法律论证》，页273–274。

逻辑上彼此互不兼容的规则，无法同时被遵守——这解释了这样一个事实，即逻辑上的不兼容性在实在法中是一种很少遇到的现象。显然，如果立法者在规定实施某种特定行为的同时却又禁止人们实施这种行为，那么这就是非理性的立法行为。❶

在确定法律规则之间是否存在逻辑上的不兼容性时，可以诉诸一种"一致性测试（或称为矛盾测试)❷"的方法。根据这个方法，如果相应的两个指令性陈述（服从性陈述❸）共同导致了一个矛盾性的陈述，那么这两项规则在逻辑上便具有不兼容性——因此，它们就是彼此相互冲突的规则。这个方法说明，大量的差异源于对"授权性规范的地位"以及对"授权性规范是否能够与其他规范类型相冲突"所持有的不同见解。

让我们思考下面这种情形，两项规范表面上看似相互冲突，然而在同一规范体系当中，它们却都是有效力的规范：规范 1 规定"人们关上一扇打开着的门"，规范 2 则禁止"人们关上一扇打开着的门"。❹ 为了弄清楚规范 1 和规范 2 之间是否真的相互"矛盾"，我们按照下列方式进行检测。

第一步，将命令式的规范 1 和规范 2 转换为内容对应的两个陈述；这两个陈述我们用"a"和"－a"来表示。第二步，将两个陈述联系在一起，并分析和研究它们的连接点——"a＆－a"。如果这个纯粹逻辑上的分析［138］所得出的结论是"这是相互矛盾的两个陈述"，那么根据这个方法就可以得出结论，

❶ 参见：佩策尼克，"法律勘误表"，页 115。

❷ Ewald Wiederin 使用的是这一术语，参见：Ewald Wiederin，"规范冲突的后果是什么？"（Was ist und welche Konsequenzen hat ein Normenkonflikt？），载《法律理论》（*Rechtstheorie*，21，1990），页 311－333。

❸ "服从性的陈述"是这样的一种主张；它们陈述的是"特定的规范主体遵守了（或者未遵守）某项规范"。服从性的陈述是一种语气和真实价值分析。同"禁止杀人"相对应的服从性陈述就是"没有杀人行为"。

❹ "关门案"是冯·赖特（G. H. von Wright）提出来的。参见：赖特，《规范与行为》（*Norm und Handlung*，Taunus，1979），页 53。

规范 1 和规范 2 之间存在一种真正的冲突。这样的冲突在类比的意义上被称为"相互矛盾的规范之间的冲突"，因为这两项规范所规定的行为，在逻辑上或在分析的意义上无法同时实施。❶

"一致性测试"一直备受批判，因为这种测试方法过于狭隘，尤其是在"服从或遵守命令式的规范"这一概念的转折点上。法律远比这复杂地多，除上述情形外，法律同其他一些"并不要求或并不禁止某种特定的行为、却明显地或缄默地许可实施该行为"的规则，也经常产生一些冲突。❷

然而，从严格的逻辑观出发——例如，林达尔❸——"规范的冲突"必须被理解为是"遵守规范所产生的冲突"，相互冲突的义务仅仅只是存在于命令式的规范之间的关联关系中：如果两项规范都是命令式的规范，并且每一项规范都是现实可行的，但它们却并不是同时可行的，那么规范 N1 和规范 N2 便是"相互冲突"的两项规范。

尽管林达尔强调，在现实的法律体系中使用"不协调"这个术语是情非得已的，❹但林达尔仍坚持认为，"冲突"这一术语专门适用于同一义务论模式下两个不同的规范陈述之间的特定关系——这种关系意味着，对于规范的服从对象而言，同时遵守这两项命令式的规范，在逻辑上或在实践上是不可能做到的。就是这样，林达尔在"服从规范时所产生的冲突"和对这一关系的"否定"（在不同义务论模式下两项规范之间的关系）之间勾画出

---

❶　参见：Ewald Wiederin，"规范冲突的后果是什么？"，页 314。

❷　参见：哈特，"凯尔森的法律统一学说"，页 568。

❸　参见：林达尔，"法律规范体系中的冲突：一种逻辑观"，页 3。作为一种处理遵从冲突的工具，林达尔援引了"可实现性"这一概念：他说，一组规范的可实现性，指的是全体规范共同实现的逻辑可能性或者实践可能性；如果（或者说只要）规范的组成成员得到了实现，那么这组规范也就得到了实现。参见：同上。

❹　同上，页 2。

明确的界限。❶

然而，还存在规范冲突的其他方式，也存在鉴别规范的冲突存在与否的其他方法。例如，哈特的方法就是提出了所谓的"陈述的一致性"模式，具体如下。

哈特宣称，对于授权性的规则来说，服从或遵守它并不是一个问题——但是，人们如何才能"服从"一项授权？如同哈特所指出的，"实施或利用某项授权"（行使一项授权）[139]这却是一个问题。因此，哈特抛弃了"服从"这个概念，转而接受并采纳了"遵守"这个更为通用的概念。❷

哈特辩论到，说"准许实施某种特定行为"的"遵守性陈述"已经被使用，"遵守性的陈述"与其他类型的陈述是一致的——诸如"服从性的陈述"——"服从性的陈述"对应着一项要求实施相同行为的规范。因此，如果针对同一时间的同一行为，存在一项禁止性的规则和另一项授权性的规则，那么"共同遵守"这两项规则在逻辑上就是不可能的，因此，这就是一种冲突。❸

然而，除了共同遵守❹命令式的规则（或授权性的规则）之外，还存在其他一些问题：尽管不能归结为逻辑上的原因，但仍然存在这样一些相互冲突和矛盾的规范；例如，也许在某些特定情况下能够共同服从（或遵守）这两项规范，但并非一切情况下都能如此；或者是某些特定的主体能够服从（或遵守）这两项规范，但并非一切主体都能如此。

---

❶ 如果两项规范（N1 和 N2）中，其中一项是授权性的规范，而另一项是强制性的规范，或者说，如果规范中的每一项规范单独的时候是可实现的，但结合在一起的时候却是不可实现的，那么规范 N1 就否定了规范 N2，参见：同上，页 3。因此，"授权做某事"否定了"禁止做某事"，"命令人们实施特定行为"的强制性规范否定了"禁止实施相同行为"的授权性规范。

❷❸ 参见：哈特，"凯尔森的法律统一学说"，页 568。

❹ "共同遵守之不可能性的检验"这一术语是由希尔提出的，参见：希尔，"规范冲突的功能分类"，页 228。

1.1.2　实践上的不兼容性

如果站在逻辑观的角度上看，尽管法律规则彼此之间是相互兼容的，但它们无法同时被遵守，那么这些法律规则在实践上便是互不兼容的。因此，当我们在确定法律规则之间是否存在冲突的时候，我们不能只局限在逻辑分析上——当我们在确定"什么样的情形下，根据被援引的规则所作出的陈述是真的或假的"之前，我们必须检验各种不同的事实。

让我们思考下列这种情形。❶ 这有两项规则。规则 1 要求"自然人 X 每天从上午 4 点工作至下午 4 点"。规则 2 则要求"自然人 X 每天从下午 4 点工作至上午四点"。因为这两项规则能够同时被法律机构适用，所以，就法律适用这一方面而言，这两项规则之间不存在逻辑上的不兼容性。❷ 尽管如此，但自然人 X 不能既遵守规则 1，同时又遵守规则 2——简单来说，其原因就是，自然人 X 不可能整天从早到晚一直工作。因此，这两项规则可以被法律机构 ［140］同时适用，然而现实中，同一法律主体却不能实际同时遵守这两项规则——或者，至少可以说，同一法律主体无法连续性地遵守这两项规则。❸

---

❶　这个例子是由佩策尼克所援引的，参见：佩策尼克，《何为正确？民主、法律、伦理和法律论证》，页 273。

❷　法律适用的其他方面引发了这样一个问题——"共同适用"的规则是否能够被遵守，Åke Frändberg 阐释了这个问题：参见：Åke Frändberg，《正确的规则和正确的选择：法律规则和制度在时间和空间上的冲突》（*Rättsregel och rättsval. Om rättsliga regel-och systemkonflikter i tid och rum*，Stockholm，1984），页 90。斯文·奥韦·斯文松（Sven Ove Hansson）已经发展了对"能够遵守的可共同适用的规则"这个概念的分析，参见：斯文松，《价值的结构：对价值与规范静态地和动态地研究》（*Structures of Value. An Investigation of the Statics and Dynamics of Values and Norms*，Lund，1998），页 157。也可参见：同上，页 187（关于"可以遵守的适用"）。

❸　显然，在特定的时期，规则 1 和规则 2 能够被规范主体共同遵守。

关于"实践上的不兼容性"的一个教学案例就是所谓的"高速公路案"——它是关于"在特定时刻跨越特定距离,并同时遵守两项规则之可能性"的众多例子当中的一个。❶

自然人 A 面对着两项规则:规则 1 要求"A 在两小时内从(奥地利共和国的)维也纳开车到萨尔茨堡";规则 2 则要求"A 在奥地利共和国的高速公路上最高时速不得超过 130 公里/小时"。不管任何人,只要他身处奥地利共和国的高速公路上,他都会说"这两项规则不可能共同或同时被遵守"。

与规则 1 和规则 2 各自对应的陈述如下:"自然人 A 两小时内从维也纳开车到萨尔茨堡"(陈述 1);"在这次旅程中,自然人 A 开车的最高时速并未超过 130 公里/小时"(陈述 2)。因为两地之间的距离大概是 300 公里,那么结论如下:倘若陈述 1 是真实的话,那么陈述 2 必定就是虚假的;如果陈述 2 是真实的话,那么陈述 1 必定就是虚假的。面对这种情况,两个陈述之间是相互排斥的,这暗示着这里存在一个有关"规范的冲突"的矛盾。然而,也可能是这样一种情况,即两个陈述都是虚假的——例如,自然人 A 开车时在某些时刻点时速超过了 150 公里/小时,然而最终却耗费了三个小时以上的时间才驶完整个路程。如果是这样的话,那么冲突的将不再是一个矛盾,而是相反的规范之间的冲突。❷

"高速公路案"也可以用另外一种方式予以阐释:例如,如

---

❶ 实践中不可能性的典型例子,就是希尔援引的著名案例"*Daly v. Liverpool Corporation*",参见:《英格兰法律报道》(*All England Law Reports*, 1939, Vol. 2),页 142–144。Ewald Wiederin 也引用了这个例子,参见:Ewald Wiederin,"规范冲突的后果是什么?",页 316–317。公交车司机发现他自己遇到了在实践上不可兼容的两项规则:他一方面要严格遵守计时表,另一方面又要小心驾驶。在某个时刻,即当交通并不拥堵的时候,司机似乎完全可以同时遵守这两项命令。然而,在其他的时刻,司机发现他陷入了一种进退两难的窘境:如果他保持较快的时速,那么他就不得不让乘客处于一种有着安全隐患的境地,如果他注重交通安全,那么他又无法保证运行时间的要求。

❷ 参见:Ewald Wiederin,"规范冲突的后果是什么?",页 315。

果规则1要求"自然人A上午10点身在维也纳";而规则2则要求"自然人A于同一天的上午10点30分身在萨尔茨堡";这是一个冲突吗？答案取决于这两个陈述（这两个陈述分别是"自然人A上午10点在维也纳"和"自然人A同一天上午10点30分在萨尔茨堡"）的结合点是不是矛盾的。那么，它们是矛盾的吗？

就这个问题，尚未形成一致的回答。可以肯定的是，规则的不可实现性并不是假设性的，因为在目前这个阶段，30分钟时间内驶完整个旅程，无论在理论上还是在技术上都是有可能的；这样来看，那就不存在冲突和矛盾了。然而，目前，是否任何人都能够遵守这两项规则的可能性却是无关紧要的，因为公正地说，事实上这也是一种冲突。❶

1.1.3 规范上的（评价上的）不兼容性

［141］最后还有一种情形，如果两项规则既不是逻辑上不兼容的，也不是实践上不兼容的，但是，无论是基于法律观还是道德观，对这两项规则的共同遵守都将是令人极度反感的，那么，这两项规则在规范上（评价上）便是不兼容的。❷

让我们假定——阐述前一个例子❸——存在两项规则。规则1命令"自然人X每天从上午8点工作至下午4点"；规则2却命令"自然人X每天从下午4点工作至午夜"。在这样一种情形下，我们可能说，对规则1和规则2的共同遵守并不涉及逻辑上或实践上的问题——因为自然人X每天肯定能够连续不断地工作16个小时。然而，劳动法却并不准许自然人X这样做：规则1和规则2在规范性上是不兼容的，自然人X同时遵守这两项规则

---

❶ 参见：Ewald Wiederin，"规范冲突的后果是什么？"，页315、页316。
❷ 参见：佩策尼克，"法律勘误表"，页115。
❸ 见上文提及过的佩策尼克所举的例子。

将是不合法的。❶

1.2 规范冲突的结果

那些适用法律的人，也就是法官和公职人员，在每个案件中都有依法裁判的义务。只要法律被视为是"协调的和保持一致性的"，这项义务就能够被履行——也就是说，在一个"无冲突"的规则体系里，法律机构必须诉诸一种特定的冲突解决机制。这个机制就是对"冲撞规范"的适用。"冲撞规范"包括特定种类的"解释规范"❷和另一种关于有效性的规范——所谓的"排序规范"。

在"解释规范"当中，最重要的就是具有显见冲突的规范，这种冲突首先应当通过"再解释"被排除。如果不能以这种方式排除这种冲突，那么"排序规范"将在规范之间构建起优先顺序。❸

"排序规范"有助于消除规则之间的不兼容以及原则上的抵触。最重要的排序规范就是"上位法优于下位法"规则，这意指"倘若一项规范同高级规范不兼容——诸如宪法规范——[142]那么高级规范必须被适用"。❹实际上，用公共法律人

---

❶ 参见：佩策尼克，《何为正确？民主、法律、伦理和法律论证》，页273－274。除了上述所提到的之外，人们有时遇到的表述是"pragmatic incompatibility"［实用主义上的不兼容性］和"teleological incompatibility"［目的论上的不兼容性］：如果说，实用主义上的不兼容性指的是在缺乏逻辑兼容性的规则之间的任何一种不兼容性，那么目的论上的不兼容性指的则是适用几项彼此相反方向或其他方向的规范——例如，两项规范就相同的违法行为规定了完全不同的制裁惩罚措施，参见：同上，页274。

❷ 参见：佩策尼克，"法律勘误表"，页114。

❸ 同上，页116－117。

❹ 同上，页117。

的说法，"冲突的规范"这一表述指的是所有这样的例子，在这些例子当中，低级规范并不处于高级规范所赋予的权力范畴中。

以上述方式去理解规范的冲突，产生了这样一个问题：从冲突的那一瞬间上看，同高级规范相冲突的那项规范的颁布，在法律上是无效的，还是说，在特定的时间里或永久维持了有效力的品质。因此，形成了两种理论去研究这个问题：一种理论，形成了"据法无效（或自始无效）"理论；另一种理论，承认一项规范的持续性效力，尽管它与高级规范是相冲突的。

因此，此章节将处理两种相互对立的观点：第一种观点是，在相互冲突的规范之中，只有一项才是有效力的和可适用的（1.2.1节）；第二种观点是，虽然存在某种冲突，但两项规范都是有效力的，然而其中只有一项规范是可适用的（1.2.2节）。

1.2.1 结果1：相互冲突的两项规范，其中一项必然是无效的

1.1节（冲突的类型）已经显示：毋庸置疑，存在一种将规范的冲突等同于逻辑矛盾的倾向。这种倾向尤其被凯尔森所承认和接受。[●]

凯尔森提出的"规范的冲突"这个概念——包括他提出的"规范冲突的解决"这一观念——在不同阶段的著作中所反映出来的是不一样的。在1960年之前，凯尔森所持有的理论是

[●] 切拉诺旨在强调，凯尔森在他的晚期（怀疑主义阶段）承认了这一倾向，然而在那一时期，他也努力通过勾画"相互冲突的规范所规定的不兼容的行为"和"同服从性陈述相对应的逻辑矛盾"之间的界线，从而否定这种承认。参见：切拉诺，"规范的冲突：凯尔森晚期的观点和反驳"，页354。参见：凯尔森，《规范的一般理论》，页176－177。

"非矛盾原则"理论，这种理论认为"非矛盾原则可适用于同步的规范冲突，并且作为一种结果解决了先验的问题"；❶ 然而，凯尔森在 1960 年之后的观点似乎与自己先前的观点又截然相反了：在这一时期，凯尔森论证到，"非矛盾原则"不适用于规范之中，其理由是，规范不能从意志行为（规范是意志行为的意识内容）中提炼出来。❷ [143] 根据凯尔森晚期的观点，"规范的冲突"已经假定了相互冲突的两项规范均是有效力的。❸

本节关注的只是凯尔森在 1960 年之前的观点。

因为在一个相当长的时间跨度期间内——更确切地说，在 1960 年《纯粹法学》第 2 版出现前——凯尔森都在坚持这一观点，即"规范的冲突"势必涉及"其中一项规范是否是有效力的"这个问题。凯尔森认为"非矛盾原则是间接地——'类推

---

❶ 这意指冲突是可以解决的，自冲突形成的那一刻起，相互冲突的规范当中，其中便有一项丧失其效力，这是事先就已经确定的，而不是稍由法院判决所决定的。参见：凯尔森，《纯粹法学》第 2 版，页 76 - 77、页 209 - 212。参见：斯坦利·鲍尔森，"'规范的一般理论'体现了凯尔森学说的突破吗？"（Stellt die "Allgemeine Theorie der Normen" einen Bruch in Kelsens Lehre dar？），载《纯粹法学的科学讨论：凯尔森研究所系列》（Die Reine Rechtslehre in wissenschaftlicher Diskussion. Schriftenreihe des Hans Kelsen-Institutes, 7, Vienna, 1982），页 122 - 124、页 126 - 127。

❷ 参见：凯尔森，"法律与逻辑"（Law and Logic），载《法律与逻辑》（Recht und Logik, Vienna, 12, 1965），页 421 - 425、页 495 - 500；repr. in Essays in Legal and Moral Philosophy, trans. Peter Heath, Dordrecht and Boston, 1973, 页 228 - 253。本书使用的是 Peter Heath 的英译本。亦可参见：凯尔森，《规范的一般理论》。

❸ "规范之间的冲突，预设了这两项规范都是有效力的。关于相互冲突之两项规范的效力的宣称是真实的。因此，规范之间的冲突并不是一种逻辑上的矛盾，也不能同逻辑矛盾相比较。"参见：凯尔森，"排序规则"，页 351；凯尔森，《规范的一般理论》，第 27 章和第 29 章。凯尔森说，规范的冲突被理解成是"与模态无关的基质"之间的不兼容性；这种不兼容性被理解成是概念上的对立。与模态无关的基质之间并不是逻辑关系。参见：凯尔森，《规范的一般理论》，第 16 章和第 57 章；参见：切拉诺，"规范的冲突：凯尔森晚期的观点和反驳"，页 358。

似地'——适用于规范的冲突上"；❶ 他论证说道"表面上相互冲突的两项规范，其中必然有一项是无效的，而且这项规范的无效性直接源于这个冲突"。❷"规范的冲突"这个概念，建立在凯尔森晚期所放弃的推理之上；凯尔森阐释了"法律规则"的功能——法律规则的功能就是凯尔森式的对规范的假设性表述——他的阐释是有价值的。❸ 凯尔森的论证——所谓的"类推论证"❹——具体如下。

"非矛盾原则"适用于陈述逻辑的领域，［144］它预设了陈述是有"真实的"或"虚假的"区别；然而，规范却既谈不上是"真实的"，也谈不上是"虚假的"，规范只能是"有效的"或者"无效的"——因此，在逻辑上，规范之间就不可能存在相互的矛盾和冲突。然而——或者如同凯尔森宣称的那样——由于规范和陈述之间在"（语义）逻辑上的"

---

❶ "因此，逻辑原则能够普遍地、而矛盾律则能够特殊地在（描述法律规范的）法律规则上并且因而间接也在法律规范上得到运用"。参见：凯尔森，《纯粹法学》第 2 版，页 210。在斯坦利·鲍尔森看来，凯尔森大概是将间接适用非矛盾原则归因于"Rechtsnorm"［法律规范］和"Rechtssatz"［法律规则］之间相互冲突的规范：只要法律规范是有效力的，那么同法律规范相对应的法律规则就是真实的。参见：斯坦利·鲍尔森，"规范冲突的问题"，页 494。关于凯尔森非矛盾原则的观点，也可参见他早期的专著《自然法理论与法律实证主义的哲学基础》："非矛盾原则……平等地适用于规范性的应当以及现实性的实然之上。'A 应当…'和'A 不应当……'这两种判决是相互排斥的，'A 是……'和'A 不是……'这两种判断也是相互排斥的。"参见：凯尔森，"自然法理论与法律实证主义的哲学基础"，页 402。

❷ 参见：凯尔森，《纯粹法学》第 2 版，页 76－77、页 209－212；参见：斯坦利·鲍尔森，"规范的一般理论体现了凯尔森学说的突破吗？"，页 126、页 127。关于凯尔森理论中的自相矛盾，见《纯粹法学》第 2 版。

❸ 关于"法律规则"的问题，见第二部分第一章 1.3.1 节；参见：斯坦利·鲍尔森，"规范冲突的问题"，页 493－495。

❹ 同上，页 494。

关联关系，● 因此可以说，"非矛盾原则"也适用于表面冲突的规范之上。

让我们重温那个在1.1节中所援引过的、有关"规范的冲突"的显著例子：●

规范1：皮特应该在今天下午三点做 A 事情。

规范2：皮特在今天下午三点不应该做 A 事情。

同规范1和规范2分别对应的凯尔森式的"法律规则"表述如下：●

法律规则1：如果皮特在今天下午三点的时候没有做 A 事情，那么一个法律机构应当对其实施一项制裁。

法律规则2：如果皮特在今天下午三点的时候做了 A 事情，那么一个法律机构应当对其实施一项制裁。

正如凯尔森论证说的那样，法律规则1和法律规则2显然是"相互矛盾的"。法律规则1和法律规则2不能同时为真或者同时为假；当其中一个为真实的时候，那么另一个则必定是虚假的。在凯尔森式的说法当中，虚假的法律规则欠缺一个"特定的存在"，因此，与之对应的规范必定就是无效的。这项规范的无效性，直接源自这种矛盾和冲突。●

● 凯尔森的术语"Rechtsnorm"［法律规范］指的是"norm – formulation"［规范的表达］，即表达一个"应当"的内容意思。"norm-formulation"（规范的表达）可以在两种意义上被使用，颁布一项规范或描述一项规范；在描述规范的情形中，我们还可以使用"legal proposition"［法律命题］和"legal statement"［法律陈述］。凯尔森的术语"Rechtssatz"［法律规则］，指的是一种假言陈述——或法律命题的假言表述——这是法律科学对应着（假设性制定的）法律规范所作出的表述。参见：《纯粹法学》，奈特英译本，页16、页71、页74、页78 – 81。关于规范陈述的区别，参见：布柳金，"规范、规范命题和法律陈述"（Norms, Normative Propositions, and Legal Statements），载《当代哲学：新的研究》（Contemporary Philosophy. A New Survey, Vol. 3, ed. Guttom Floistad, The Hague, 1982），页127 – 152。

● 见上原文，页135。

● 参见：斯坦利·鲍尔森，"规范冲突的问题"，页495。

● 同上，页494。

凯尔森对于"规范的冲突"核心问题的观点，就是他所使用的法律上的"应当"这个概念，"应当"这个概念同法律上的"效力"和"服从"这些概念是紧密相关的。

根据对法律上"应当"一词的解读——在 1960 年之前的一种解读——"应当"的意思是"什么是应该被实施的"，这指的就是一种制裁，[145] 而并非某项规范所规定的一种行为：从法律观的角度上看，就是在特定前提条件下，一种特定的制裁措施"应当被实施"。从法律观的角度上看，如果一项规范是依据更高级别的有效规则而颁布的，那么这项规范就是有法律效力的，因此也应当被遵守。一项规范在法律上要么是有效的，要么是无效的——就法律的效力而言，不存在效力的等级之分。如果一项法律规范是有效的，那么它就应当被适用，这个结果就是源于"该规范❶是有法律效力的"。从法律体系一致观的角度上看，说"两个彼此矛盾的结果或两个彼此矛盾的'应然'陈述应该是同时有效的"，这是不可能的。❷

另一方面，根据凯尔森在 1960 年之后的最终解释，法律规范中的"应当"，是和制定规范的权威机关的意志行为紧密相关的：❸ 这个"应当"——一个作为理念实存的"应当"——同对它自身的服从是没有关系的，因为服从并不是规范自身的一种属

---

❶　严格来说，假设性的表述被习惯性地用来表述规范。

❷　这样看来，法律上的"应当"实际上更接近于"protanto"的意思，参见：佩策尼克，"融贯性法律思维的再思考"（Second Thoughts on Coherence and Juristic Knowledge），载《论法律的融贯论》（On Coherence Theory of Law, Lund, 1997），页 51 - 66。参见：阿列克西，《基本权利的理论》（Theorie der Grundrechte, Suhrkamp, 1986），页 77 - 78。

❸　"规范是意志行为的意思，而意志行为指向的则是另一个行为；它的意思是'应当'；这个'应当'……是与意志相关的。没有意志，就没有规范，而一个规范就是一个'应当'。意志是用以制定规范的，没有意志，就没有规范；倘若欠缺规范制定的权威，也就没有了规范。"参见：凯尔森，"法律与逻辑"，页 231。

性，而是符合规范的行为所具备的一种属性（一种"实然"）。❶
从关于"有效性"和"服从"的论证来看，凯尔森现在得出的
结论是，规范之间的冲突是一种完全不同于逻辑矛盾的东西。❷
如同凯尔森现在所论证的，规范之间的冲突是这样的一种情形，
这种情形表现为"一个人遵守了这项规范，势必就侵犯了另一项
规范"，❸ 这种情形之所以会出现，是因为一项规范所规定的内
容和另一项规范所规定的内容是互不兼容的。❹ 这种情形无法通
过适用任何一种逻辑原理而加以解决。❺

[146] 乍一看，凯尔森有关"规范的冲突"最终的概念似
乎是恰当的：根据这一概念，相互冲突的两项规范必须都是有效
力的规范——否则就不存在这样的"冲突"——冲突之所以产
生，是因为可能存在彼此互不兼容的数个意志行为。

根据凯尔森1960年之后关于"规范的冲突"的观点来看，
用以描述"规范的冲突"的例子在上文当中已经援引过，这个
例子能够以不包含任何矛盾的方式被描述：法律规则对适用于主
体之上的规范进行了重构，如果重构后的复本被用于替代规范，
那么在文本中所显现出来的"规范的冲突"，在法律规定的新文
本中便消失了。法律规定 1 和法律规定 2 的结合形成了一个真实
的陈述，这个陈述说的是"任何层次的法律机构——独立于皮特

---

❶ 参见：凯尔森，"法律与逻辑"，页 239 - 240；参见：凯尔森，《规范的一般
理论》，页 173；参见：切拉诺，"规范的冲突：凯尔森晚期的观点和反驳"，页 350。

❷ 参见：凯尔森，"排序规则"，页 351；参见：凯尔森，"法律与逻辑"，页
235；参见：凯尔森，《规范的一般理论》，页 101、168。尽管与凯尔森终极概念
"规范的冲突"的基本原则不冲突，但切拉诺仍强烈地反对凯尔森的结论（尤其是反
对"完全地"），他说，规范的冲突类似于一种逻辑矛盾。参见：切拉诺，"规范的冲
突：凯尔森晚期的观点和反驳"，页 345、页 351。

❸ 参见：凯尔森，"法律与逻辑"，页 228、页 233。

❹ 参见：凯尔森，《规范的一般理论》，第 29 章。

❺ 然而，通过减损或丧失实效的方式，规范的冲突只能以其中一项规范失去其
效力而加以解决。参见：凯尔森，"法律与逻辑"，页 235；凯尔森，《规范的一般理
论》，页 101、页 178 - 179。

的行为——被授权实施某项强制制裁措施"。这种情形便是其中的一种，根据凯尔森晚期的理论，即便这是难以操作的和可能性极小的，也绝非不可能的。❶

有些理论❷实际上有助于解释"两项彼此之间存在某种缺陷的规范，是如何依然分别保持着各自的有效性"。立马能想到的类似观点就是梅克尔的"有关错误的演算法"，❸这一理论所要解决的，就是消除普遍性规范和个别性规范之间的"矛盾和冲突"以及消除违宪性法令的颁布。

这些特定的缺陷并不禁止一项行为成为一项立法行为，这些都作为一个结果规定在实在法当中，有关错误的演算法是一种简略的表达方式。很难说，已经获得法律强制力的一个行为"违背了"法律体系，这是梅克尔的观点。❹

实在法体系通常规定了一系列形式上和内容上的前提条件；因此——如同梅克尔论证到的那样——这必定存在一个理由，这个理由不是别的，就是前面所提及的前提条件的精准实施，它本身就是前提条件，而非别的什么东西，因为一个行为变成了一个

---

❶ 参见：凯尔森，"法律与逻辑"，页235；也可参见：斯坦利·鲍尔森，"规范冲突的问题"，页495－496。

❷ 在这一语境中，凯尔森最著名的——也是最受争议的——"规范选择理论"和鲍尔森的"推定有效性理论"可以被引用。参见：凯尔森，"法秩序的概念"；凯尔森，"对立法的司法审查：奥地利和美国宪法的比较研究"（Judical Review of Legislation：A Comparative Study of the Austrian and the American Constitution），载《政治学杂志》（*The Journal of Politics*，4，1942），页183－200；斯坦利·鲍尔森，"法律效力概念的新基础"（Neue Grundlagen für einen Begriff der Rechtsgeltung），载 *ARSP*，65（1979），页1－18。

❸ "有关错误的演算法"（Fehlerkalkül）是"这样一种实在法规定，它使得将以下法令被归咎于国家变得在法律上具有可能性，即那些没有符合——此外——在实在法上被设立的（有关这些法令的产生及有效的）所有条件的法令；亦即，它许可，即便这些法令有缺陷但仍把它们视作法律"。参见：梅克尔，《既判力学说》（*Die Lehre von der Rechtskraft*，Leipzig and Vienna，1923），页293。

❹ 参见：梅克尔，"误判、真理和正义"（Justizirrtum und Rechtswahrheit），载《中国刑法学》（*Zeitschrift für Straf-rechtswissenschaften*，45，1925），页452－465，repr. in *WRS I*，页195－208。本书使用的是后一版本。

"立法行为"。所以，与实施那些条件所相关的缺陷，必定总是导致行为的无效。

这是为梅克尔所承认的法律理论矫正的结论。[147]然而，梅克尔更进了一步：他宣称，这个结论是正确的，然而从法律政策学的角度来看，却是没有实践意义的，在那种情形中，大量的立法行为将不得不被认为是无效的。因此，在实践中，就法律要素而言，梅克尔建议容忍某些特定的缺陷——他指出，要容忍"法律规定总体中的某些缺陷"。❶

实际上，这和法律自身相类似。实在法考虑到，法律机构在适用普遍性规范中可能会出错——因此，实在法通过预先授予有缺陷的行为以"法律关联关系"（甚至是法律效力），从而预防这种可能性的发生。法律自身从以下假设出发，即法律适用机关会在某些情形中以及在一定范围内"避开"法律，并通过比如法律救济制度（最为典型的有关错误的演算）来为这种情形提前作出准备；如同梅克尔所指出的，正是这种机制的提供，调整了——或者说是"平反"了——错误。❷

因此，会导致法律体系之"矛盾和冲突"的法律适用中的一个错误，由于本身得到实在法的提前考虑，就不再是一个错误了。❸

1.2.2 结果2：相互冲突的两项规范都是有效的，然而其中只有一项是可适用的

在广大法律人看来，依据法律渊源学说，在国内法规范层次结构中处于"较高"层级的规范，被理解为是同一体系中另一

---

❶ 参见：梅克尔，"既判力学说"，页292；梅克尔，"误判、真理和正义"，页201。

❷ 参见：梅克尔，"误判、真理和正义"，页201。

❸ 同上，页202、页204。

项"较低"层级规范的授权依据。如果低级规范是得到了高级规范的授权，那么低级规范将被认为是一项有效力的规范——如果不是那样，那么这两项规范可以说就是彼此"相互冲突"的，那么"较低"层次的规范将要为"较高"层次的规范让路，这符合"上位法优于下位法"。看看这种方式，规范的冲突所反映出来的这种典型情形，就是"司法审查"（又称为"违宪审查"）所要解决的。❶

从法律观的角度来看，在看待国内宪法的地位时，原则上存在两种可能性的方式——要么将国内宪法作为"上位法"，它对立法者和其他机关都产生约束；❷要么将国内宪法作为一种"普通法"的地位和身份——不存在一种介乎于这二者之间的中间方式：[148]要么将宪法作为基本法，并且不可以通过普通方式加以修改；要么将国内宪法与普通的立法行为置于同一层面，因而可以由立法主体的意志加以改变。如果采纳的是第一种过程，那么必定得出这样的结论，同宪法相矛盾和冲突的立法并不是法律；如果采纳的是第二种过程，那么（所谓的）国内宪法就降低成为一种普通立法的地位，并且可以被立法者加以改变——就如同任何其他的立法一样能够被立法者所修改。❸

关于司法审查权力的法律论证转变了这一观念，即后者是一个规范层次结构的逻辑结果——几乎在任何国家的法律体系中都

---

❶ 关于司法审查，参见：乔金姆，《宪法保护的权利：比较视野中的瑞典法》（*Konstitutionellt rättighetsskydd. Svensk rätt i ett komparativt perspektiv*, Stockholm, 1996），页142、页670。

❷ 见《美国1789年联邦宪法》第5条第2款："本宪法……应该是领域内的最高法；每个州的法官都应该受其约束……"

❸ 参见：莫诺·卡佩莱蒂（Mauro Cappelletti），《当代世界的司法审查》（*Judicial Review in the Contemporary World*, Indianapolis, 1971），页26。

能找到——宪法规范的地位高于其他规范的地位。❶ 然而，司法审查的两种模式必须保持分离，这两种模式指的就是欧洲模式和美国模式。❷ 司法审查的欧洲模式❸是一种集中化的模式，这种模式只将司法审查的权力赋予单一的机关（通常是宪法法院），这个单一机关的主要功能和任务就是审查较低层次的立法行为的合宪性。相反，美国模式则是一种去集中化的模式，这种模式原则上将司法审查的权力分配给所有拥有普通管辖权的法院。❹

欧洲模式和美国模式之间存在重大的区别。其中一个重要的区别就是，针对一项法规，谁有权对它提起违宪审查：根据欧洲模式，具有普通管辖权的法院都可以在其审理案件的过程中提请宪法法院对某项法规进行违宪审查，但对于不同国家的国内法法律体系而言，各国违宪审查的具体措施还是存在差异或不同的。❺ 另外，根据美国模式，具有普通管辖权的法院都具有违宪审查的权力：[149] 提请违宪审查的权利只属于具体案件中的当事人——如果诉讼当事人中的一方主张"适用于本案的某项法规是违宪的"，那么法院就有义务（应当）考虑当事人的这一主张，这意指，具有普通管辖权的法院都具有违宪审查的权力。因此，在美国模式中，法规的违宪问题不能独立地进行审查，而是

---

❶ 为何——这是首席大法官马歇尔在著名的"马伯里诉麦迪逊案"（*Marbury v. Madison*）中的归谬法——根据宪法去工作，当它没有比任何其他立法更多的力量时。因此，宪法不得不被视为最高法——那么，我们需要司法审查，司法审查是用以判断立法是否符合最高法（宪法）的，参见："马伯里诉麦迪逊案"［U. S.，137，1803］；关于美国的司法审查，参见：卡佩莱蒂，《当代世界的司法审查》，页 25 - 27、页 52、页 57；也可参见：乔金姆，《宪法保护的权利：比较视野中的瑞典法》，页 146。

❷ 欧洲模式和美国模式之间的启发性比较，参见：乔金姆，《宪法保护的权利：比较视野中的瑞典法》，页 142 - 145。

❸ 司法审查的欧洲模式，归功于凯尔森于 1920 年 10 月期间在起草《奥地利联邦宪法》时的成果：一个专门法院——奥地利宪法法院——成立了，它的主要功能就是废除违宪的法律。

❹ 关于瑞典国内的这种情形（司法审查权被分配给法院和其他法律适用机构），参见：乔金姆，《宪法保护的权利：比较视野中的瑞典法》，页 672。

❺ 参见：乔金姆，《宪法保护的权利：比较视野中的瑞典法》，页 143。

必须在某个实际案件中开展。❶

　　然而，欧洲模式和美国模式的核心区别就在于宣告违宪的结果。这一点就是适用的问题，即法律规范实际产生的有效性问题。

　　根据欧洲模式——我们可以记得，宪法法院可以脱离具体案件对立法进行违宪审查——建立在违宪基础之上的一项法规或法令，会被宪法法院宣告为无效的或被撤销（该宣告具有"普遍的效力"❷），并将其从法律体系中排除出去。因此，如果发现一项规范同较高层次的规范相冲突，那么该低级规范将丧失其有效性。

　　另一方面，根据美国模式——除美国外，瑞典、丹麦以及挪威也采纳这种模式——则是下面这种情况：如果一个法院（或者瑞典的任何一个法律适用机关）在某个具体案件中发现一项立法行为是违宪的，那么这项立法行为就不适用于该案，除此之外没有任何其他别的后果（"当事人之间"❸），这意味着，"相互冲突的"法规保持着各自的效力，尽管这项低级规范是不合宪的，但它只是不可适用的：国内法院并未宣告该法规是无效的——相反，这个法院仍然可能在另外一个案件中适用这两项法规，其他国家的法院也可能仍然适用它们。❹

　　[150] 总结如下：第一章清晰地说明，"规范的冲突"这一

------

　　❶　参见：乔金姆，《宪法保护的权利：比较视野中的瑞典法》，页143。
　　❷　参见：凯尔森，"对立法的司法审查：奥地利和美国宪法的比较研究"，页186、页194。
　　❸　参见：乔金姆，《宪法保护的权利：比较视野中的瑞典法》，页143。
　　❹　关于瑞典法律体系，情况有些特殊，对"不可适用性"的前提条件的定义并不清晰明确，参见：同上，页675。RF11：14（2）说，当法院或"其他法律适用机构"发现，一项法规或命令同宪法条款或"其他高级规则"相冲突的时候；或者，在法规的制定过程中，已经确定的程序"显然"被忽略了，那么所说的法规或命令无须被适用（uppenbarhetsbrav），参见：同上，页675。根据瑞典法律，一项违宪的规范是不可适用的，只要它明显地欠缺合宪性。"明显地"这一表述在瑞典学说中产生了轻微动荡——除了"另一项更高级的规范"本质的令人怀疑的处境。参见：同上，页675。就如乔金姆指出的那样，RF11：14很难适用于确立，瑞典规则是否源自一项欧共体规则：如果国内法院应该发现这样一个例子，根据RF11：14，瑞典规则必须忽略这一点，而不论这种派生是否"明显"。参见：乔金姆，《阿姆斯特丹条约与欧盟：权力机构的平衡》，页159。瑞典法中的违宪性例子，参见：*NJA* 1990，页636；*NJA* 1992，页337。

术语，即便是存在某种逻辑缺陷，那它也不完全是一种纯粹的逻辑不兼容性。因此，对于该术语应当持有一个"更广泛"的理解——一种比逻辑"矛盾"意义更为宽泛的理解（实际上，它是冲突中的主导类型）。

除此之外，已经说明，尽管一项规范同宪法规范相冲突，但它实际上仍然能够保持它的有效性——然而，规范保持着它的有效性，并不等于它就"可适用"于当下的案件。相比之下，同欧共体法律规则相冲突的国内规则并不是无效的，通常来说，它们仅仅只是不可适用的。

在这项规则面前，"可适用的"这一术语似乎是有等级层次的。[1] 因此，这一术语有助于区分和识别三组规则，即：

第一种规则，这种法律规则最初是国内法规则和有效力的规则，它们都是可直接适用的和可普遍适用的；

第二种规则，这种规则最初是非国内法规则——例如超国家的欧共体法律规则；这些规则也是可直接适用的和普遍适用的，但是它们的效力在各自的法律体系内可以说仅仅是衍生的；[2]

第三种规则，这种规则最初是非国内法规则，它们只能在特定案件中内部适用，例如根据国际私法所适用的外国法规则。这些外国法规则在"被适用"的层面上是有效力的；然而，它们通常并不被适用，仅仅只适用于涉外案件。尽管这种规则是可适用的，但它们并不"属于"各个国家的法律体系，并不被认为是有效的（它们并不相当于内部有效力的法律）。

显然，"可适用的"这一术语被广泛使用在不同的意义层面上。

那么，其他方式的进程——这是否意指原则上不适用一项可

---

[1] 关于"何种因素能够承担起规则的可适用性"这一问题，参见：Jaap Hage 和佩策尼克，"法律，道德和可废除性"（Law, Morals, and Defeasibility），载《法之理》（Ratio Juris, 13, 2000），页 305 – 325。

[2] 见第一部分第 2 章 2.1.3 节，哈特对于"原始的"和"派生的"区分。

适用的规则？这肯定不是意指对这一规则的期待（尽管从逻辑立场上看，这两种规则之间不存在区别）：可以说，"不适用"具有更普遍的意味，而例外显然指的是专门的或罕见的情形（例如紧急案例）；因为，与被认为"不可适用"相比，让一项规则或原则容许例外，这似乎是一个较为温和的手段。就"现今"的用法而言，这两种表述都是有问题的。"不可适用的"（保留着某种道德影响）与"例外地被排除和废除的"二者之间的意思，不存在明显的区别。所以说，欧共体法律的"可适用性"——和国内法的不可适用性——可以说是一种介于这两种意思之间的含义。

[151] 欧洲法院的法官在裁决中宣称，欧共体法律拥有优先权，依据欧洲法院的观点，国内法和欧共体法律（或欧盟法）之间不存在真正的冲突；然而，它们之间确实能够存在不兼容性，但这可以通过适用优先原则来加以解决。

在 1974 年那个著名的裁决中——"索兰吉 I 案"裁决（Solange I – Decision）❶ ——德国联邦宪法法院宣称，欧共体法律与成员国的国内法律构成了两套独立的和分离的法律体系，它们是两个法律领域（也可称为"司法管辖区"），因此，它们原则上都是有效力的——或者更确切地说：它们是各自有效的和并行有效的。❷

在研究"何谓并行的效力"这一司法理论问题的时候，从法律理论的观点出发，效力之间显然是不可能存在任何冲突的，源自各自独立的"基础"或渊源，两个"司法领域"都是有效的法律体系。除此之外，在本书第三部分第二章即将援引的欧共体判例法都清楚地显示，有关欧共体法律的优先权所产生的问题，在本质上并不具有逻辑色彩。那么，人们为何会提到"规范

---

❶　见下文第 248～250 页（原版书第 177 页）。

❷　联邦宪法法院判例 37，页 271。

的冲突"这个术语？

从欧洲法院的解释来看，一方面，存在两套有着各自法律渊源的完全独立的法律体系；另一方面，欧共体法律又构成了国内法法律体系不可分割的一部分，因而也是可直接适用的法律。这两种主张并不兼容。

如果某人声称，欧共体法律和国内法律秩序构成了两套彼此完全独立的法律体系，那么毫无疑问的是，如同欧洲法院所辩论到的那样的，国内法和欧共体法律之间真的会存在冲突，而不仅仅只是表面上存在冲突。

如果某人也类似地说"欧共体法律构成了一套融合在国内法之中的法律体系"，如果是这样，便只存在一套单一的法律体系了：在同一的和单一的法律体系中，实际上可以通过适用传统的冲突解决规则来解决"规范的冲突"问题，即"上位法原则"（也可以称为"先法原则"或"法的优先原则"）、"后法优于前法原则"（也可称为"后法原则"或"法的次后原则"）以及"特别法原则"——而并非欧洲法院所宣称的"欧共体的优先性"。

我们假定，欧共体法律规则的优先性是通过适用"法的优先原则"而得到证成的。在那种情形中，欧共体规则将被融入各个成员国的国内法体系中，并在规范层次结构中占据一定的地位。因此，欧共体法律规则的合宪性问题将由成员国国内法院来决定（亦即，就此而言，即便与基本法相关，欧共体法律规则也不被当作上位法）。如果欧共体法律被认为是国际法或国际法的分支，那么情况也是如此。

正是基于这一原因，欧洲法院坚称，尽管欧共体法律是欧共体成员国整体法律体系的组成部分，但欧共体法律具有与国内法完全不同的［152］法律渊源。欧共体法律是独立存在的，一个自治的法律体系无法同时被认为是由国内法规范层次结构所组成的。

欧共体法律所宣称的优先性，归因于欧共体法律自身的独立"属性"。

第二章　可直接适用的欧共体法律

简　介

[153] 从法律理论的角度上看，欧共体法律具有"自治性"和"融合性"并存的奇怪特征。相对于欧共体成员国的法律体系而言，欧共体法律是独立性的——欧共体法律的渊源不同于国内法法律的渊源；欧共体法律处于成员国国内法规范体系的范围之外；因此，欧共体法律在成员国国内是可直接适用的，欧共体法律同时也融入成员国国内法律体系当中。

欧共体法律宣称自己构建起了一套独立存在的、自治的法律体系，这套法律体系的效力渊源是独立于成员国国内规范之效力渊源的。然而，创设欧共体的条约，是一种国际条约，因此，颁布超国家法规则以及其他规范的立法权被授予给了欧共体的机构。这些欧共体规范可以被欧共体成员国的国内法院直接适用——这种适用指的并不是采纳成员国已经实施过的措施；此外，相比国内立法而言，对这些欧共体规范的直接适用，具有优先性。就像国内立法一样，可被直接适用的欧共体法律规则在国内是有效的，这就将欧共体法律规则同普通的国际条约区别开来了。

人们可能会问，将超国家的、可直接适用的法律和不同类型的国内法法律体系结合起来，并同时保持国际法的优先地位或国内法的优先地位，这如何得以可能？似乎只有两种可能性：要么就是忽略欧共体法律所宣称的自治性，并将欧共体法律视为条约法的一种类型——要么就像瑞典判例中的那样，通过从属于欧共体法律的方式去承认欧共体的法律原则，这种从属可以在国内宪法的框架内得以实现。在这两种可能性之间究竟如何抉择，取决于下列几个因素：假定，最重要的是"符合宪法"这个条件；即便是依据大众观点来看，这一点也必须被考虑。❶

对于这一点的陈述推动了除下列问题之外其他问题的发展：欧盟成员国究竟只是构建了一个单一的法律体系——还是构建了两个法律体系？

如果我们持有的是"只构建了一个法律体系"的观点，那么我们就必须确立［154］它们的内在地位——主要的欧共体法律和次要的欧共体法律在成员国国内法规范层次结构中的位阶；此外：我们必须确立欧共体法律内在效力的渊源。然而，因为超出了国内宪法体系的范畴，优先原则不能借助合法性和有效性来评价。相反，如果我们认为两套法律体系同时并存是一个问题的

---

❶　至于第二种可能性（对欧共体法律原则的服从），人们可能——尽管尚未足够细化——概括得出了这两种可能性之间的相似之处，以及那种快速地、心照不宣地向联邦转移的趋势。

话，那我们就不得不寻求一种机制，根据这个机制，两套有效的法律体系之间"规范的冲突"问题从一开始就能够得到解决。

毋庸置疑，在瑞典以及欧共体的其他成员国中，成员国国内法院对超国家的欧共体法律（相当于内在有效的法律）的直接适用，这是活生生的现实存在。然而，似乎存在这样一种情形，大多数的法律人都持有这样一种理念"唯独国内宪法才是他们的宪法，而《阿姆斯特丹条约》或其他条约（包括它们的修正案等）都不算"。这种观念揭示出，国际条约缺乏宪法所拥有的那样一种权威性，即司法权威性，这种司法权威性是一种基础。就是这样——这就是我迄今为止有关欧盟规范体系比较详尽的观点。❶

联邦的特征，确定无疑就是诸如权力的垂直分配，以及大部分欧共体法律的可直接适用性。但是，欧共体并非通常意义上的联邦。❷ 联邦的法律体系——诸如德意志联邦共和国或美利坚联邦共和国——是建立在国家宪法的基础之上的。这种宪法是这样被理解的，它是联邦共和国共同的宪法，也是每个成员邦联国的宪法，尽管联邦中的邦联国仍保留着它们各自的宪法。从国际法的观点来看，联邦——作为一个统一体，而并非几个"国家"——构成了一个通常意义上的国家。❸

欧盟并非这种意义上的一个国家：尽管拥有一个国际法的主体地位以及条约创设权，但欧盟并不是一个主权机构——然而，欧盟的成员国却都是主权国家，原则上，只要它们愿意，它们就能够脱离欧盟。如果它们（欧盟的成员国）是联邦的组成部分，

---

❶　关于"欧共体的层次结构"这一特殊问题，参见：乔金姆，《阿姆斯特丹条约与欧盟：权力机构的平衡》，页37。

❷　欧盟立法权的联邦化特征通常包括：一个通过直接选举而产生的议会，一个"联邦性质的"（宪法）法院，在一切成员国国内法面前主张欧共体法律的优先性，欧共体规则在成员国境内的直接效力，以及成员国对欧盟的一般性忠实义务。

❸　从国际法的观点来看，无论是在形式上还是在本质上，成员国都享有比欧盟机构"更高的"身份和地位。

那么它们就不可能轻易地脱离联邦。❶

　　欧盟的法律体系——它是一个自成一格的法律秩序，[155] 具有"自己的类型"——并不是建立在成文宪法之上的。那个经常被称为有效的"欧盟宪法"——它在欧共体法律中处于更崇高的地位——实际上是由具有宪法属性的规则构成的，这些具有宪法属性的规则包含在原始条约当中（纯粹的国际条约）。然而，"欧盟宪法"的组成部分比这宽泛得多——包括特定的欧共体原则、欧洲法院在实践中所确立的原则（例如自治原则和欧共体法律至上原则）以及法律的普遍性原则（诸如对基本权利予以保护的原则）。

　　在联邦机构和邦成员国机构之间——权力是垂直分配的，联邦法院的权力分配就是一个典型；通常，联邦权力目录通过宪法来进行分配。原则上，联邦法律比州法律（邦成员国法律）具有优先性：例如，德国《基本法》第31条就规定"联邦法优先于州法"❷，这意味着联邦法律优先于任何种类的州（邦成员国）法律。❸

---

　　❶　在1993年的"马斯特里赫特裁决"中（见下文2.1.2节），德国联邦宪法法院使用了三种方式使得德国脱离了欧盟。参见：曼弗雷德·楚雷克（Manfred Zuleeg），"宪法约束下的欧盟宪法条约：德国的情况"（The European Constitution under Constitutional Constraints：The German Scenario），载 *ELR*，1997，页19－34。

　　❷　《德国基本法》的文本——《德意志联邦共和国基本法》（*Grundgesetz für die Bundesrepublik Deutschland*）——能够在1993年出版的《欧共体成员国的诸宪法》第3版（*Die Verfassungen der EG-Mitgliedstaaten*，Munich，1993）中找到。本书使用的是另一版本：1995年出版的《德意志联邦共和国立法和梅克伦堡－前波莫瑞州的宪法》第2版（*Grundgesetz der Bundesrepublik Deutschland und Verfassung des Landes Mecklenburg-Vorpommern*），载《梅克伦堡－前波莫瑞州的联邦政治教育中心》（Landeszentrale für politische Bildung Mecklenburg-Vorpommern 编，Schwerin，1995）。

　　❸　关于德国法律原则中 "Anwendungsvorrang"［优先适用］这一术语，参见：克劳斯·斯特恩（Klaus Stern），《德意志联邦共和国国家法》第1卷第2版（*Das Staatsrecht der Bundesrepublik Deutschland*，Vol. I，2nd edn.，Munich，1984），页542、页720。根据斯特恩的观点，《德国宪法》第31条所使用的 "brechen"［打破］一词，并非意指 "violate"［侵犯］，而是意指 "deprive of effect"［剥夺效力］、"cancel"［取消或废除］、"derogate"［贬损］、"supplant"［取代］、"being more forceful"［更有效力］、"precede"［地位高于或优于］、"make inoperative"［使失效］、"cut out"［删除］等。参见：同上，页720。

　　在特定领域内，联邦的权力是专属性的，也就是说，联邦在任何时候都能实施这些权力。❶ 类似的是，在特定领域内，欧盟的权力也是专属性的，欧盟的成员国不能主张或宣称拥有这些权力。然而，这些权力并不是欧盟所拥有的源于宪法的那种初始的或固有的权力；但是，这些权力是现实存在的，它们源于基础条约（在基础条约中，这些权力并不是系统化地被展示着，而只是在大量的条款中被提及而已）。

　　在其他领域中，欧盟掌控着潜在的权力：要是某一天，欧盟宣称或主张自己拥有这些权力，并颁布有约束力的立法行为，那么欧盟成员国（先前"竞相争夺"）的权力——［156］通过欧洲法院过渡性质❷的措辞——将会消失。

　　"真正的"联邦，通常都拥有宪法法院，宪法法院的裁判是有约束力的。例如，在案件的审理过程中，德国宪法法院有权宣布"那些同德国《基本法》相冲突的联邦法律和邦成员国（州）法律是无效的和被废除的"；美国最高法院拥有针对联邦立法和州立法实施司法审查的权力。

　　同联邦宪法法院相比，欧洲法院（the European Court of Justice）❸ 的权力则显得有限。欧洲法院不拥有废除——甚至是解释——与欧共体条约相背离的成员国国内规则的权力。然而，对

---

　　❶ 成员国的立法权只是辅助性的、次要性的。这一点尤其能够从《德国基本法》第 70（1）条以及《美国宪法第五修正案》中得以体现，《美国宪法第五修正案》规定："未被分配的权力通过宪法赋予联邦，但也不禁止将属于州的权力分配给各州。"《美国宪法》的文本可以在《宪法法律》当中找到，参见：J. E. Nowak, R. D. Rotunda and J. Nelson Yong,《宪法法律》第 3 版（*Constitutional Law*, 3rd edn., West, 1986），页 1113。

　　❷ 判例 7/71，欧共体委员会诉法兰西共和国（"欧洲原子能共同体"），［1971］ECR，页 1003。

　　❸ 以下简称"欧洲法院（ECJ）"或法院（the Court）"。

欧洲法院❶的论证以及为其所使用的解释技术的分析却表明，欧洲法院并未拥有调查欧共体成员国国内法规之身份和内容的权力，但这与下述方式相比，却显得并无大碍——通过强调联邦的一般客体（一般客体在基础条约❷中被表述）以及不厌其烦地指出欧共体各成员国将自己的主权转移给欧洲议会。依据欧洲法院的观点，基础条约的终极目的就是"欧共体法律的统一适用"，这证明了欧共体成员国自治权的正当性，这也要求欧共体法律相较欧共体成员国的立法具有优先性。

欧盟是作为一个具备显著联邦性质的组织而出现的，这归因于欧洲法院所作出的有约束力的先决裁判和判决。依据《罗马条约》❸ 第 177 条——对法院❹所提出来的合宪性诉求而言，最重要的是法律救济——欧洲法院通过先决裁判制度从而对关于条约的解释，以及议会所颁布的立法行为［157］进行裁判。"哪个机构有权宣告欧共体的行为是无效的"，对这个问题的探讨在

---

❶　关于法院所使用的解释技巧问题，我依据下列著作予以回答：Joxerramon Bengoetxea，《欧洲法院的法律推理：以欧洲法理学为对象》（*The Legal Reasoning of the European Court of Justice*：*Towards a European Jurisprudence*，Oxford，1993）；Anna Bredimas，"共同体法律及其解释方法"（Methods of Interpretation and Community Law），载《欧洲法律研究》（*European Studies in Law*，Vol. 6，Amsterdam，1978）；L. N. Brown and F. G. Jacobs，《欧共体的法院》（*The Court of Justice of the European Comminitities*，3rd edn.，London，1989）；Trevor C. Hartley，《欧共体法律的基础》（*The Foundations of European Community Law*，3rd edn.，Oxford，1994）；Sten Pålsson 和 Carl Michael Quitzow，《欧共体法律：瑞典法律的新渊源》（*EG-rätten. Ny rättskälla i Sverige*，Stockholm，1993）；Henry G. Schermers 和 Denis F. Waelbroeck，《欧共体内的司法保护》（*Judicial Protection in the European Communities*，5th edn.，Kluwer，1992）；Ola Wiklund，《欧共体的法院自由裁量权》（*EG-domstolens tolkningsutrymme*）。

❷　在欧洲法院的表述中，"精神、条款的一般体例以及用词"，参见：判例26/62，梵·昂卢斯诉案荷兰财政部案，［1963］ECR，页1。

❸　《阿姆斯特丹条约》第234条。

❹　"与第177条相匹配之权力的主要目的，就是为了确保共同体法律在全体成员国内法院的统一适用。"参见："Case Foto-Frost 案"，载 *E/S*，页127。

1985 年首次达到了白热化的程度。❶

欧共体法律对于它在欧盟成员国范围内的"自治性""优先性"以及"可直接适用性"的主张，已经产生了一系列的重要问题——例如，"超国家法律的民主合法性"问题；❷ 诸如"可分割的主权"这一实用性新概念引用的问题；❸ 最重要的是，欧洲法院同欧共体成员国国内法院之间确切的关系问题。这个问题，实际上可以永远视为是这样一个问题，通过对德意志联邦宪法法院所作出的"马斯特里赫特判决"（Maastricht Judgement）的反映，以及对所谓的"香蕉案"（Bananas Cases）❹ 的解决，是否充分地说明了违宪审查权力的终极"位置"？

随后，我应该首先思考欧共体法律的宪法化特征（2.1 节欧共体法律的宪法化：过程与结果），接下来再考虑欧共体法律原则的问题背景——特别是欧共体法律的优先性原则：这就是我应该做的事情，也就是以欧盟的观点为依托，来强调传统"法律体系观"（一元论和二元论）的利弊（2.2 节："传统的"法律体系观" vs. "欧盟的视角"）。

---

❶ 在"Foto-Frost 案"中（判例314/85，*Forma Foto-Frost v. Hauptzollamt Lübeck-Ost*，[1987] ECR，页 4199）。欧洲法院强调《罗马条约》第 177 条的目的，并宣称"国内法院无权宣告欧共体机构的立法行为是无效的"，因为这项权力是欧洲法院专属的，参见：同上，页 127。

❷ 在此，我要感谢现有的研究成果：其中最大的贡献是里士满（Catherine Richmond），里士满为了重新审视欧盟、欧盟成员国同国际法之间的关系，引用了凯尔森的"法律体系"这一理论。在研究欧共体法律特有的不确定状态的原因时，里士满提炼出九种不同的理论模型，它们都能被用以解释欧盟的自治性和权威性。参见：里士满，《保留身份的危机：欧洲法律的自治、体系与主权》（*Preserving the Identity Crisis：Autonomy，System and Sovereignty in European Law*）；Ola Wiklund，《法院的自由裁量权》，页 48、页 208－217；亦可参见：Sverker Gustavsson，"欧共体的民主合法性"（EG：s demokratiska legitimitet），载《主权和民主》（*Suveränitet och demokrati*，SOU，1944：12），页 117－174。

❸ 关于可分割的主权，参见：Daniela Obradovic，"共同体法律与主权分割理论"（Community Law and the Doctrine of Divisible Sovereignty），载 *LIEI*，1992/1，页 1－20。

❹ 关于"香蕉案"判例，参见下文 2.1.2 节。

2.1 欧共体法律的宪法化：过程与结果[1]

在意图巩固欧共体与成员国的关系这一立场上看，欧洲法院在20世纪60年代的早期便开始借助先决裁判制度［158］阐释了一系列的宪法性原则。随后，我应该首先从欧盟的角度（2.1.1节：欧盟的视角）去关注基础条约宪法化过程的主要阶段，然后再思考宪法化过程的结果：尤其是，我打算通过讨论"马斯特里赫特判决"的意义和影响来突出欧共体法律体系的主要缺陷（"它的权力界限并不清晰"），"马斯特里赫特判决"是欧共体成员国意图限制欧洲法院权力的基石（2.1.2节：欧盟的基本宪章）。

2.1.1 "欧盟的视角"

通过"欧盟的视角"这一章节，我指出了一种观点，在一系列的著名案例中，欧洲法院所作出的裁判反映出了这一观点。在描述欧盟的视角——或观点——的过程中，我的出发点，就是欧洲法院为了支持欧盟官方而早已阐释过的欧共体法律的三项原

[1] 根据 Nanette Neuwahl 的观点，从共同体的角度看，在狭义的层面上去理解"宪法"这是可取的，它暗示着欧盟以这样一种方式顺利地成为一个社会的组织机构。Nanette Neuwahl 论证说，在宪法化进程的中期，通过说欧盟不拥有宪法，以及既不能将欧盟与国家相比，又不能将其与"普通的国际组织机构"相比，对欧盟动态要素施加的压力。通过提及"宪法化"，欧盟将以开放式的方式结束。参见：Nanette A. E. M. Neuwahl，"公平原则、人权以及合宪性原则——欧盟框架内的分析"（Principles of Justice, Human Rights and Constitutional Principles Within the European Union—A Framework For Analysis），载《欧盟法律与正义的原则》（*Principles of Justice and the Law of the European Union*, ed. E. Paasivirta and Kirsti Rissanen, Brussels, 1994），页31－85。

则。这些原则具体表述如下：

自治原则：根据该原则，欧共体法律构成了一套自治的独立法律体系——以自己的方式自成一格——欧共体法律完全独立于欧共体成员国的国内法律体系。对欧洲法院而言，自治原则是作为其主张的理由而服务的。❶

优先原则：指的是欧共体法律的地位优先于欧共体成员国国内法律的地位。

第三项原则，即直接适用原则：根据这一原则，即便没有以前的实施措施，欧共体法律也必须在欧共体成员国领域内被适用。❷

随后，每一项原则的重要性，将按照上述的顺序做更详细地思考。

2.1.1.1　自治原则

早在 1962 年，即 13/61"博世案"（Bosch）中，欧洲法院就曾强调，欧共体法律的自治性等同于欧共体成员国国内法律体系的自治性。❸

［159］"博世"案产生了这样一个问题，即如果所涉及的规则已经被提起诉讼，那么欧洲法院是否还有资格颁布一项先决裁判。当法院面对这样一个案件时，荷兰最高法院所作出的裁决仍然是最著名的。然而，欧洲法院坚持这一事实，即一方当事人已经就正在审理的案件中并未被排除的规则提出了诉讼。

在"博世案"中，这是欧洲法院第一次质疑并审查《罗马

---

❶　判例 26/62，"梵·昂卢斯案"，同页 222 注释 4。

❷　《罗马条约》第 189 条（《阿姆斯特丹条约》第 249 条）。

❸　判例 13/61，*De Geus en Uitenbogerd v. Bosch en Van Rijin*，［1962］ECR 45，载 *E/S*，页 118。

条约》第177条款。欧洲法院宣称：❶ 第一，《罗马条约》第177条的用语绝不是在暗示"欧洲法院在这样的案件中不应该拥有解释的权力"；第二，原告博世（Bosch）和莱因（Van Rijn）错误地理解了该条款——他们没有按照法院的用语"欧共体内任何成员国的国内法以及成员国的法院均要求欧洲法院作出一项先决裁判，并和欧共体法律构成两套彼此独立且显著有别的法律秩序"来领会这一条款。❷

在成员国国内法院看来，欧共体法律秩序和（荷兰）国内法秩序是两个相互分离、彼此独立的法律秩序。在这样的案件中，欧洲法院并未考虑自己等待颁布一项先决裁判的职责，直至荷兰最高法院的裁决获得了法律强制力：每一套法律秩序都会采取恰当的方式，因此——在欧洲法院看来——荷兰最高法院的裁决与欧洲法院的先决裁判之间，可能存在不兼容性。❸

随后，自治原则在三个著名案件中得以阐释和提炼，这三个著名的判例就是"梵·昂卢斯案"（Van Gend en Loos，也译为"范根和路斯案"）、"科斯塔诉意大利国家电力公司案"（Costa v. ENEL）和"国际贸易公司案"（Internationale Handelsgesellschaft）：在"梵·昂卢斯案"中，自治原则借助欧共体法律学说（依据欧洲法院所采用的"目的解释方法"）从而得以确立——在"科斯塔诉意大利国家电力公司案"和"国际贸易公司案"中，欧洲法院为了证明欧共体法律优先性的正当性，使用了这一原则。

26/62案，从"梵·昂卢斯案"❹ 开始了对《罗马条约》第12条款的直接适用：一项条款可"直接适用"，这意指该条款能

---

❶ 1962年4月6日作出的先决裁决；亦可参见：L. N. Brown 和 F. G. Jacobs,《欧共体的法院》，页58。

❷❸ 判例13/61，同页221注释3。

❹ 判例26/62，"梵·昂卢斯案"，［1963］ECR 10，载 *E/S*，页110－114、页160－161、页255－256。

够为欧共体成员国所适用，而无须采取一项先前的执行措施。

在"梵·昂卢斯案"中，欧洲法院面临两个问题：第一个问题是，《罗马条约》第 12 条款是否可以直接被适用；第二个问题是，如果第 12 条款可以直接被适用，如果第 12 条款也可以产生直接的效力，那么公民个人是否能够在 [160] 他们的国内法院面前诉诸这些已经被创设的权利。为了能够回答这些问题——或者像欧洲法院所宣称的那样❶——就要考虑《罗马条约》条款的"精神、体例和用词"❷，这是很有必要的。

欧洲法院对《罗马条约》的序言和介绍性条款采用的是目的论解释，并得出结论，一部普通的国际条约（一种在条约国之间创设相互义务的契约）并不是一个问题；然而，《罗马条约》已经导致了一个"被欧共体成员国及其公民赋予了主权"的机构的成立。❸ 因此，欧洲法院希望强调：欧共体成员国通过缔结《罗马条约》的方式，已经将各成员国主权中的部分权力——尤其是立法权和立法解释权——移交给了欧共体组织，因此，欧共体成员国不能再自行去行使那些权力了。

欧洲法院通过欧共体构建了"一个新的国际法秩序，这个法律秩序限制了欧共体成员国的主权"，❹ 这个新的法律秩序的主体，不仅由欧共体成员国所构成，而且也包括它们的国民。❺

欧洲法院在"梵·昂卢斯案"中所使用的解释方法，可以被视为是对成员国主权原理的阐释。通过"欧共体成员国自己将主权移交给欧共体机构"的方式，奠定了自治原则的基础——欧洲法院得以将"自治原则"转换为"优先原则"和"直接适用

---

❶　1963 年 2 月 5 日作出的先决裁决。

❷❸　参见：D. Curtin 和 M. van Empel，《欧共体法律中的经典判例》（*Leading Cases on the Law of the European Communities*, Kluwer, 1994），页 2，以下简称 C/E。

❹　同上，页 3。在随后的裁决中，法院拒绝将欧共体法律同国际法联系起来——"国际法的……"这一表述被排斥了。

❺　《欧共体法律中的经典判例》，页 3。

原则"。

2.1.1.2　优先原则

当欧共体的法律规则同欧共体成员国的法律相冲突的时候，欧洲法院适用的是优先原则。如果（调整同一领域的）一项欧共体规则同欧共体成员国国内法规则相冲突，那么欧共体规则相较成员国国内法规则而言，便具有优先性——换言之：欧共体的规则使得国内法规则被搁置。应该就是这样一种情形，这同"成员国国内法规则究竟是在《罗马条约》缔结之前还是之后被制定的"并无关联，❶ 同"国内法条款在国内法规范层次结构中的高低地位"也无关联❷：在这两种情形中，成员国国内法规则将自动不被适用。❸

［161］"优先原则"是在著名的"科斯塔诉意大利国家电力公司案"中所确立的，并且随后在"国际贸易公司案"中再次被强调。

6/64 案，"科斯塔诉意大利国家电力公司案"❹ 被证明是欧共体法律发展史上的一块基石：欧共体法律的全部三项原则均是在先决裁判中形成的。❺ 然而，通常来说，每个案件都是关于优先原则的。

"科斯塔诉意大利国家电力公司案"证明了这样一个问题：《罗马条约》——它自 1958 年 1 月 1 日开始生效——比成员国意大利的国内法（制定于 1962 年）更具有优先性。这部国内法和《罗马条约》中的条款是不兼容的。欧洲法院在强调欧共体法律

---

❶　参见：判例 6/64，"科斯塔诉意大利国家电力公司案"，同页 224 注释 4；"Simmenthal Ⅱ 案"，同页 229 注释 6。

❷　参见：判例 11/70，"国际贸易公司案"，同页 227 注释 5。

❸　判例 106/77，"Simmenthal Ⅱ 案"，*E/S*，页 202，同页 229 注释 6。

❹　判例 6/64，"科斯塔诉意大利国家电力公司案"，［1964］ECR 585，载 *C/E*，页 585。

❺　1964 年 7 月 15 日作出的先决裁决。

自治性的时候，也主张欧共体法律相较欧共体成员国国内法而言具有优先性。

1962 年，意大利对本国的电子产业实施了国有化。律师科斯塔（Flaminio Costa）拒不投票赞同电子法案——他通过一种谨慎的方式——反对国有化的组织"意大利国家电力公司"（ENEL）：在科斯塔律师看来，在国有化的进程中，意大利的立法措施与《罗马条约》中的部分条款是不兼容的。❶

欧洲法院宣称，《罗马条约》是"一个独立的法律渊源"❷——不像普通的条约——它形成了自己的法律体系，"在罗马条约生效的那一刻，它便成为欧共体成员国法律体系不可缺少的组成部分，并且，成员国国内法院有义务适用该条约"。❸欧洲法院还声称，欧共体法律的自治性是建立在这样一个事实基础上的，即欧共体成员国限制自己特定领域内的主权，并将这些权力移交给了欧共体——在欧洲法院看来，这种限制是永久性地。❹

然而，在作这样的推理时，欧洲法院心里实际想的是对欧共体法律的统一适用："欧共体法律相较欧共体成员国国内法而言具有优先性"，这一主张仅仅只是论证"欧共体法律统一适用之主张"的一个环节。

关于《罗马条约》第 5 条，❺ 欧洲法院强调的是该条约的客体，即欧共体法律在欧共体全体成员国境内的统一适用：❻ 欧洲

---

❶　尤其是《罗马条约》第 37 条、第 62 条、第 53 条。

❷　《欧共体法律中的经典判例》，页 8。

❸　同上，页 7 - 8。

❹　"通过创设一个无终止期限的共同体……拥有……源于对主权进行限制而产生的权力，或源自成员国移交给共同体的权力，成员国已经对它们自己的主权进行了限制，尽管这些只是发生在有限的领域内，因而创设了一个法律主体，这个法律主体既约束成员国，又约束它自己。"参见：《欧共体法律中的经典判例》，页 8。

❺　《欧共体法律中的经典判例》，页 8。

❻　"欧共体法律的执行力，在不同成员国之间，不能有所差异。"参见：同上。

法院宣称，欧共体法律能够被统一适用，因为它构成了一个独立的法律体系，❶ 欧共体法律的独立性归因于它自身的本质属性、特征以及它的法律渊源。❷

[162] 在任何条件下，成员国单方的国内措施都将破坏欧共体法律的统一适用：欧共体法律源自《罗马条约》——它是一个独立的法律渊源——因其独特的、原初的属性而不能被欧共体成员国国内法条款所无视——"无论编造的是何种理由"❸——只要其共同体法的特征没有被剥夺。❹

在"梵·昂卢斯案"中，欧洲法院对欧共体法律"本质属性"或特征的定义比较简单；❺ 在"科斯塔诉意大利国家电力公司案"中，欧洲法院给出了下面这一著名的定义：

"通过创设一个无限期的共同体，这个共同体拥有自己的机构、自己的品格、自己的立法能力以及在国际层面上的代理能力，尤其是，成员国主权的限制或成员国将主权权力移交给共同体，成员国在有限的领域内限制自身的主权，并创设一个法律主体，既约束成员国的国民，也约束成员国自身。"❻

通过这一表述，欧洲法院希望确立下面几点，第一个就是，共同体成员资格意味着对国家主权的限制，第二个就是，如果各成员国随后的立法措施能够审查其作为成员国——出于自己的自由意志——所承担的义务，那么这些义务就不会是无条件的，而仅仅只是有条件的。欧洲法院宣称"如果成员国通过立法措施（超越欧共体法律）这一手段，单方废除《罗马条约》第189条的效力"，那么该条款——它确立了欧共体法律的优先性——将

---

❶ "《欧洲经济共同体条约》已经创设了它自己的法律体系。"参见：《欧共体法律中的经典判例》，页8。

❷ 欧共体法律特殊的和原始的本质属性。参见：同上。

❸❹ 《欧共体法律中的经典判例》，页8。

❺ "为了国际法新秩序的利益，成员国已经对它们自己的主权进行了限制。"参见："梵·昂卢斯案"，《欧共体法律中的经典判例》，页3。

❻ "科斯塔诉意大利国家电力公司案"，参见：同上，页8。

毫无意义。❶

因此，对主权的限制——在欧洲法院看来，这个限制是永久性的❷——被宣布对随后由成员国单方的国内立法（该项国内立法废除或无视欧共体法律）构成了一个不可逾越的障碍：正是这样一种单方的国内立法行为同欧共体的目标截然相对立——欧共体的目标是"对欧共体法律的统一适用"。❸

在"科斯塔诉意大利国家电力公司案"中，欧洲法院已经指明，欧共体的法律相比成员国的国内条款来说，都具有优先性，而不论这些国内条款在国内法规范层次结构中的位阶如何。❹在"国际贸易公司案"中，欧洲法院再次解释了这一观点——并进行了提炼。

［163］11/70 案，"国际贸易公司案"❺开启了欧共体法律同内在于成员国国内宪法中的基本人权之间的关联——在这个案例中，国内宪法就是德国的《基本法》。因为，欧洲法院首次就欧共体法律的至高地位问题，面对着来自成员国国内法院的直接挑战。欧共体法律的优先性问题是通过"欧洲法院拒不承认那些单纯为成员国国内法律所规定应当被保护的基本权利"这一方式来实现的。

有关共同体农业政策的案例，因为一部关于小麦面粉出口的欧共体条例❻而出现。为了获得一个出口许可证，国际贸易公司不得不支付一定数额的款项作为出口保证金。根据这部欧共体条例，如果国际贸易公司未在规定的时间内使用出口许可

---

❶　参见：《欧共体法律中的经典判例》，页 8。

❷　"对它们主权永久性的限制"，参见：同上。

❸　"与共同体概念不兼容的后续单边行为不能盛行。"参见：同上，页 8 – 9。

❹　欧洲法院在"科斯塔诉意大利国家电力公司案"中宣称，不能通过"成员国的国内法律规定"将欧共体法律抛弃或搁置。参见：同上，页 8 – 9。

❺　判例 11/70，"国际贸易公司案"，［1970］ECR 1125，载 *E/S*，页 82 – 84、页 174 – 175、页 625 – 627；载 *C/E*，页 690 – 692。

❻　120/67/欧洲经济共同体，1967 年 7 月 13 日。

证，那么该公司所缴纳的保证金将被罚没。国际贸易公司并未履行这一义务，该公司获取了一个 20 000 吨小麦面粉的出口——因此，国际贸易公司立即被告知将罚没其已经缴纳的保证金。

诉诸比例原则，❶ 国际贸易公司宣称，法兰克福行政法院在欧洲法院面前罚没该公司所缴纳的保证金，这一行为侵犯了该公司的基本权利，因而是违宪的。

法兰克福行政法院要求作出这样一项先决裁判来宣告"保证金体系同国内宪法的结构原则截然相反"，❷ 以及"超国家法至上性必须向德国《基本法》的原则妥协"。❸

然而，欧洲法院意在强调，欧共体法律的统一性和实效性一定不能被破坏——成员国国内法院将次要性的欧共体法律与成员国国内法规则相比较，以及审查欧共体法律的有效性与合宪性的过程，这势必危害欧共体法律的统一性和实效性。❹

欧洲法院严肃地强调了欧共体法律渊源的自治性，❺ 并在"国际贸易公司案"中确立了 [164] 对基本权利的保护，对这些基本权利的保护成为法律的一般性原则，并且为法院所适用。❻

2.1.1.3　直接适用原则

直接适用原则，说的是"欧共体条例必须以它们原本的形式

---

❶　《德国基本法》包含着保护各种经济利益的条款。这些条款体现出来的是一个比例原则："适当考虑社会公共利益和相关人员的利益。"参见：《德国基本法》第 14（3）条。

❷❸　参见：判例 11/70，"国际贸易公司案"，载 *E/S*，页 83。

❹　"源于条约的法律……因为它的本质属性不能由国内法规则重设，未被剥夺其作为欧共体法律的特征，也未被称为欧共体的法律基础。"参见：同上，页 83。

❺　"源于条约的法律，是一个独立的法律渊源。"参见：同上，页 93。

❻　"因为基础权利构成了为法院所加以保护的普遍性法律原则中不可分割的一部分。对这些权利的保护……必须在欧共体的目标及框架结构中得以保障。"参见：同上，页 84。

（共同体的形式）被直接适用"，而原本的形式指的就是不以成员国以往所使用的措施来进行。因此，欧共体条例不得被转化为成员国的国内法律体系，也不能融合到成员国的国内法律体系之中。❶

　　原则上，欧共体条例不仅是可直接适用的，而且还具有直接的效力，这意指欧共体条例可以赋予个体国民以权利。个体国民能够在他们本国的法院面前诉求这些权利，国内法院也有义务对这些权利提供保障。因此，直接的效力是直接适用性的一个方面。

　　欧共体规则具有直接的效力，这需要假定两个前提条件已经得到了实现和满足——受质疑的规则是清晰的和无条件的，并且不存在对成员国——它们或许要凭借实在的立法措施来作出的规则实施，而这些立法措施又是根据国内法来制定的——所作的保留。❷

　　欧洲法院关于"欧共体法律的直接效力"的观点，在"Simmenthal II 案"❸、"梵·昂卢斯案"❹ 以及"Van Duyn 案"❺ 中的先决裁判里都有清晰的反映。

　　106/77 案，"Simmenthal II 案"❻ 关注的是"直接适用欧共体条款"同"成员国随后的国内立法（意大利 1970 年通过的进口税法律）"之间的冲突。

　　Simmenthal 公司从法国进口了一批牛肉到意大利，并且在牛

---

❶ "欧共体条例直接适用于全体成员国，只要在欧共体官方公报上刊登公布便生效……因此，同条约相悖的一切实施措施都将对欧共体条例的直接效力产生阻碍，也会对欧共体条例在共同体范围内同时的、统一的适用造成损害。"参见：判例 39/72，"欧共体委员会诉意大利案"，［1973］ECR 101，载 E/S，页 41。

❷ "梵·昂卢斯案"，载 E/S，页 112。

❸ 参见：页 229 注释 6。

❹ 参见：页 222 注释 4。

❺ 参见：页 234 注释 6。

❻ 判例 106/77，"Italian Minister for Finance v. Simmenthal S. p. A 案"，［1978］ECR 629，载 C/E，页 247 – 250。

肉穿越国界的时候为该批进口商品的健康检疫支付了相关费用。刚才提到过，意大利的这种措施已经自 1970 年开始便形成了法律规定；然而，意大利的国内法律与《罗马条约》以及两部欧共体条例（它们［165］分别于 1964 年和 1968 年获得通过）的规定截然相反。Simmenthal 公司在苏萨郡提起诉讼，要求退还这笔款项，并声称意大利征收该笔税费的国内法规定与欧共体的条款是不兼容的。

在意大利，普通法官（民事、刑事和行政法官）被禁止审查立法的合宪性。[1] 因此，根据意大利的法律，普通法院无权废除同欧共体法律不兼容的国内立法——相反，国内立法的违宪审查被要求只能由意大利宪法法院来实施。因此，意大利的普通法院不可能在具体案件中适用欧共体的法律，同时还不侵害国内立法。

意大利的权威机构提出了两个问题：第一，意大利的国内法律一定占据主导地位，因为国内的相关法律是 1970 年开始实施的，它是在两部欧共体条例之后才获得通过的；第二，即便国内法律同意大利的国际条约义务相冲突，这些国内法律也必须为国内法院所适用，除非宪法法院已经宣布它违宪。[2] 欧洲法院为了解决这些问题，颁布了一项先决裁判。

关于第一个问题，欧洲法院陈述说，欧共体的法律规则必须"自它生效之日起失效前，在全体成员国范围内完全地、统一地被适用"，[3] 成员国国内法院有责任赋予欧共体条款充分的效力：欧洲法院宣称，每一个欧共体成员国的国内法院都必须完整地适

---

[1] 奥地利和德国有着同样的状况。参见：卡佩莱蒂，《当代世界的司法审查》，页 74－76；也可参见：第三部分第一章 1.2.2 节有关违宪审查的两种模式。

[2] 根据意大利的法律，国内立法行为是有效的，直到它被国内立法取消、废除或被意大利宪法法院宣告违宪。

[3] "Simmenthal Ⅱ案"，参见：《欧共体法律中的经典判例》，页 248。

用欧共体法律❶，并"废除一切同欧共体法律相冲突的国内法条款，而不管该国内法条款究竟是先于还是后于欧共体法律的制定"。❷ 国内法院应该拒绝适用任何与欧共体法律存在冲突的国内立法条款，即使该国内立法条款是在欧共体法律之后获得通过的。❸

关于第二个问题——欧共体法律的直接适用问题——欧洲法院认为：暂缓欧共体法律的适用，直至与之相冲突的国内法条款通过立法或其他的宪法手段被废除，这并不是必然的。❹ 在遵从优先原则的时候，欧洲法院宣称，"罗马条约中的条款、机构的直接适用措施与成员国国内法律之间的关系就是这样的，那些条款和措施不仅仅只是生效时自动呈递出现行国内法中任何不被适用的冲突的条款……而且也要排除那些同欧共体条款不兼容的但已经获得通过的〔166〕新的国内立法措施"。❺

因此，与之相冲突的国内立法被宣布不具有效力：在欧洲法院看来，承认与欧共体法律不兼容的国内法条款，就相当于欧共体成员国否定自己"负有无条件地和不可撤销地承认当时缔结欧共体条约"的义务。❻ 因此，如同欧洲法院指出的，如果欧共体成员国的国内法院作出了这种承认，都必将危及"欧共体的基础"。❼

《罗马条约》第189条❽提到的仅仅只是可直接适用的欧共体条例。然而，在解释第189条的时候，欧洲法院所采用的方法导致了《罗马条约》的全部条款❾及其指令❿都被认为是可直接

---

❶❷　"Simmenthal Ⅱ案"，参见：《欧共体法律中的经典判例》，页249。

❸　同上，页249－250。

❹　同上，页250。

❺　同上，页248－249。

❻❼　同上，页249。

❽　《阿姆斯特丹条约》第249条。

❾　判例26/62，"梵·昂卢斯案"。

❿　判例41/74，"Van Duyn 案"。

适用的和具有直接效力的。

在"梵·昂卢斯案"中——先前在论述欧共体的自治原则时曾提及过❶——首次宣称《罗马条约》中的条款（《罗马条约》第12条款）是可直接适用的和具有直接效力的。《罗马条约》第12条款所陈述的是，禁止欧共体成员国彼此征收任何新的进出口税（或增加既存的相关税费）。

荷兰就在关税类别上作出了调整和修改，特定的化工产品（尿素甲醛）被转移、划归到了新的关税类别中。因为这一调整，尿素甲醛的进口关税提高了。荷兰的"梵·昂卢斯公司"（Van Gend en Loos）声称"荷兰关税类别的调整违反了《罗马条约》的第12条"，因此拒不支付新的进口税（按照新的标准所缴纳的关税将超过以前的关税数额）。

《荷兰宪法》第94条说道，如果对国内法的适用同"约束所有人"的国际条约条款相冲突，那么国内法规就不应该被适用。❷然而，荷兰政府除了宣称"关税类别的调整和修改发生在《罗马条约》生效之后"——并且宣称"《罗马条约》第12条不能被认为是约束所有人的，因为它并未关注公民个体"。

荷兰法院在处理该案件时适用了欧共体的法律，并要求一项"《罗马条约》第12条是否能够由个体在欧共体成员国国内法院面前提请诉求，并被直接适用"的先决裁决。❸

[167] 在论证《罗马条约》第12条的可直接适用性的过程中，欧洲法院——对《罗马条约》的目的论解释——作出了自己的著名评论：为了确立被解释之条约条款是否具有直接的适用性，欧洲法院宣称，解释时应该考虑条约的"精神、体例

---

❶　见上文2.1.1.1节。

❷　第94条规定："国内的现行法令法规，如果与具有普遍约束力之条约的规定或国际机构的决定相抵触，就不得施行。"

❸　《欧共体法律中的经典判例》，页2。

和用词"。❶

现在，《罗马条约》的体例——它确立了欧洲共同市场——是一个直接关于欧共体全体利益主体的体例。这样一种体例业已暗示，《罗马条约》不同于——它超越了——那种国与国之间创设双边义务的一般性国际条约。这种观点——正如欧洲法院所宣称的那样——不仅仅只是由《罗马条约》的序言❷所确立的，而且也是由特殊机构的设置所确立的——这些机构被授予"实施欧共体成员国及其国民所原本拥有的一些主权"。❸ 从这一观点出发，欧洲法院得出结论：欧共体法律"不仅仅只是对个体强加一项义务，同时也旨在授予他们权利，这些权利是他们应有权利的组成部分。"❹

因此，赋予个体的权利，实际上也可以源自对国家的义务进行规定的条款。如果不仅仅只是《罗马条约》表述了这种授权，而且，如果"条约所强加的义务以清晰明确的方式被强加给个体和成员国"，那么，这样的权利便产生了。❺

法院继续论证说，《罗马条约》第12条的用语是清晰的和无条件的，它包含着一项禁止性义务，即一项无需采取国内措施便可存在的消极义务。在法院看来，"这种禁止性义务的本质属性，在成员国和它们主体之间的法律关系之中恰当地产生了直接效力"，这是空想的。❻

因此，在欧洲法院的解释中，《罗马条约》的客体不仅仅只是由缔约国之间的双边义务所构成——还包括那些隶属于缔约国的国民们。根据欧洲法院的观点，对《罗马条约》"终极目的"的这样一种解释，在《罗马条约》的序言和特定机构的设置中都得到了确立，而这一机构的功能既指向欧共体的成员国，也指

---

❶ 参见：《欧共体法律中的经典判例》，页2。
❷ 《罗马条约》的前言不仅仅指向政府，也指向民众。
❸ 《欧共体法律中的经典判例》，页2。
❹❺❻ 同上，页3。

向成员国的国民。❶

[168] 只有《罗马条约》第 189 条所明确表述和提及的欧共体条例才是可以直接适用的;❷ 相反,欧共体指令仅仅只是对所取得的结果具有约束力,然而,它将对具体方式和方法的选择留给了成员国的国内权威机构。换言之,欧共体指令下放了客体,并将客体交给了成员国,由成员国根据它们认为合适的方式去实现。

因此,条例与指令的区别就在于它们环境的不同,在指令的情形中,国内权威机构将不得不采取特定的立法措施:尽管这些措施的细节内容可能变化很大,但其结果在全体成员国那里都是相同的。❸

然而,因为欧洲法院的解释方法,欧共体指令都能够被直接适用,并具有直接的效力。欧洲法院在"Van Duyn 案"中实现了这一点,在该案中,《罗马条约》第 48 条被认为是具有直接的效力。"Van Duyn 案"吸引了大量的关注❹——法院不得不将"指令是否能够具有直接的效力"作为一般性原则来进行裁决,欧洲法院的裁决❺同成员国国内法院的主流裁决大相径庭。

41/74 案,"Van Duyn 案"❻ 开启了对于《罗马条约》第 48 条(关于劳工的行动自由)的解释。荷兰籍女士 Van Duyn 起诉

---

❶ 此外,法院援引《罗马条约》第 177 条(尽管只是间接地)来证明,个人可以在国内法院面前诉求欧共体法律的权威:"《罗马条约》第 177 条分配给欧洲法院的任务,就是确保各个成员国国内法院对条约的统一解释,成员国承认欧共体法律具有权威性,且欧共体法律的权威性能够在成员国的国内法院那里提出诉求。"参见:《欧共体法律中的经典判例》,页 3。

❷ 参见:页 229 注释 1。

❸ 参见:Trevor C. Hartley,《欧共体法律的基础》,页 210。

❹ 参见:Ola Wiklund,"欧洲法院给予个人的权利损害成员国的执行指令"(EG-domstolens ger enskilda rätt till skadestånd för medlemsstats underlåtenhet att implementera direktiv),载 *JT* 3,1991–1992,页 507。

❺ 1974 年 12 月 4 日作出的先决裁决。

❻ 判例 41/74,"Van Duyn v. Home Office 案"。

英国内政部，因为英国内政部拒绝批准 Van Duyn 进入英国。Van Duyn 希望去知觉教教会英国分支机构担任秘书一职，英国政府认为这个机构具有社会危害性，并且与公共政策截然相反。然而，英国国民则完全被授权允许参加该组织。❶

欧洲法院面临两个问题——第一个问题是，"将那些能够在成员国国内法院面前实施的权利赋予个体"的层面上看，《罗马条约》第 48 条是否具有直接的效力；第二个问题是，就同样意义的层面上说，欧共体理事会第 64/221 号指令❷是否同样具有直接的效力。对于成员国来说，这个指令是对于外国人（或外籍人士）行动和居住的、一个关于专门措施的协调与合作的指令。

指令中的第 3（1）条意在限制自由裁量权，国内法通常将该项自由裁量权授予给负责外国公民出入境的机构。❸ 根据该条文，成员国国内权威机构的举措"应该专门建立在相关个体的个人行为基础之上"。❹这项条款就是 Van Duyn 指涉的那项条款。

关于第一个问题，法院持有如下观点。［169］《罗马条约》第 48 条的规定，对成员国强加了一项严格的义务——但这项义务并未要求欧共体机构或欧共体成员国它们自己采取任何进一步的措施。❺ 同一条款的第 3 段内容肯定包含着对行动自由的正当限制，这些正当限制是以"公共政策、公共安全或公共健康"为基础的；❻然而，对于这一条款的适用，并不妨碍《罗马条约》第 48 条将能够实施的权利授予给个体。❼

关于第二个问题（关于指令的直接效力），法院认为，指令第 3（1）条实际上确实具有直接的效力，因为下列两点理由：首先，因为指令第 3（1）条设置了一项无条件的义务——该项

---

❶　参见：*E/S*，页 366。

❷　委员会指令第 64/221 号，1964 年 2 月 25 日作出。

❸❹❻❼　《欧共体法律中的经典判例》，页 433。

❺　同上，页 432。

义务在"本质上"，❶ 无论对于欧共体机构还是欧共体成员国而言，均不要求进一步的措施；其次，是因为存在法律确定性方面的考虑：为了支持个体，在执行一项毁损条约基本原则的过程中，通过指令第3（1）条，成员国有义务不采取"与个人行为无关的因素"。❷ 因为这样一项义务，法律的确定性要求"个体应该能够依靠这一义务"，即便它是在一项立法行为中所设置的，而这项立法行为在整体上并不自动具有直接的效力。❸

2.1.1.4 总结和暂时的平衡

在总结"欧盟的视角"时，我应该再次强调欧洲法院对于欧共体三项主要法律原则所作出之阐释的意义。

欧洲法院在彼此独立的两套法律体系里的类似案件中都能够适用先决裁判。这一现象早在"博世案"中就已开始出现。

"博世案"❹ 并不是欧共体判例法当中的"经典"案例。但是，"博世案"也具有重大的意义，因为自"博世案"开始，欧洲法院始终在坚持阐释"欧共体对于保障欧共体法律在全体成员国范围内的统一适用"这项法律原则：在"博世案"中，欧洲法院指出，欧共体法律是一个有约束力的规范复合体，欧共体法律体系完全独立于欧共体成员国的国内法律体系。

这种观点在"梵·昂卢斯案"［170］和"科斯塔诉意大利国家电力公司案"中进一步得到了阐释和提炼：在这两个案件中，欧洲法院毫不犹豫地表示："新法律秩序❺的自治性是建立在'欧共体成员国自己将主权移交给欧共体机构'这一基础之上的"，这一说法确实是一个问题。欧洲法院继续说道，实现一

---

❶ 《欧共体法律中的经典判例》，页432。

❷❸ 同上，页433。

❹ 同页221注释3。

❺ "梵·昂卢斯案"以及"科斯塔诉意大利国家电力公司案"，分别参见：《欧共体法律中的经典判例》，页112、页162。

般体例的观点已经完成——它是欧共体全体成员国的共同目标——这在《罗马条约》的序言和引言条款里早已载明了。

一旦自治原则得到了定义，欧洲法院便将自治原则作为这一新的法律秩序优先性的理由——欧共体法律的地位优于在其之后获得通过的欧共体成员国的国内立法❶以及成员国的国内宪法条款。❷在论证优先性的时候，欧洲法院的推理紧紧围绕着两点展开——欧共体法律的渊源（例如，欧共体成员国对它们自己主权的限制）以及《罗马条约》的目标（它并未遭受到来自成员国国内单边措施的损害）。

因此，归功于欧洲法院的解释方法，欧共体法律得以作为一个独立的法律体系而出现，并且宣称自己具有优先性和可直接适用性。

然而，欧洲法院关于欧共体法律的优先性问题所展开的论证路径，也有值得质疑的地方。这一点在"Simmenthal II 案"中有所反映：与"科斯塔诉意大利国家电力公司案"类似，这里也有一个问题，那就是"欧共体的法律将在其之后制定通过的成员国国内法律给搁置废除了"。

在"Simmenthal II 案"中，❸欧洲法院指出，如果将法律冲突的解决留给欧共体成员国的国内权威机构来裁决，那么这将与欧共体法律❹的"本质"不相容。❺根据优先原则，❻《罗马条约》以及次要的（或派生的）欧共体法律规定，它们的地位不仅仅只是优先于欧共体成员国业已存在的国内法律：除此之外，即便是在此之后获得通过的成员国国内立法，但凡同欧共体法律相冲

---

❶　判例 6/64，"科斯塔诉意大利国家电力公司案"。

❷　判例 11/70，"国际贸易公司案"。

❸　同页 229 注释 6。

❹❺　《欧共体法律中的经典判例》，页 249。

❻　同上，页 248。

突的，都将自动不可适用。❶ 通过这样的说法，欧洲法院对欧共体法律的优先性作出了解释。

在"Simmenthal II 案"中，欧洲法院宣称：第一，欧共体成员国的国内法律，只要同欧共体的法律是不兼容的，那么这些国内法律将自动不具有直接适用性；第二，只要同欧共体法律相冲突，那么这样的欧共体成员国国内立法就不能作为有效的法律而获得通过——这样的国内法不能被认为具有法律效力；❷ 如同欧洲法院所指出的那样，欧共体的主要法律和次要法律将"不仅仅只是通过自己的生效自动呈递出任何与之相冲突的、不可适用的成员国现行国内法规定……而且也要排除那些同欧共体法律不兼容的 [171] 新的立法措施。"❸

欧洲法院的地位在《欧洲经济区协定》（*the Treaty on European Economic Area*，EEA）的制定程序中进一步得到了加强。该协定的目标就是欧洲经济的一体化，将欧洲自由贸易联盟（EFTA）国家整合纳入欧共体。

1991 年，欧洲法院宣称，《欧洲经济区协定》与欧共体的条约不兼容：根据欧洲法院在 1991 年 12 月 14 日发表的观点——在 1/91 案❹中——欧洲法院再次强调了欧共体法律体系的自治性和独立性，以及欧洲法院自己对欧共体法律适用和解释的专属管辖权。在这个场合，欧洲法院以模棱两可的和著名的权威方式表达了自己的观点。

协议草案的目标之一就是欧洲自由贸易联盟的国家在四大自由领域内取代和接管欧共体。实践中，这些措施存在于欧共体法

---

❶❷　《欧共体法律中的经典判例》，页 249。

❸　同上，页 248 – 249。相较而言，瑞典法律当中那些同宪法条款（或其他更高级别的规范）相冲突的条款无须被适用——受质疑的条款不被适用，但它们仍然是有效力的法律条款。在"Simmenthal II 案"中，欧洲法院通过援引上述这一方式，表达了这一点，并且更进了一步。

❹　意见 1/91，［1991］ECR I – 6084，I – 6084，载 *C/E*，页 46 – 51；也可参见：Trevor C. Hartley，《欧共体法律的基础》，页 5 – 6。

律秩序的导论之中，《欧洲经济区协定》规则的大部分主体与欧共体规则的主体（同样的用词）是并列一致的。❶

在1991年8月，欧洲共同体委员会适用了欧洲法院关于与《欧洲经济共同体条约》之规定、《欧洲经济区协议草案》相兼容的观点。❷根据协议的第1条，在欧洲经济区内，对欧共体法律的解释和适用的同质性得到了实现，一方面，是因为存在与欧共体的规定对应着的相同措辞的规定；另一方面，是因为设置了专门的欧洲经济区法院（EEA Court）。

欧洲法院迅速作出了强烈反应。在欧洲法院看来，我们所期待的法律同质化，不能通过"按照欧共体判例法❸来解释欧洲经济区规则"的方式去实现，理由如下：第一，只有在协议签署日之前的裁决才能被考虑，这将导致识别新旧判例法的困难；第二，借助欧共体判例法来解释欧洲经济区的规则，将不包含这些判例法的"基本要素"。❹如同欧洲法院所指出的，从《欧洲经济区协议》来看，"不承认直接效力原则和判例法必然承担的主要渊源，[172]协议的当事方仅仅承担着介绍它们各自法律规定中关于同《欧洲经济区协议》相反之立法规定的效力"。❺

因此，对欧共体判例法的遵守并不需要延伸至对判例法"基本要素"的遵守❻——这些要素同《欧洲经济区协议》的特征是不可调和的；相反，在整个欧洲经济区内保障法律的同质性这一目标，所确定的不仅仅只是对协定自身规则的解释，而且也包括了对相应欧共体规则的解释。❼

根据《欧洲经济区协议》——最重要的一点是——解释权

---

❶　《欧共体法律中的经典判例》，页50。
❷　以下简称"协议"。
❸　意见1/91，参见：《欧共体法律中的经典判例》，页49。
❹　同上，页47。
❺❻　同上，页48。
❼　同上，页50。

被分配给了欧洲经济区法院，此外，欧洲经济区法院将掌管欧共体的资格，以及协议所规定控制的成员国。❶ 这意味着，在实践中，欧洲法院的身份与地位将隶属于欧洲经济区法院（EEA Court）。❷

对于欧洲法院而言，让欧洲自由贸易联盟的成员国在"授权它们自己的国内法院适用欧洲法院所要求的解释规则"和"禁止它们自己的国内法院适用欧洲法院所要求的解释规则"之间作出选择，❸ 这是不可接受的，因为这样的话，就没有法院会在最终的案件中适用欧洲法院的判决。这样的话，"欧洲法院的判决将约束成员国的国内法院"就是没有保障的。对欧洲法院而言，"倘若自己仅仅只是扮演着顾问似的角色"这将是不可接受的。❹

简言之，欧洲法院的观点是，欧洲经济区法院的设置与《罗马条约》第 164 条、第 238 条是不兼容的，通常来说，欧洲经济区法院的设置与欧共体的基础不兼容。❺ 正如欧洲法院所指出的那样：根据《欧洲经济区协议》，欧洲经济区法院被授予司法管辖权，这对于由协议定义的责任分配，以及欧共体法律秩序的自治性而言，都可能产生不良的影响。❻

比较《欧洲经济区协议草案》和《欧洲经济共同体条约》，欧洲法院表达的是自己对于"欧共体法律体系是一个自治的、有着自己宪法的法律体系"这一观点；然而，欧洲经济区（EEA）是建立在国际协议的基础之上的，它只约束缔约国，尽管该国际

---

❶ 《欧共体法律中的经典判例》，页 48。

❷ 参见：尼尔斯·华尔（Nils Wahl），"法院的立场"（Prise de Position de la Cour），载 *JT* 1991～1993，页 554。

❸ 《协议草案》第 104（2）条。

❹ "这种情形将改变法院功能的本质，只要它是由《欧洲经济共同体条约》所构建的，即法院的判决是有约束力的。"参见：意见 1/91，《欧共体法律中的经典判例》，页 51。

❺ 同上，页 50。

❻ 同上，页 49。

协议在形式上达成了一致，然而该协议却并不包含"将缔约国的主权移交（转移）给依据《欧洲经济共同体条约》所建立起来的［173］政府间机构"这一意思，但如同欧洲法院所指出的，它构建了"建立在法律规则基础之上的欧共体宪章"。❶

如果运用"欧盟的视角"，可以说，意见1/91代表着强化欧洲法院权威性整个过程中的最高潮。❷ 然而，另一方面，必须提到的是，对于部分成员国而言——例如德国和丹麦，"意见1/91"也成为后续行动的决定性因素，欧共体"绝对化的优先原则"已经得到了普遍的接受和认可，这一点是显然易见的。❸

起初，授予给欧共体机构的主权，仅仅只是涵盖了"有限的领域"：❹ 然而，正如"意见1/91"所明确指出的那样，这些权利的范畴在20世纪90年代初期大大地扩展了——简言之，扩张到了"更为广阔的领域"。❺

2.1.2 欧盟的"基本宪章"

2.1.1节得出的结论是，《罗马条约》作为欧共体的"大宪章"❻，创设了欧共体（这一资格是欧洲法院赋予的）。

---

❶ 《欧共体法律中的经典判例》，页49。

❷ 欧洲法院的地位，通过《欧洲联盟条约》以及欧共体第171修正条款得到了进一步加强：欧共体委员会能够在欧洲法院面前对违反该条款的成员国提起诉讼，也只有欧洲法院才有权执行这种制裁措施。

❸ 关于德国，见本书第248～250页（原版书第177页）；关于丹麦，见本书第254～257页（原版书第181～182页）。

❹ 判例6/64，"科斯塔诉意大利国家电力公司案"，参见：页162。

❺ 意见1/91，页6102。

❻ "欧洲经济共同体是一个建立在法律规则基础之上的共同体，无论是共同体的成员国还是共同体的机构，都不可避免地要审视这样一个问题，即它们所采取的措施是否符合大宪章，即条约。"参见：判例294/83，"Parti écologiste 'Les Verts' v. European Parliament案"，［1986］ECR 1339。"欧洲经济共同体条约，尽管是以一部国际条约的方式缔结的，仍然构成了共同体的大宪章。"参见：意见1/91，页6102。

欧共体的基本宪章是由四个主要部分构成的，它们分别是欧共体法律的四项特别主张，即（1）欧共体的法律构建了一套自治的法律秩序，这套法律秩序相较欧共体成员国的国内法律而言具有优先性；（2）基础条约起到了"在欧共体与其成员国之间进行权力分配"的法律功能；（3）在欧共体法律规则的基础上构建了一套法律体系；（4）确保了对公民权利的保障。❶

在欧共体的法律原则中，经常提到［174］欧盟的"宪法"——据称，这是对《罗马条约》（包括《罗马条约》的修正案等）以及欧洲法院对宪法问题的司法性表述的称呼。然而，在谈论欧共体法律的最高规范就是欧共体法律的"宪法"时，这是极其矛盾的。

传统上，"宪法"这一术语是与"国家"这个概念紧密相连的。欧共体没有被视作是一个国家，因为就绝大多数欧共体的公民来说，欧洲联盟明显缺乏团结一致性；此外，这些公民亦认为，欧洲联盟还缺乏政治性的意志行为，以至于不能形成一个真正的"欧盟宪法"。❷ 然而，很多学者倾向于这样辩解，既然欧洲法院将基础条约当作"宪法"去理解并使用，显然，这意味着基础条约作为成员国"普遍性的"宪法，履行着与国内宪法相同的功能。

例如，根据乔金姆的观点，"存在一个'（由国际条约构成的）欧盟宪法'"这一说法显然会让人产生误会：乔金姆辩称说，欧盟主要法律中的许多规则肯定不是宪章（宪法性章程），"宪法"这一术语使得欧盟似乎更像是一个类似于国家的状态，而不是它实际（或将要）的样子。然而，乔金姆赞同使用"宪

---

❶　参见：Ola Wiklund，《法院的自由裁量权》，页 205。
❷　关于"没有演示论文的分析"，通常参考约瑟夫·维勒（J. H. H. Weiler），"……我们将实施，并倾听……"。参见：R. Bieber 和 P. Widmer，"对欧盟共同宪法的思考"（Reflections on a Common Constitutional Law for the European Union），载《欧洲宪法的空间》（L'espace constitutionnel européen，Zurich，1995），页 413 - 468。

法"这一术语，因为在他看来，条约中的非宪法性构成要素无法否定条约中"基本法章程"的宪法性构成要素这一特征。❶

与之截然相反，Ola Wiklund 论证说道，在（欧洲法院创设的）优先原则中构建一个"宪法性的"结构，这意味着是在狭义层面上使用"宪法"这个术语。根据 Ola Wiklund 的观点，宪法性的主张应当关注物质上的、宪法上的、政治上的和道德上的评价，宪法体系应当建立在欧盟与 MSS 之间明确的权力分配基础之上。正如 Ola Wiklund 论证到的那样，"可分割的主权"这个概念仅仅只是"宪法性"欧共体法律的一个薄弱的理论基础。❷

从广义上理解，宪法是"调整和治理统治组织之事务的规则体"。❸ 因此，任何国际组织——包括欧盟在内——都能够拥有宪法。然而这种说法，应该避免那个鲜明的要点：通过以这种类型的宪法为旗帜，欧盟将自身置于"普通的"［175］国际组织之列，并因此模糊了那种特别的关系——在欧盟与其成员国之间的权力分配。此外：如果欧盟被认为仅仅只是一个国际组织，那么这种关系将不得不由国际法来决定。❹

宪法性规则是基础性的，也是法律体系中的"最高"规范，它旨在保障这一法律体系目标的实现；因此，人们总是假定"基本章程"里就包含着宪法性的规定。

就如同欧洲法院所做的那样，赋予纯粹的国际条约以"宪

---

❶ 参见：乔金姆，《阿姆斯特丹条约与欧盟：权力机构的平衡》，页 42。也可参见：楚雷克，《宪法约束下的欧盟宪法约定：德国的情况》，页 20，同页 216 注释 1。

❷ 参见：Ola Wiklund，《法院的自由裁量权》，页 411。

❸ 依据 Encyclopaedia Britannica，《不列颠百科全书》第 5 卷（*Macropaedia-Knowledge in Depth*，1977），页 84［援引自 Nanette A. E. M. Neuwahl，《公平原则、人权以及合宪性原则——欧盟框架内的分析》，页 34，同页 220 注释 1］。

❹ 参见：Nanette A. E. M. Neuwahl，《公平原则、人权以及合宪性原则——欧盟框架内的分析》，页 34。

章"的性质，这就是在主张"欧共体法律具有可识别的宪法基础"。❶ 然而，在与欧共体成员国国内宪法性法律的对应物中，识别出基础性的——"宪法性的"——法律规则，并不是一件容易的事情。

Nanette Neuwahl 和乔金姆对"将欧共体的法律原则、法律规则（欧共体的法律原则具有宪法属性）同普通的法律原则、法律规则进行区分"这一复杂的问题已经展开了研究。但是，Nanette Neuwahl 关注的是一般宪法性欧共体原则之渊源的确立；而乔金姆则旨在以呈递出欧共体法律中至高无上的宪法这一方式来分析《阿姆斯特丹条约》。❷

在探究欧共体宪法性法律的主要渊源时，人们自然会将欧共体条约（或者《罗马条约》，即创设欧洲共同体的条约，经《欧洲联盟条约》［TEU］修正，随后又经《阿姆斯特丹条约》修正❸）视为是包含着欧洲共同体法律秩序的实体规范和程序规范。《阿姆斯特丹条约》所援引的革新（于 1997 年 10 月首次呈现）❹ 大概涉及两类问题——第一类问题是，关于欧盟权力扩大的问题（通过将新的领域并入、整合到既存的条约当中，欧盟的

---

❶ 参见：Ola Wiklund，《法院的自由裁量权》，页 211。

❷ 参见：Nanette A. E. M. Neuwahl，《公平原则、人权以及合宪性原则——欧盟框架内的分析》，页 37、页 45 – 51、页 53。也可参见：乔金姆，《阿姆斯特丹条约与欧盟：权力机构的平衡》，页 46 – 47。

❸ 《阿姆斯特丹条约》由三个主要部分组成：第一部分（由五项条款构成）包含了对先前条约的实质性修改；第二部分是将其简略化；第三部分是普遍性的和最终的条款。前一部，是《欧洲联盟条约》，条约一；《罗马条约》（该条约建立了欧洲共同体），条约二；构建了欧洲煤钢共同体的条约，条约三；构建了欧洲原子能共同体的条约，条约四；欧洲议会选举法案，条约五。关于《阿姆斯特丹条约》，参见：乔金姆，《阿姆斯特丹条约与欧盟：权力机构的平衡》。卡尔·弗雷德里克·贝里斯特伦（Carl Fredrik Bergström），"欧洲新条约介绍"（Presentation av det nya Europafördraget），载 JT，1997/98，页 305 – 333。

❹ 只有有限数量的规定，才专属于《阿姆斯特丹条约》，即一定数目的协定、宣言以及第三部分的特定手续。参见：乔金姆，《阿姆斯特丹条约与欧盟：权力机构的平衡》，页 33。

权力在不断地扩张❶）；第二类问题是，［176］关于制度修订的问题。在第二类问题当中，欧洲议会被强化的地位——或者说，被改变的地位和身份——应当首先被提及。❷

人们可能会问，通过什么方式可以将《阿姆斯特丹条约》视为是欧盟整体的"宪法"？❸依据欧共体法律学者的主流观点，在欧共体文本内，不适用传统的"宪法"标准是无关紧要的：据说，就一系列"规定其他条款之颁布"的条款这个层面而言，不仅仅只是成员国，包括任何形式的组织都可能拥有一部宪法——因此，为何一系列未与欧共体法律体系相关联的条款，却能够作为"宪法"章程中的部分规则，能够作为欧共体学说的特殊部分，也能够作为法律原则之基础的部分内容？❹根据这一观点，关键就在于"一系列假定性的规定复合体具有与成员国国内宪法同样的功能"这样一个事实。据此，《阿姆斯特丹条约》被认为是欧盟完全合法的"宪法"。❺

然而——现在暂且不论"拥有"和"想拥有"（某种特定功能）之间的微妙区别——使用"宪法"这一术语的合法性可能会受到质疑，理由如下。

第一，确信无疑的是，"欧盟的宪法"实际上指的是：条约中（尤其是欧共体条约）包含着大量的传统上并不包含在宪法当中的规则——诸如，关于农业和环境保护的规则；然而，欧洲法院已经放弃了对条约中不同类型的规则进行清晰明确区分的

---

❶　通过《阿姆斯特丹条约》，庇护政策、移民政策、雇佣政策都并入《罗马条约》当中（第73条 i－q、第109条 n－s），《欧洲联盟条约》第117～120条（社会协定），现在是《罗马条约》的第136～143条。

❷　《阿姆斯特丹条约》第251条（修改前的第186条 b），参见：乔金姆，《阿姆斯特丹条约与欧盟：权力机构的平衡》，页35。

❸　同上，页20、页44、页46。

❹　参：乔金姆，《阿姆斯特丹条约与欧盟：权力机构的平衡》，页20。

❺　同上，2.2 节，页42－49、页179。

做法;❶

第二,欧共体条约模糊的本质是以"宪法"的方式出现的:欧共体条约使用的是普通的用语,它们的目标也是被模糊地表述着——简言之,欧洲法院确信能够以这种方式将规则解释成"有效的"规则;❷

第三,尽管欧洲议会的重要性得到了论证,但"欧盟的宪法"不能被称为"公民政治意志的表达"——这种情景和背景确实损害了宪法性条款的合法性;❸

第四,这里存在一个明显的缺陷,因为对[177]"主权"(谁的主权?❹)缺乏一个清晰的界定:授予给欧盟机构的权力,并未以明确的方式被定义。

根据最终的分析,欧共体法律的合宪性问题似乎归结为这样一个问题,即"对欧共体法律的主体部分是否进行限制"的问题:人们可能会问,哪一个机构才有权决定这些限制?

德国联邦宪法法院在1993年10月12日的判决中——"马斯特里赫特案的裁决"❺ 中——阐述的就是这个问题,即"在国家权力的立法过程中,以及在影响国家权力实施的权利中,通过表决的方式去'限制'对这些权利的参与"。因为"马斯特里赫特案的裁决"里的用词清晰地表明了,最具权威性的国内法院之一,是如何看待今日欧洲核心宪法性问题的,随后我们将更详细地讨论"马斯特里赫特案的裁决"。

---

❶ 然而,从实质性的立场上看,欧共体法律学说——先前曾提到过——最近提出的关于欧共体法律定义的建议,构成了欧盟的"宪法"。见原文页175。

❷ 参见:乔金姆,《宪法保护的权利:比较视野中的瑞典法》,页492。

❸ 参见:乔金姆,《阿姆斯特丹条约与欧盟:权力机构的平衡》,页179。

❹ 关于可分割的主权,参见:Daniela Obradovic,《共同体法律与主权分割理论》,同页219注释3。

❺ "1993年10月第二届参议院12日的判决"(Urteil des Zweiten Senats vom 12. Oktober 1993[2 BvR 2134/92 and 2159/92,以下简称 Urteil])关于《欧洲联盟条约》的宪法性法律;英译本,1994。

　　德国联邦宪法法院❶在"马斯特里赫特案的裁决"中指明了其地位的实质性改变；然而在 1974 年的"索兰吉 I"案件❷中，德国联邦宪法法院明显就同欧共体的联邦发展方向背道而驰了（欧共体提出过一份书面的基础权力目录），❸ "马斯特里赫特案的裁决"表达了这样一种观点，即"德国通过继续作为'复合体'中的一个主权国家从而保持它的民主"；❹ 换言之，德国联邦宪法法院现在对"联盟内进一步整合的认可和接受"采取的是谨慎的态度——难以实现的政治性［178］合并与整合，将意味着对《德意志联邦共和国基本法》第 38 条以及 79（3）条的侵犯。❺

　　特别是，"马斯特里赫特案的裁决"开启了两个关键问题——第一个问题是关于德国法律对于标准箱的进口规定，《同

---

　　❶　以下简称："BVerfG"（联邦宪法法院［Bundesverfassungsgericht］）。

　　❷　37 BVerfGE 271；关于"索兰吉案"，参见：乔金姆，《宪法保护的权利：比较视野中的瑞典法》。在"索兰吉 I 案"的判决中，联邦宪法法院宣称，只要欧共体法律体系内的基本权利未以令人满意的方式（欧共体在 1974 年判例中所确立的条件以及欧洲议会所认可的基本权利范畴）受到保护，联邦宪法法院就有权审查次要性欧共体法律的合宪性。参见：乔金姆，《宪法保护的权利：比较视野中的瑞典法》，页 500。在"索兰吉 I 案"中，欧共体法律相对于德国法的优先性得到了承认，只要欧共体法律不与《德国基本法》的条款相冲突；然而，只要不存在基本权利的欧共体目录，那么相对欧共体的次要性法律来说，基本法中的相关规则就具有优先性。参见：同上，页 501。

　　❸　参见：乔金姆，"德国宪法法院批准马斯特里赫特条约"（Den tyska författningsdomstolens godkännande av Maastrichtfördraget），载 *FT*，1994，页 53－60；乔金姆，《宪法保护的权利：比较视野中的瑞典法》，页 504。

　　❹　"1993 年 10 月第二届参议院 12 日的判决"，页 39、页 47、页 50、页 53。参见：乔金姆，《阿姆斯特丹条约与欧盟：权力机构的平衡》，页 208。

　　❺　参见：乔金姆，《宪法保护的权利：比较视野中的瑞典法》，页 504。在"索兰吉 II 案"（73 BVerfGE 339）中，联邦宪法法院宣称，只要对基本权利的保护程度能维持在 1986 年的标准之上，那么它就不再对欧共体机构（使用宪法目录作为其措施）的行为进行审查。参见：乔金姆，《宪法保护的权利：比较视野中的瑞典法》，页 503。然而，在 1986 年，联邦宪法法院表达了这样一个观点，即权力向国际组织机构的移交不得超越范围和界限，不得损害《德国基本法》的身份和地位（73 BVerfGE 339）。

意法》（Zustimmungsgesetz）成为为欧共体法律提供民主合法性的主要方式；第二个问题是关于"合作"的关系，即德国联邦宪法法院和欧洲法院之间的关系。随后的事件可以证实，这种类型的合作关系是一种过度敏感的和不可靠的平衡。

德国是最后一个批准《马斯特里赫特条约》的成员国。其理由如下。

早在1993年，对德国《同意法》（1992年12月28日制定）和《基本法修正案》（1992年12月21日制定）的违宪申诉就已经提出来了。结果，德国总理宣称，他不愿意在德国联邦宪法法院宣判之前签署批准文书。❶

德国联邦宪法法院承认，其中只有一项违宪申诉是关于《同意法》侵犯了《德意志联邦共和国基本法》（Grundgesetz，简称GG）这个问题的。通过对这一问题的讨论，联邦宪法法院利用自身的地位，阐述了它们对于《马斯特里赫特条约》（Maastricht Treaty）❷ 合宪性的观点，也阐述了德国联邦宪法法院对进一步一体化进行限制的观点。根据联邦宪法法院的观点，这些限制取决于民主原则。

根据《德意志联邦共和国基本法》第38（1）条，德国公民有权通过直接选举的方式作为代表参加联邦议会。通过《马斯特里赫特条约》——或者如同所宣称的那样——如此众多不同类型的权力将被移交给欧盟机构，在《德意志联邦共和国基本法》第38（1）条中所表达的"德国议会的民主"将变成虚无的状态——"被废掉"❸ ——这自然违反了德国《基本法》。

德国联邦宪法法院宣称：从一开始就必须澄清，国内立法者

---

❶ 原告一方是欧洲议会的四名德国议员，另一方当事人是德国律师 Manfred Brunner，他先前曾就职于欧洲委员会。四名议员的宪法诉求被驳回了。参见：乔金姆，"德国宪法法院批准马斯特里赫特条约"，页53，同页247注释4。

❷ ［中译者按］《马斯特里赫特条约》是主要的欧共体法律。

❸ 参见："1993年10月第二届参议院12日的判决"，页26。

究竟在何种程度上同意转让其主权。换言之，如果一项法律将德国法律秩序开放给一个超国家的、可直接适用的规范，却未能描绘出预期的整合方案、必须被赋予的权力以及必须被遵守的权利和义务，［179］那么《德意志联邦共和国基本法》第38（1）条实际上就遭到了侵犯。❶尽管如此，然而如同德国联邦宪法法院所指出的，德国在欧盟的成员国身份，以及基于该身份而产生的权利与义务，"对于立法者而言已经可预期地在条约中得到了限定，并且，这种身份、权利和义务通过该条约又为《同意法》中的规范所规定"。❷然而，这意味着，对《马斯特里赫特条约》的目的和权力所作出的任何进一步修改，都将不会被德国《同意法》所"覆盖"，因而对德国来说，都是没有约束力的。❸

德国联邦宪法法院——似乎理所当然地——承担了这样一项控制权，以便在将来决定从属性的欧共体法律其条款是否可以被认作是超越权限的。❹

根据以上的分析可以得出结论，德国联邦宪法法院批准德国的准入法：要归因于这部《同意法》，可直接适用之欧共体法律的内在有效性将被理解成是一个国内的立法措施。❺欧共体法律因此被"流放"到国内法规范层次结构中的某个位置上来了，以致欧共体法律不能再凌驾于国内宪法性法律之上，已移交给欧

---

❶❷　参见："1993 年 10 月第二届参议院 12 日的判决"，页 48。

❸　"出于对宪法的考虑，德国国家机关不能在德国实施这些法律行为"，参见：同上，页 49。因此，联邦宪法法院实际上宣称，德国权威机关在特定情况下有权忽略欧共体法律。

❹　"欧共体的机构及其机关的法律行为，到底是处在它们被授予的主权的范围内还是逾越了这些范围"。参见：乔金姆，"德国宪法法院批准马斯特里赫特条约"，页 49。

❺　"德意志联邦共和国因而也在联盟条约生效以后成为邦联中的成员，该邦联的共同体权力依然源自成员国，并且，在德国主权范围仅仅依凭德国的法律适用令就能产生约束力……欧洲法在德国的效力及适用取决于《同意法》的法律适用令"。参见：同上，页 52–53。

洲联盟的"作出有约束力之裁决"的权力正在被合法化。❶ 准确地说，因为这个对国内议会的反馈，根据德国联邦宪法法院的观点，民主原则能够控制欧洲共同体的任务与权力的延伸：❷《德国基本法》的个殊性不必因为主权的移交而被相应移除——根据《德国基本法》第 38 条，对这种特殊性的"限制"只是有关选举权以及议员的规定。

因此，超国家的欧共体规范的民主合法性，并不是按照与国内法法律体系完全相同的方式（通过宪法的方式）去实现，然而，超国家的欧共体规范的民主合法化也能够得到实现——此外，［180］超国家的欧共体规范的民主合法化实际上可以通过两种方式予以实现：第一种方式，即通过反馈❸（前文曾提及过）这种方式去实现，欧盟的权力通过成员国的公民（通过成员国的国内议会）从而在民主上得以合法化；❹ 第二种方式，就是通过欧洲议会这种方式——根据裁决的文义，构建了一种"辅助性的"或第二层次的合法性。❺ 如同德国联邦宪法法院所指出的，决定性的是"联盟的民主基础与成员国之间的一体化规模同步扩展，并且，在成员国之间一体化的推进又进而维持了一种有活力的民主制"。❻

简言之，如果太多的主权被移交给欧洲联盟，《德意志联邦共和国基本法》第 38 条将被剥夺和丧失它的核心地位或特殊性（根本内容）——这自然会违反《基本法》第 79（3）条中所表

---

❶ "不但由诸成员国所构成的国家共同体其存在本身的民主合法性、连同国家共同体其多数决权利的民主合法性都取决于（有关国家共同体的加入的）《同意法》"。参见：乔金姆，"德国宪法法院批准马斯特里赫特条约"，页 43。

❷ 同上，页 46。

❸ 参见：同上，页 45。

❹ 同上，页 43。

❺❻ 法院承认以下的必要性，"让对各国家的人民代表通过欧洲议会来补充以下两点，（1）通过国内议会来传递的民主合法性；（2）影响力的施加——此外欧盟政治的一种民主支持，它也以这种代表活动为基础"。参见：同上，页 44。

达的民主原则（所谓的"永恒的保证"❶）。因此，"有活力的民主"是通过成员国国家的人民，以及他们的国内议会来实现的——通过欧洲议会的合法化来实现的，而德国联邦宪法法院则认为，欧洲议会是唯一具有这一功能的机构。

"马斯特里赫特案的裁决"是有关德国联邦宪法法院同欧洲法院之间的关系的，该裁决证明，德国联邦宪法法院背离了自己的判例：❷ 在德国，关于次要性欧共体法律的适用的法院司法管辖权，是与欧洲法院共同实施的——然而，欧洲法院确保，在整个欧共体"领域内"，在每一个案件中，都要对基本权利予以保障，德国联邦宪法法院将其作为基础权利的最低标准给予一般性的保障。❸

根据德国联邦宪法法院的观点，立法行为（包括由超国家组织机构所颁布的立法行为）同德国公民有着直接的关联关系，因此，德国联邦宪法法院就是基本权利的保护者。确切地说，因为德国联邦宪法法院的权限和资格，根据宪法法院自己的观点，德国联邦宪法法院能够确保：第一，即便在欧共体法律中，对基本权利的保护也是一般性的保障；第二，欧共体的法律所主要保护的，不仅仅只是由《基本法》所规定的"不可变更的内容"，而且也包括对基本权利之核心内容的保障。❹

［181］然而，对德国联邦宪法法院同欧洲法院的合作关系的这样一种呈现并不符合《罗马条约》第177条，而是成为德国联邦宪法法院对欧洲判例法实施监督权的解释。❺

总体来说，"马斯特里赫特案裁决"一直受到严厉的批判，

---

❶　参见：乔金姆，《宪法保护的权利：比较视野中的瑞典法》，页504。

❷　这是和"索兰吉Ⅱ案"相比较的，"索兰吉Ⅱ案"的判决构成了对那些与基本权利之保护相关的欧共体法律的个人控制的放弃。参见：乔金姆，"德国宪法法院批准马斯特里赫特条约"，页57。

❸　"1993年10月第二届参议院12日的判决"，页30。

❹　同上，页29。

❺　参见：楚雷克，《宪法约束下的欧盟宪法条约：德国的情况》，页28。

因为这份裁决所持有的是一种国家主义的民主观，这种观点想回归到民族国家的旧格局。❶ 尤其是遭到了楚雷克❷的批判，因为德国联邦宪法法院忽略了民主原则，而这早已为欧洲法院所阐释❸——这种民主原则能够在一定行政区域内被实践，也能在超国家层面上被实践。根据楚雷克的观点，"马斯特里赫特案裁决"的关键点——对民主合法性的描述——实际上指向的是"更紧密的联盟"这种发展趋势。❹

德国联邦宪法法院的"马斯特里赫特案裁决"已经对欧共体其他一些成员国产生了影响。例如在丹麦，丹麦最高法院不得不对案件作出类似的处理，即将案件提交给联邦宪法法院——并形成相似的裁判结果。❺

在批准欧共体条约之前，丹麦已经修改了自己国内关于加入欧共体的法律（1972年）当中有关主权移交的条款。❻ 这一条款——或者如同起诉人（申诉人）所主张的那样——该国内法条款同《丹麦宪法》是不兼容的，理由如下：首先，根据这一条款，这并非一个与丹麦《宪法》第20（1）条之定义明确相符的"权力移交的范围"的问题；其次，"权力移交的程度和性质"损害了民主的宪法性前提条件。❼

丹麦最高法院驳回了原告的诉讼（申诉）请求。丹麦的最高法院宣称：第一，宪法的第20条并未授权国际组织机构去制

---

❶　参见：楚雷克，《宪法约束下的欧盟宪法条约：德国的情况》，页19、页27。

❷　同上。关于"马斯特里赫特案判决"的政治影响，参见：乔金姆，《阿姆斯特丹条约与欧盟：权力机构的平衡》，页208。

❸　参见：楚雷克，《宪法约束下的欧盟宪法条约：德国的情况》，页27。

❹　同上，页30。Jochen Abr. Frowein，"马斯特里赫特案的判决及宪法管辖权的界限"（Das Maastricht – Urteil und die Grenzen der Verfassungsgerichtsbarkeit），载 *ZaöRV*，54，1994，页1–16。

❺　H. D. 1998年4月6日 I sag I 361/1997。丹麦最高法院的判决公布在《每周司法》1998年第1期，载 *Ugeskrift for retsvaesen*，页800–871。

❻　Lov nr. 281, 28.4, 1993。

❼　《每周司法》，页800。

定、颁布同丹麦宪法条款（特别是那些涉及基本权利的宪法条款）不相容之行为的权力；❶ 第二，声明"移交之权力的精确范畴"的宪法第 20（1）条，排除了"由国际组织机构自身来确定这些移交权力的范畴"的可能性。❷

　　［182］丹麦最高法院承认，由欧洲法院对"欧共体立法行为的效力及合法性"问题作出裁定；❸ 然而，根据丹麦《宪法》第 20（1）条，并考虑到丹麦法院的违宪审查权，不能剥夺由丹麦法院来裁定"某项欧共体立法行为是否越权"的权利。

　　因此，如果说一项欧共体的立法行为应该建立在对条约适用的基础上，如果说一项欧共体的立法行为"超越"了《加入议定书》当中所确立的权力移交的范围；那么，丹麦法院就有可能将这项欧共体的立法行为（欧洲法院所认可和支持的一项立法行为）视为是"在丹麦境内不可被适用的立法行为"。❹

　　"马斯特里赫特案裁决"所产生的冲击与影响，很快就全面地爆发出来了：根据理论，无论是将"对欧共体法律进行审查的权力"分配给联邦宪法法院，还是较低级别的德国法院和权威机构——这都被假定是越权的，这在关于香蕉进口的著名论战中（所谓的"香蕉案"）得到了实现。❺

---

❶❷　《每周司法》的第 9.2 节，页 869。

❸　《每周司法》的第 9.6 节，页 871。

❹　《每周司法》，页 871。

❺　判例 C－280/93，"德国诉欧共体委员会案"，［1994］ECR I－4973；联邦宪法法院于 1995 年 1 月 25 日作出判决。关于"香蕉案"，参见：Ulrich Everling，"欧洲是否会在蕉香问题上跌倒：欧洲法院和成员国法院对于香蕉案的判决"（Will Europe slip on Bananas? The Bananas Judgement of the Court of Justice and National Courts），载 CMLR，1996，页 401－437。参见：贝里斯特伦，"宪法和欧洲一体化：德国轨道案件的评论"（Konstitutionell rätt och europeisk intergration：kommentar till de tyska banan-fallen），载 JT，1996/1997，页 761－768。

对于"香蕉案"❶的争论，是围绕次要性的欧共体法律展开的，该法律指的就是《对香蕉市场进行共同监管的理事会条例》（*a Council Regulation on the common organization of the market in bananas*）——也被称为《香蕉条例》（*Bananas Regulation*）。❷

在《香蕉条例》颁布之前，欧共体各成员国在香蕉进口问题上适用的是不同的法律体系——这种局面和状况同《欧共体条约》第 7 条是相违背和抵触的，因而需要颁布新的规则。《香蕉条例》对欧共体成员国之间的香蕉贸易，所产生的影响是有限的。

德国政府对《香蕉条例》的效力表示了质疑：根据德国政府的观点，《香蕉条例》意味着对基本权利的侵犯——尤其是对"财产权"和"贸易的自由权"的侵犯。德国政府向欧洲法院提出请求（申请），指出《香蕉条例》当中存在一项有违理事会的立法行为；然而，欧洲法院确认了《香蕉条例》的合法性。❸

［183］欧洲法院作出的"香蕉案裁决"遭到了严厉地批判❹——因为它断然拒绝一切建立在贸易商既得利益和国际义务

---

❶　关于"香蕉案"的复杂背景，参见：Ulrich Everling，"欧洲是否会在蕉香问题上跌倒？欧洲法院和成员国法院对于香蕉案的判决"，页 403、页 406、页 430；贝里斯特伦，"宪法和欧洲一体化：德国轨道案件的评论"，页 761，同页 253 注释 5。

❷　1993 年 2 月 13 日理事会条例第 404/93 号，《香蕉条例》，1993，L47/1。

❸　判例 C－280/93，［1994］ECR I－4973。根据他的观点，在比例问题上，倡导者 Gulman 并不那么重视"既得权利以及对公平的审查"——在他看来，理事会条例并不被认为是不相称的。参见：Ulrich Everling，"欧洲是否会在蕉香问题上跌倒？欧洲法院和成员国法院对于香蕉案的判决"，页 410。此外，Gulman 强调机构在公共农业政策上远未达到的慎重。欧洲法院的论证内容如下：考虑到各个成员国不同的市场情形，理事会条例必定将以不同的方式对进口商产生影响。然而，欧洲法院宣称，措施当中所存在的差异本身就内在于联盟的目标当中——整合分割的市场。因此，法院宣称，原告所主张的"对非歧视原则的侵犯"是没有依据的。除此之外，法院还驳回了"相称性原则被侵犯"的上诉请求，只要进口商的既得权利得到了关注，法院便宣称，这些权利并不是绝对性的权利，因而它是能够被限制的权利。

❹　对于"香蕉案判决"的批判，参见：Ulrich Everling，"欧洲是否会在蕉香问题上跌倒？欧洲法院和成员国法院对于香蕉案的判决"，页 421；参见：楚雷克，"宪法约束下的欧盟宪法条约：德国的情况"，页 33－34。

基础上的论证——尤其——因为审查了独立于其他基础的比例原则（因此忽视了它的功能），并将该原则交由组织机构的自由裁量权来把握。这种程序方式，通常被认为是对基本权利的严重危害。❶

随后，几个德国进口商就《香蕉条例》的违宪问题起诉（申诉）到德国国内的法院。根据德国联邦宪法法院的观点，❷因为证明临时措施颁布的正当性，该临时措施旨在提供一项与德国基本法相兼容的措施，所以《香蕉条例》的合宪性受到了质疑。德国联邦宪法法院未将该申诉提交到欧洲法院，而是向较低级别的行政法院给出了必要的指示。

随后，在德国汉堡财政法院，另一部关于香蕉的条例❸也这样类似地被颁布了。在那个案件中，起诉方（申诉者）声称，受质疑的条例是违宪的，因为根据"马斯特里赫特案裁决"，该条例的制定是越权的。然而，德国汉堡财政法院——尽管颁布了临时措施——却向欧洲法院提出了新条例的合宪性问题。❹

对欧洲法院而言，一次公开的冲突被避免了——因为起诉方"撤回了诉讼"：在 1998 年 3 月期间的两个类似裁决中❺（这两个裁决与 1994 年的"香蕉案"裁决截然相反），欧洲法院宣告"受质疑的条例是无效的"，因为这个条例包含着对某些进口商的歧视，而这种歧视是被禁止的。欧洲法院已经宣称"根据欧共体法律，条例是有效的"，这种局面是灾难性的——人们可能会

---

❶ "不能排除，问题将一旦产生，法院是否严肃对待这些权利"。参见：Ulrich Everling，"欧洲是否会在蕉香问题上跌倒？欧洲法院和成员国法院对于香蕉案的判决"，页 419。

❷ 1995 年 1 月 25 日联邦宪法法院作出的裁决。

❸ 条例 478/95。

❹ 参见：Ulrich Everling，"欧洲是否会在蕉香问题上跌倒？欧洲法院和成员国法院对于香蕉案的判决"，页 430。

❺ 参见：乔金姆，《阿姆斯特丹条约与欧盟：权力机构的平衡》，页 202。

问道，如果成员国国内法院根据它们自己的标准来决定欧共体法律的适用，那么欧共体将会变成什么样子？

通过故意不去听取欧洲法院的意见，除此之外：通过鼓励[184]较低级别的法院不适用次要的欧共体法律，德国宪法法院将"索兰吉案"中所确立的原则抛置了脑后——就德国联邦宪法法院而言，对欧共体法律进行违宪审查的原则取决于欧共体对基本权利保障的水平是否令人满意。

因此，在"马斯特里赫特案裁决"中所界定的"合作"关系，在"香蕉案"中遭到了遗弃：通过欧洲法院面对面的独立行为，德国联邦宪法法院为其他法院树立了一个危险的例子，因而也损害了欧共体法律的统一适用性。❶

2.2　传统的"法律体系"观 v. "欧盟的视角"

在解释欧共体法律的过程中，欧洲法院并未考虑到各个成员国国内法律体系中的传统，即并未考虑这些成员国国内法律体系究竟是一元化的，还是二元化的。因此，在本节中，我将关注点转向到"法律体系"的传统观点上来，并且要权衡欧盟观点的利弊优缺。

---

❶　参见：Ulrich Everling，"欧洲是否会在蕉香问题上跌倒？欧洲法院和成员国法院对于香蕉案的判决"，页434。联邦宪法法院所选择的方式程序，实际上就是欧洲法院针对成员国国内法院在那些案件中颁布中间措施的可能性所表示出来的态度，在那些案件中，人们希望欧共体条例被欧洲法院宣告为无效（判例 C - 465、判例 466/93；参见：乔金姆，《阿姆斯特丹条约与欧盟：权力机构的平衡》，页201）。

2.2.1　一元论视角

持有一元论或二元论传统的表述，可以意指两点。

第一点，可以在法律理论的层面上使用"一元论"或"二元论"这两项术语，这时，术语指的是"国内法和国际法之间的关系"：在这一层面上使用这两项术语，"一元论"和"二元论"指涉的是这样的一个问题"究竟是存在两套独立的法律体系还是只存在单一的法律体系（不管是单一的法律体系还是两套独立的法律体系，它们分别是建立在什么基础之上的）"；❶

第二点，可以在法律技术的层面上使用"一元论"或"二元论"这两项术语，这时的术语指的则是"将国际法中的规范纳入国内法当中"的不同方法和方式。❷

根据一元论的传统——第二种，法律技术层面上的一元化——国际法中的习惯性规则与国内法具有相等或相同的"层次"，[185] 国与国之间所达成的国际条约自批准之日起便具有对内的可直接适用性。因此，将出现这样一种局面，即人们更倾向于一元论的传统，而不是欧共体法律的一体化：欧共体宣称的直接适用性将得到满足，因为那种费时的实施措施在一元化的体系当中被认为是毫无必要的。

然而，欧共体主张的自治权——主张存在一个独立的、与欧共体成员国国内法律秩序并行的体系——是不为一元论体系所接受的。因此，随后我应该说明，一元论的传统不能确保让欧共体

---

❶　凯尔森与哈特之间的著名法律理论论战所关注的就是这个问题。参见：哈特，"凯尔森的法律统一学说"、"与凯尔森的一次访谈"。

❷　参见：汉斯－海因里希·沃格尔（Hans - Heinrich Vogel），"瑞典法律中的国际条约和其他国际法"（Om införlivande av internationella överenskommelser och annan folkrätt med svensk rätt），载 *FT* 1 - 3/92, Stockholm, 1992。

法律规则在同一领域内相较成员国国内立法（包括已经制定的国内法和未来将要制定的国内法）所拥有的优先性。

法律体系一元论的主要拥护者就是凯尔森。凯尔森发展了两种一元论模式（法律理论层面上的一元论）：根据这两种选择，一个法律体系被认为是关于规范的、一个连贯的、有着层次结构排列的体系。

根据其中一种选择（被凯尔森称为"国内法秩序第一要位"❶，我将这种选择称为"一元论的第一种模式"）：国际法是国内法的组成部分，并且要将国际法理解为是国内法律体系所代表的一个法律体系。❷

根据其中另一种选择（被凯尔森称为"国际法秩序第一要位"❸，我将这种选择称为"一元论的第二种模式"）：国际法被理解为是这样的一个法律秩序，即任何国内法法律秩序都隶属（服从）于国际法法律秩序。❹

如果人们认可"一元论的第一种模式"，❺ 也就是认为只有国内法律秩序才是"有效力的"（因而也应当得到遵守）。在这种情形中，对于"国际法为何也是有效力的"这个问题，凯尔森回应说道：国际法是有效力的，因为国际法的效力根基或"基础"存在于国内宪法当中；法律秩序中的所有规范最终都必须被追溯到宪法之上。国家承认国际法是"有强制性的"❻ ——有约束力的——因此，对于国家而言，通过将国际法作为法律秩序的

---

❶　参见：凯尔森，《纯粹法学》第 2 版，页 333；奈特英译本，页 333。

❷　"作为一种由国家的法秩序所授权的……法秩序"。参见：凯尔森，《纯粹法学》第 2 版，页 335。

❸　参见：凯尔森，《纯粹法学》第 2 版，页 336；奈特英译本，页 336。

❹　"作为一种给国家法秩序授权的、亦即优位于这种秩序的……整体法秩序"。参见：凯尔森，《纯粹法学》第 2 版，页 333。

❺　参见：同上，页 333 – 336。

❻　同上，页 335。

一部分来看待，国际法被认为是"有效力的"。❶

另一方面，如果人们认可"一元论的第二种模式"，也就是说，他们是将国际法当作一个"有效力的"法律秩序而开始的。❷ 国内法秩序隶属（从属）于［186］国际法——国内法秩序和国际法秩序都只是整体法秩序的一部分而已。❸ 在同一时刻，国内法也是"有效力的"，凯尔森通过指出"国内法秩序的效力基础存在于（更高级别的）国际法规范之中"，从而得以自圆其说。❹ 这一可能性，要归因于国际法当中的实在性规范，即"实效性原则"：就像"如果某个政府实际上控制了一定疆域内的人口，那么该政府便是合法的"，实效性原则同样也确立了国内法秩序的效力基础及其范围。

实效性原则实现了这样一个局面，即"以一部具有实效性的宪法为基础，个体或一群个体被授予创设和适用一个具有规范强制力秩序的权力"：因此，这个具有强制力的秩序作为一个"有效力的法律秩序"从而得以证成。❺ 在实践中，这意味着，一次成功的革命借助国际法，从而作为"法律创设的一个过程"被证成。❻ 国际法中的一项规范，导致旧的法律秩序被新的法律秩序所取代，换言之：基础规范——凯尔森的基础规范——已经发生了改变。

在凯尔森看来，国际法或国内法的内容均未受到这两种一元

---

❶　参见：凯尔森，《纯粹法学》，页333。在凯尔森看来，一个国家通常是通过（诸如明确的国内立法、默示适用国际法规范以及适用国际条约）这样几种方式去"承认"国际法的。根据凯尔森的观点，既然大多数国家确实是以这样的方式或那样的方式去承认国际法，那么对于大多数国家而言，就可以说国际法实际上是"有效力的"。参见：同上。法国宪法赋予条约法更崇高地位的原因，将在本章2.2.1.1节中展开探讨。

❷　参见：凯尔森，《纯粹法学》第2版，页336。

❸　同上，页336、339。

❹　同上，页221、336。

❺　同上，页221。

❻　同上，页222。

论模式❶的影响，因为这两种一元论模式之间的区别仅仅只是关于国际法的效力基础有所不同而已：就"一元论的第一种模式"来看，国际法的效力基础是国内法中（预设性）的基础规范，国内法中的基础规范要求"宪法应当被遵守"；❷就"一元论的第二种模式"来说，国际法的效力基础是国际法中（预设性）的基础规范，国际法中的基础规范要求"相关国家应当按照惯例实施自己的行为"。❸

既然已经介绍了一元论的传统，以及凯尔森的两种一元论[187] 变体模式，那么我应该继续描述"对于欧共体法律规范，一元论国家是如何实现它们的可直接适用性的"。面对欧共体法律的三项主要原则，我的出发点是一种国内法秩序的态度。❹

---

❶ "究竟是选择这部宪法还是那部宪法，这对国际法的内容并不会产生影响。无论人们是将国际法视为国内法的组成部分，还是认为国际法地位优于国内法秩序，国际法的内容都是相同的……此外，国内法的内容也不会因为国内法与国际法的不同关系结构而产生任何影响"。参见：凯尔森，《纯粹法学》第 2 版，页 341；奈特英译本，页 342。"两种法律结构之间的比较，不会影响法律的内容；无论是作为国际法还是国内法，被描述的法律规则内容仍然会保持一致，而不论人们究竟是认为国际法包含在国内法之中，还是认为国内法包含在国际法之中"。参见：凯尔森，《纯粹法学》第 2 版，页 344；奈特英译本，页 345。

❷ "据此，历史上第一部国家宪法的制定是……一种创设法律的质料事实"。参见：凯尔森，《纯粹法学》第 2 版，页 339。

❸ "据此，国家惯例是一种创设法律的质料事实"，参见：同上。凯尔森的两种一元论模式实际上暗示着一种共产主义的前景：然而，国内法的首要地位暗示的是帝国主义模式的共产主义；国际法的首要地位暗示的则是和平主义模式的共产主义。凯尔森强烈地赞同后一种模式。关于纯粹法学的普适性维度，参见：凯尔森，"国际法与国内法的统一"（Die Einheit von Völkerrecht und staatlichem Recht），载 ZaöRV 19，1958，页 234 –248、页 244 –246，再版载 WRS II，页 2213 –2229；凯尔森，《纯粹法学》第 2 版，页 341 –345；奈特英译本，页 342。参见：马尔蒂·科斯肯涅米（Martti Koskenniemi），《从辩解到乌托邦：国际法律争论的结构》（From Apology to Utopia：The Structure of International Legal Argument，Helsinki，1989），页 425 –426。

❹ 见本章 2.1.1 节。

2.2.1.1 从一元论视角看自治原则

欧共体法律提出了这样的一种主张，即"创设一套法律体系，这套法律体系被整合到了国内法秩序当中，并且这套法律体系也是一套独立的法律体系，有着它自身独特的、外在于国内规范层次结构的渊源"。这样一种主张——随后将得以清晰化——同"国内宪法或国际法中的规则被视为是有效力的"观点，是完全不兼容的。

"国内的基础规范是体系内一切有效规范的渊源"这种一元论观点，就是上文所称的"一元论的第一种模式"。❶ 这样的一种法律体系观并不承认规范的内在直接适用性，它主张的是法律渊源而非国内基础规范——简言之：同"一元论的第一种模式"相对应的一元论传统，无法接受和认可欧共体的自治原则。

然而，通过"接受国际法"的方式，将"一元论的第一种模式"看作"把欧共体法律纳入国内法律体系当中"，这是有可能的；如果是这样，那么欧共体法律便被认为是国际法的一个分支。

在著名的"梵·昂卢斯案"中，❷ 欧洲法院已经确立了这样一个事实，即欧共体创设了"一套国际法新秩序"。❸ 这一表述，使其自身实际演变成了一种解释，即欧共体法律被视为（新建立起来的）国际法的一个分支或组成部分。然而，因为欧洲法院在随后的裁决中并未使用这一表述，所以，人们就不能认为"这对先驱者而言显得失礼了"。

根据"国内法秩序隶属于国际法规范"这样的一种一元论观点，也就是上文所称的"一元论的第二种模式"。❹ 然

---

❶ 见原文页 257。
❷ 判例 26/62，"梵·昂卢斯案"，见页 240 注释 3。
❸ 参见：《欧共体法律中的经典判例》，页 3。
❹ 见原文页 185。

而，这种一元论的变体，也不能为那种"其效力系通过指涉法律渊源而非国际法规范从而得以正当化的"规范提供直接的适用性。

可以肯定的是，国际法中的原则（诸如"互惠原则"）得到了欧共体法律机构的遵守，这些原则是在欧共体与第三国之间[188] 签署达成的条约中所确定的。❶ 然而，欧洲法院的先决裁判并未显示出"国际法中的原则比欧共体法律中的原则具有更崇高的地位"。尽管从"国内观"的角度上看这是可以接受的，然而从所谓的"欧盟的视角"这一立场来看，"国际法的第一要位"是不可接受的：欧洲法院就"欧共体自治权"这一主张所形成的观点，成为一个无法克服的障碍。

欧盟当中的几个成员国（法国、荷兰以及卢森堡）持有的就是传统的一元论观点。人们可能会问，这些国家是如何解决欧共体所主张的自治权这个问题的？

一个国家的传统，或多或少都可以视为源于它的宪法。所以，我应该援引两部宪法为例——法国宪法和荷兰宪法——并清晰地说明：这两个国家的（一元论）传统，以及这两个国家相应宪法条款所对应的究竟是"一元论的第一种模式"还是"一元论的第二种模式"。

《法国宪法》（1958 年）

《法国宪法》第 55 条说道，"依法批准或通过的条约或协定一经公布，便具有高于法律的效力，但就每一部协定或者条约而言，均以对方缔约国予以适用为限。"❷

这一表述给出了两点信息——第一点信息是，国际条约和国内法都是同一法律秩序的组成部分（或一部分）；第二点信息是，就同一调整内容来看，国际条约相较国内立法而言，拥有更

---

❶ 判例 104/81，"铜山案"。

❷ 第 55 条的英译本，载 E/S，页 206。

大的权威性或更崇高的地位。

但是，"国际条约的更高地位"需要两个前提条件：第一个前提条件是，国际条约已经被（总统）签署或批准；第二个前提条件是，"互惠原则"——国际法中的一项原则——得到了妥当地遵守。

最重要的就是国际条约中的条款，尽管国际条约颁布在国内法之前，但国内法却颁布在国内宪法之后，《法国宪法》第54条说道，"如宪法委员会，经共和国总统、内阁总理或两院中任何一院的议长将一项国际协定提交审议后，宣布该项国际协定含有违反宪法的条款时，必须在修改宪法之后，才可以授权批准或通过该项协定。"因此，宪法在国内规范的层次结构中仍然把持着"至高无上"的地位。❶

借用凯尔森的一元论模式审视《法国宪法》第54条和第55条，［189］根据凯尔森的一元论模式，国内宪法处于实在法层次结构中的顶端位置，显然，法国的法律秩序实际上对应着"一元论的第一种模式"，从这个意义上来说，没有什么规范是"凌驾"于宪法之上的：在触及规范的层次结构时，法国宪法并未准许国际条约中的条款可以将宪法条款搁置一旁。

然而，必须注意一点：在谈论国际法的原则时，凯尔森提到的是"一般国际法"，然而《法国宪法》第55条提到的却是"国际条约或国际协议"。❷ 因为在凯尔森看来，"普遍性的国际法"是一套规范体系，这些规范是由"国家间的习俗、国际条

---

❶ "宪法委员会……应该宣称，一部国际协定包含着一项与宪法截然相反的条款，那么只有在修改宪法之后，才有权批准或赞同这部国际协定"。《法国宪法》第54条，载 *E/S*，页206。

❷ 对于法学家的习俗性用语而言，"国际法"意味着"习惯性的国际法律"，而国际协议则属于"特殊的国际法"或"条约法"。

约以及该国际条约所设立之国际机构创设的规范"组成，❶《法国宪法》第55条所提到的"国际条约或国际协议"的顺序地位，实际上是排列在"一般国际法"之下的。

因此，《法国宪法》宣称"国际协议是国内法秩序的一部分"。也就是说，法国承认国际法（条约法）作为国内法一个分支的地位。同理，法国也承认"欧共体法律是合理的"，对于这一点，凯尔森假定也认可——显然，欧共体的法律规范源于"国际条约所设立的国际组织机构"。

《荷兰宪法》

和法国宪法类似，荷兰宪法也显示出传统一元论的标记。《荷兰宪法》第91（3）条说道，"国际条约是法律秩序的一部分，在特定条件下，相较国内宪法而言，国际条约甚至还具有优先性"：如果国际条约中的条款同国内宪法相冲突，那么只要该国际条约能通过宪法第91（1）条所规定的立法程序，那么它就能够被批准获得通过。❷

[190] 根据凯尔森一元论的第二种模式（变体）来看，这种一元论的模式对应着"一元论的第二种模式"，这种模式认为"国际法拥有最高的权威性"：根据这种一元论的模式，国际法中的规范（包括条约法中的规范）是处于国内规范层次结构中

---

❶　参见：凯尔森，《纯粹法学》第2版，页335；奈特英译本，页335。凯尔森并未对欧共体法律一目了然。在他看来，欧共体并不是一个联邦国家，甚至都算不上是联邦的"一部分"，它也不具有联邦的"功能"：欧共体自己不具有政治或军事上的强制力——更重要的是——非实质性的限制写进了与缔约方外事活动权限相关的条约中，那些对经济关系的限制源于条约中的特定义务。共同体成员国确定无疑地保留了它们自己在国际上完全的个性，因为这些原因，"条约包含了欧共体，并构建了联邦"的说法似乎让人误导。在确定国家之间的共同体是否构成了一个联邦的问题上，集权化的程度是决定性的，这个集权化必须包括国家在外交、军事事务上的权力。参见：凯尔森，《国际法原理》（*Principles of International Law*，New York，1952；2nd edn.，1967），页264–265。

❷　"条约中，任何同宪法相冲突的条款都有可能获得国家议会的批准，只要2/3以上的投票表决赞同。"参见：《丹麦宪法》第91（3）条，载 *E/S*，页205。

最高级别的地位。因此，在相互冲突的情形下，条约法当中的条款相较国内宪法当中的条款而言，具有优先性。

根据凯尔森的观点，"国际法的第一要位"没有受到国内宪法的妨害，因为国内宪法当中就包含着将国际法纳入法律秩序中来的条款；然而，这种宪法条款并不意味着，国际法对该国就是"有效力的"——相反，这些条款暗示的是"国际法向国内法的一种转换"。如果宪法禁止国内权威——尤其是法院——适用国内法之外的其他法律，那么这种转换就是必然的（也是必需的）。❶

借助凯尔森的"国际法的第一要位"学说——"一元论的第二种模式"——可以被认为是一种"法律理论上的一元论模式"，它同时也是一种"法律技术上的二元论模式"。它表明，这种模式准许国内宪法以两个步骤调整它自身与国际法的关系：第一步，宪法将国际法（或者条约法）纳入法律体系当中，因而使得国际法成为国内法的一部分；第二步，宪法确立了（在荷兰宪法中，这是由同样的条款所确立的）"当二者之间存在冲突与矛盾时，相较国内立法而言，国际法（或条约法）拥有优先性"。

2.2.1.2 从一元论视角看优先原则

让我们假设，一元论国家的宪法承认国际条约的批准和加入。对《罗马条约》或《阿姆斯特丹条约》的批准和加入，意味着成员国将主权移交给了欧盟的组织机构。"传统上是否将国际法或条约法的规范视为法律秩序的组成部分"这个问题，现在

---

❶ "这样的转换是必需的，如果国家机构，尤其是法院，得到宪法唯一的授权去适用国内法；因此，它们也能够适用国际法，只要国际法的内容是以国内法律（法规、命令）的形式出现的，即国际法已经转换成国内法。在转换的过程中，国际法当中的规范不能适用于具体案件，那么（如果我们从国际法的效力出发），这并不意味着，国际法中的这项规范就是无效的；这仅仅只是指，该国际法规范未被适用，因而国际法遭到了国家行为的侵害，国家将自身摆放在国际法所规定的制裁惩罚情形下。"参见：凯尔森，《纯粹法学》第2版，页336；奈特英译本，页337。

能够得到保障，当不同的规定彼此之间存在相互冲突的时候，相较国内法而言，欧共体的法律规范具有优先性。

如同上文所提到的，《法国宪法》第 55 条❶就是在宣告"就同一调整事项而言，国际条约中的条款比国内立法具有更崇高的 [191] 地位"。然而，条约法当中的条款的地位层次，在法国的规范层次结构中是处于法国宪法和其他类型的国内立法二者中间的位置。

对于"和国内立法相比，为什么条约法拥有优先性"这个问题，国际法学家凯尔森是这样回答的：如果一个国家——以某种方式或其他方式——承认国际法，那么对于这个国家而言，国际法便是"有效力的"，只要国内法秩序从属于它，那么它便是一个"有效力的"法律秩序。❷

然而，凯尔森的回答属于"一元论的第一种模式"（"国内法的第一要位"），凯尔森的意思似乎是这样的。

尽管一个国家——例如法国——可能将宪法放置于实在法中的"最高层级"，然而这势必使得国际法规范要与该国的国内立法措施相互协调，因为该国承认国际法是其法律秩序的组成部分：法律秩序中的"国际法部分"相较法律秩序中的其他部分（这被凯尔森称为"狭义的国内法秩序"）来说，拥有更崇高的地位。❸

回到法国宪法当中：考虑到"在法国，'条约法具有更崇高的地位'在宪法当中得到了确定"，人们应该已经想到，对于法国的法院而言，"承认和接受欧共体的优先原则"这并不是太难

---

❶ 见本书页 262～263（原版书第 188 页）。

❷ 参见：凯尔森，《纯粹法学》第 2 版，页 340；奈特英译本，页 340。

❸ "狭义上的国内法秩序包括了宪法规范，以及依据宪法通过立法、司法、行政行为所制定的其他规范。而广义上的国内法秩序的结构起点也包括了该国所承认的国际法（依据国际习俗和国际条约创设的规范）"。参见：凯尔森，《纯粹法学》第 2 版，页 340。

的事情。然而，实际情形却并不是这样的：因为在相当长的时期范围内，如果法国的法院发现欧共体法律同法国国内法是相冲突的，那么法国的法院便会质疑欧共体法律的适用。

在这种情形中，对不兼容的欧共体法律的适用所持有的犹豫态度，可以通过法国法院的传统得到解释：考虑到权力分配制衡理论，法国的法院认为，在规范存在冲突的情形下，国内规则的合宪性受到了质疑，或宣告国内法条款是不适用的。在1970年，即所谓的"法国拉梅尔案"（French Ramel Case）中，❶法国的法院首次转变了态度——据说这是建立在错误的基础之上的。

法国的葡萄酒商——拉梅尔公司（Ramel）——从意大利进口了红酒。法国的税务局宣布，意大利红酒并未达到法国法律所要求的标准（关于酒精和糖分的特定比例）。基于自身的利益，拉梅尔公司主张"法国国内的法律是不可适用的，因为法国的法律同欧共体的条例是相互冲突的"。法国最高上诉法院作出了判决，要求适用国内法律：这一裁判确立了"税法属地原则不能[192]推翻和否定国际法，基于宪法性法律的相关规定，国际法的权威性必定居于主导地位。"❷

因此，法国最高上诉法院通过援引《法国宪法》第55条的方式来适用欧共体法律：❸欧共体法律被承认具有优先性，因为欧共体法律被认为是条约法的组成部分（而条约法是建立在宪法基础之上的）。然而，从欧共体的观点来看，欧共体法律适用在一个错误的基础上——欧共体条例应当被适用，这是基于欧共体法律的优先性原则，而并非国内宪法条款的规定。

在法国法院改变其观点之前，这种状况持续了几年的时间：

---

❶ 判例 "Administration des Contributions indirectes et Comité Interprofessionel des vins doux naturels v. P. Ramel"，载 *E/S*，页 206－208。

❷ 同上，页 208。

❸ 见本书页 262～263（原版书第 188 页）。

最早是在 1989 年，法国最高行政法院最终承认：原则上，欧共体法律在成员国国内立法面前，具有优先性。❶

然而，重要的是我们要记得：对于欧盟机构而言，国内法院到底基于什么来适用欧共体法，这一点是无关紧要的——只要它们适用了它。

2.2.1.3　从一元论视角看直接适用原则

一项法律规则被"直接适用"，这意指——如同先前所指出的❷——执行措施（"将国际法转换为国内法"或"将国际法并入到国内法当中"）是必需的：因而，该规则是"具有直接效力的法律"。一项规则可能具有"直接的效力"，这也意指"这些规则能够将权利赋予某些个体，这些个体能够在成员国国内法院那里主张这些权利"。

"直接适用原则"是在著名的"梵·昂卢斯案"中确立的。❸该案开启了"直接适用原则"以及"《罗马条约》第 12 条的直接效力"——根据该条款的文义，所谓的"停止条款"是用来约束欧共体各成员国的。

在 1956 年，一项特定的条款——第 93 条——被添加到了《荷兰宪法》当中，它是如下这样表述的："条约条款及国际机构决定中就其内容对任何人都有约束力的规定，均在公布之后生效。"❹ 通过强调将第 93 条增加补充到宪法当中，"约束全体人员"这一表述，指的就是对欧共体法律条款的直接适用，而不是

---

❶ 判例 "Nicolo"，C. E. Ass.，20 okt. 1989。参见：乔金姆，《宪法保护的权利：比较视野中的瑞典法》，页 286；乔金姆，《阿姆斯特丹条约与欧盟：权力机构的平衡》，页 204。

❷ 见页 229 注释 1。

❸ 见本书页 231~232（原版书第 166 页）。

❹ E/S，页 205。第 94 条说，如果这些适用行为同"约束全体人员之条约的规定或国际机构的规定"是相互矛盾的话，那么法规就应该不被适用。参见：同上。

源自［193］一般性国际协议中的条款。❶ 在"梵·昂卢斯案"中，欧洲法院面对着这样一个问题，即如果在《罗马条约》第12条的基础上，尽管并未提到个体，然而也能够被理解为是"约束全体人员"的。

"梵·昂卢斯案"关注的是这样的一个问题——荷兰"修改和调整海关关税"的行为是否侵犯了它所缔结过的国际协议。❷成员国违反国际协议的程序，在《罗马条约》第169条和第170条当中有所规定。欧共体委员会（或者另一个成员国）能够在欧洲法院那里起诉一个"不在自己国内法院面前履行自己义务"的国家——然而，它们却不能在欧洲法院那里针对个体（个人）提起这样的诉讼。在这个案件当中，荷兰政府和比利时政府提出"欧洲法院在欧共体法律的优先性问题上并无管辖权"：根据荷兰和比利时的观点，"欧共体法律的优先性"这个问题的管辖权是交给欧共体成员国国内法院的。

然而，欧洲法院的想法则截然不同。在欧洲法院看来，《罗马条约》第169条和第170条所确立的程序（例如，通过欧共体委员会或另一个成员国）包含了自由决定的情形，因此，只要是与个体权利相关的，便是无效的。根据欧洲法院的观点，"根据《罗马条约》第177条来颁布先决裁判，并因而确立个体的权利义务范围"，这是保障这些权利更好的一种方式。❸

如同欧洲法院宣称的那样，这样一种情形——欧共体的法案（在这种情形中就是条约法）没有明确提及个体——并不排斥直接的实效。《罗马条约》第12条包含着明确的和无条件的禁

---

❶ 参见：J. -P. Warner，"欧共体法律与欧共体成员国国内法律之间的关系"（The Relationship Between European Community Law and the National Laws of Member States），载 *LQR*，1977，页360。

❷ 见原版书页166。

❸ "各成员国对于在第169条、第170条所规定的程序下侵害第12条的限制，将排除对成员国个体权利的直接法律保护。"参见：《欧共体法律中的经典判例》，页4。

止——这是一项毫无保留的消极责任；然而，起决定作用的，是这项禁止的"本质属性"——恰是这个属性使得该项禁令——如同法院所指出的那样——"理论上，在成员国和其公民之间的法律关系上，在理念上适合于产生直接的效力。"❶

欧洲法院再次提到了欧共体法律的渊源，它是成员国通过对自己的主权进行限制而形成的：因此，《罗马条约》不仅仅只是为个体创设了义务；而且，如同欧洲法院所强调的那样，《罗马条约》的目标之一便是"赋予个体以权利，并让这些权利成为他们的法律传统的一部分"。❷

对于持有一元论的国家而言，一般性国际协议的达成并无法律技术层面上的困难。原则上，每个国家只需根据各自的宪法性条款来签署或批准国际协议，就已经足够了。通常是国家元首有权与外国缔结国际条约。然而，国家元首所缔结的国际条约，必须得到［194］国内议会的批准。如果国际条约想要转变成为具有内在效力的和可直接适用的法律，那么这两个步骤就是必需的。

国际条约当中的权力可以是有限的，也可以是无限的。如果国际条约是有限制的，那么它的根据就是"公法"或"理论与实践"。❸ 如果政府所持有的是这种观点——那么不论该国是何种传统（一元论或二元论）——那么，特定国际条约的缔结就意味着权力的移交，而权力的移交并不是由国家的条约权来决定的，因此，有必要设立一项关于权力移交的专门性条款。这种情形甚至也发生在持有一元论的荷兰。《荷兰宪法》第92条当中就

---

❶ 见 *E/S*，页113；《欧共体法律中的经典判例》，页3；Anna Bredimas，"共同体法律及其解释方法"，页83。

❷ 见 *E/S*，页112。

❸ 关于缔约权，参见：汉斯·布利克斯（Hans Blix），《制定条约的权力》（*Treaty-Making Power*，Diss. Uppsala，1959）；Malcolm N. Shaw，《国际法》（*International Law*，Cambridge，1986），页461。

包含着这样的一种保障，该条款说"可以授予根据条约设置的国际机构以立法权、执行权以及司法权"（其意指可以将国家的主权移交给国际组织机构）。❶

通常来说，持有一元论的国家比持有二元论的国家似乎更容易接受欧共体法律的直接适用性。这可以归因于这样一个事实，即持有一元论的国家通常将基础条约视为一般性的国际条约，也将次要的欧共体法律视为条约法规则。法国最高上诉法院在"法国拉梅尔案"❷ 的判决中直接指明了这种倾向：在"法国税务局的立法措施不能将'国际法'搁置一旁"的问题上，法国最高上诉法院确立了一些国内法原则;❸ 站在宪法性法律的立场上看，相比较国内法规则而言，国际法的权威性具有优先性。

"欧盟成员国之间是否达成了一般性的国际协议"这个问题不能在此提出。可以这么说，对此有赞同的，也有反对的。

因为《罗马条约》作为一部一般性的国际条约，人们可以这样论证"《罗马条约》是欧共体法律当中的一个特例——它的直接效力可以作用于个体的法律身份——也可以从一般性的国际条约中得出上述结论"。为了支持这一论证，人们可能援引"铜山案"（Kupferberg case）为证，在"铜山案"中，欧洲法院认为"一般性国际协议当中的规定是可以直接适用的，在欧共体内部也能够具有直接的效力"。

判例 104/81，"铜山案"❹ 是关于欧共体同欧洲自由贸易联盟成员国葡萄牙在 1972 年所签订的《自由贸易协定》❺ 当中一项特定条款的。

---

❶ "依据条约第 91 条的规定，立法权、执行权、司法权可以被赋予国际机构。"载 *E/S*，页 205。

❷ "法国拉梅尔案"，见本书页 266～267（原版书第 191 页）。

❸ *E/S*，页 208。

❹ 判例 104/81，"Hauptzollamt Mainz v. C. A. Kupferberg & Cie KG a. A"，[1982] ECR 3641，参见：《欧共体法律中的经典判例》，页 756–760。

❺ 以下简称"协定"。

[195] 德国的葡萄酒商从葡萄牙进口了红酒。美因茨地区的海关对这批来自葡萄牙的红酒征收了一定的关税。葡萄酒商就海关的这一决定向莱茵兰—普法尔茨地区的财政法院提起了诉讼，葡萄酒商认为"根据国际协议，对来自葡萄牙的红酒征收关税的行为，是对进口商品的不法歧视"。莱茵兰—普法尔茨地区的财政法院在引用《自由贸易协定》第 21（1）条的时候，前后不断地在改变：这项条款当中包含着对金融歧视的绝对禁止，也就是说，在合同双方当事人所在地同类商品之间，禁止金融歧视。因此，依据该规范，财政法院最终以对待本国红酒相同的方式对待这批进口红酒。❶

美因茨地区的海关向德国最高税务法庭提出上诉。德国最高税务法庭适用了欧洲法院的一项先决裁判，并提出了"德国红酒进口商是否能够在德国法院面前援引《自由贸易协定》第 21（1）条"这个问题。

欧洲法院认为，❷ 第一，依据《罗马条约》第 228（2）条，欧共体和第三国之间所缔结的协议对于欧共体组织机构以及欧共体的成员国来说都是具有约束力的，这些协定当中的条款构成了欧共体法律体系当中不可或缺的一部分——简言之，这些协议具有"欧共体的属性"；❸ 第二，欧洲法院认为，这些协定当中的条款的效力不会被断定为"没有考虑这些条款的国际渊源"：❹欧洲法院宣称，在相关的国家中，"按照国际公法的原则"，就协议的效力来看，这是欧共体的组织机构和非欧共体成员国的国家所缔结的协议，❺因为"根据国际法的一般规则"，每一部协定

---

❶ 《欧共体法律中的经典判例》，页 756。根据《罗马条约》第 95 条规定，禁止成员国对来自其他成员国的产品征收高于国内同类产品的关税。

❷ 1982 年 10 月 26 日作出的先决裁决。

❸ 《欧共体法律中的经典判例》，页 757。

❹❺ 同上，页 758。

必定都是善意的举措。❶

在欧洲法院看来，为了确定"与《自由贸易协定》第 21
（1）条相符合的规定是否具有直接的效力"，考虑协定的具体内
容是很有必要的。❷ 欧洲法院得出的结论是，与葡萄牙所缔结的
协定，无论是依据该协定的属性还是结构，都不能阻止贸易商就
该项条款在欧共体疆域内的法院面前提起诉讼：❸［196］《自由
贸易协定》第 21（1）条对缔约方强加了一项反对税收歧视的绝
对性规则，因而这项规则可以为法院所适用，并在欧共体整个疆
域内产生直接的效力。❹

欧洲法院对于"铜山案"的裁定，已经对《自由贸易协定》
在欧共体中的地位和身份产生了巨大的影响：根据欧洲法院的观
点，《自由贸易协定》第 21（1）条"具有直接适用性，并且能够
赋予个体贸易权利，而这些权利是欧洲法院必须要加以保护的。"❺

反对将《罗马条约》作为一部一般性国际条约的论证，通
常是由欧盟机构提出来的，尤其是欧洲法院。在很多次场合当
中，欧洲法院都宣称，《罗马条约》的目标——共同市场——意
味着它只是国家之间的一部一般性条约，而非其他❻：如同欧洲
法院所强调的，《罗马条约》已经创设了一个法律体系，这个法
律体系的独特之处便在于，它早已成为欧共体各个成员国法律体
系中不可或缺的组成部分。❼

欧洲法院对于欧共体法律体系的特殊属性以及其自主性的主
要理由便是：基于欧共体的利益，欧共体成员国自己永久性地放
弃了自己的部分权力。❽

---

❶　《欧共体法律中的经典判例》，页 758。

❷❸　同上，页 759。

❹❺　同上，页 760。

❻　判例 26/62，"梵·昂卢斯案"，载 *E/S*，页 112。

❼　判例 6/64，"科斯塔诉意大利国家电力公司案"，参见：同上，页 162。

❽　"梵·昂卢斯案"，载 *E/S*，页 112；"科斯塔诉意大利国家电力公司案"，载
E/S，页 162 - 163。

然而，这里所谓的"部分"——上文中已经指出❶——这些年来已经极大地扩充了它的范围：因为一系列权力的移交，现在已经扩展了——从最初只适用于"有限的领域和范围"❷ 扩张覆盖到了"更宽泛的领域和范围"。❸

2.2.2　二元论视角

在这一篇章中，我将介绍二元论视角（2.2.2.1 节：二元论体系）。面对着对于欧共体法律的冲击，我还会讨论对于二元论体系的一般态度（2.2.2.2 节：二元论对欧共体法律三大原则的态度）。

2.2.2.1　二元论体系

"二元论"❹ 的视角暗示着，人们承认"并存着多个独立的法律体系"。国际法也被认为是［197］一个独立的法律体系，为了使得国际法有效力，国际法体系中的规则必须在国内法当中运行。因此，法律体系的二元论观点与"国际法的至高地位"是相互冲突的。

在适用二元论的时候，人们并没有"内在地"将法律体系视为规范性强制秩序，凯尔森也是如此；然而，人们"外在地"将法律体系作为一个社会事实来看待。

"外在的法律观"当中，最杰出的代表就是哈特。在哈特看来，存在几个不同的法律体系，这些法律体系彼此之间甚至可以

---

❶　见本书页 241～242（原版书第 173 页）。

❷　"科斯塔诉意大利国家电力公司案"，载 E/S，页 162。

❸　意见 1/91，［1991］ECR I-6102；见本书页 238～239（原版书第 171页）。

❹　"二元"指的是国内法秩序和国际法之间的关系——它们被认为是两套分离的、独立的法律体系；一元指的则是，国际法被视为是国内法的一部分而被适用。另一方面，"多元"指的是国内法律体系的多元化。

是相互冲突的。

对多元论者而言，法律规则被承认是这样的，即它们被适用和遵守，这样的一个事实是它们有效的标志。因此，"有效法律"的标准就是它们的事实性。

2.2.2.2 二元论对欧共体法律三大原则的态度

原则上，法律体系的二元论观点能够承认欧共体法律的自治性。然而，是什么造成了"对欧共体法律规则的内在适用"这样一个二元论问题，即它们的"直接适用性"以及它所暗示的优先性。这个问题演变成为"规范在各个国家中的层次"问题。

通常认为，持有二元论的国家所缔结的国际协议，只对缔约国有约束力，而不对缔约国的公民产生约束力。因此，这些国际协议当中的条款不得不通过转换或纳入的方式才能得以实施。然而，欧共体法律——"可直接适用的法律"——排除了这两种措施和手段。❶ 因此，在持有二元论的国家加入《罗马条约》之前，它们不得不面对这样一个问题，即"在法律技术层面上，如何满足欧共体法律规范的直接适用性"。

在主要的二元论国家中，有几个国家（其中包括德国和意大利），是依据有关权力移交的相关宪法性条款，通过普通立法的方式加入了欧共体。例如，德意志联邦共和国是通过一部普通的法规❷加入了《欧洲经济共同体条约》（*EEC Treaty*），这部普通的法规是根据《德国基本法》（新的）第 23（1）条制定的。❸ 在意大利——意大利是一个传统的二元论国家——意大利政府认为，（依据《意大利宪法》第 11 条）通过立法来确保《罗马条

---

❶ "所采取的措施都与条约相反。"判例 39/72，EEC Commission v. Italy，［1973］ECR 101，《欧共体法律中的经典判例》，页 41。

❷ 1992 年 12 月 21 日修改宪法。

❸ 《德国基本法》第 23（1）条：建立一个统一的欧洲，德意志联邦共和国参与欧洲联盟的发展，……联邦参议院同意通过立法转移主权权力。

约》条款的内在强制力，是有必要的：❶ 根据《意大利宪法》第11 条，[198] 为了保障国家之间的和平与正义，如果确有必要，意大利同意限制自己的主权。

德国和意大利所采取的程序模式——根据有关权力移交的宪法性条款而制定国内立法——这是一种法律技术层面上的二元论。在这个程序中，存在两个决定性的事项：第一，条约的加入必须得到相关国家议会的批准；第二，条约条款的内在法律效力必须通过特殊的法规加以保障。在这种情况下，产生了两个问题：第一个问题，有关权力移交的条款规定，是在何种程度上授权将立法权和司法解释权移交给欧盟机构的？第二个问题，传统的二元论程序（它已经明显地产生了宪法性问题）是否能够被修改？❷

如果权力移交的范围如同欧盟所主张的那样，那么显然，权力移交的范围并未被认为是由国家的条约创设权所组成的，在宪法当中创设一项有关立法权移交的专门性条款规定，这是十分有必要的：但问题是，欧盟的这种关系在各个相关国家的基本法中应当以何种方式和何种程度予以反映。

"权力的移交"这个术语，很可能指的就是一种有关"权力不可撤销性地放弃"理念；这就是在主权转移过程中所发生的情形。然而，也有可能是这样一种情形，即尽管进行了权力移交，但权力移交者自己仍然保留了权力。根据哈坎·斯特龙伯格（Hakan Stromberg）❸ 的观点，对立法权的授权（诸如瑞典政府所构建的那种情形）就是经常以这种方式运作的——瑞典政府认同了权力的移交，因此，瑞典议会丧失了这项权力。在这个意义

---

❶ 参见：J. -P. Warner，"欧共体法律与欧共体成员国国内法律之间的关系"，页 362。

❷ 第二个问题必须被暂时搁置。

❸ 参见：Håkan Strömberg, *Normgivningsmakten enligt 1974 års regeringsform. Skrifter utgivna av Juridiska Föreningen i Lund*, 2nd den. , Lund, 1994，页 26。

上，值得一提的是，根据斯特龙伯格的观点，在瑞典语中，使用"förläna"（"授予"［to confer］）一词比"överlåta"（"转让"［to transfer］）更恰当。❶

关于"transferral"（移交）一词，阿洛伊斯·李克林（Alois Riklin）提出了一个有趣的观点。❷ 在李克林看来，成员国既未将它们的部分主权移交出去，也未对自己的主权进行任何的限制——在作为共同体的成员期间，成员国只是限制了某些权力的自治性运作；因此，成员国肯定能够被称为"权力受限制的国家"，然而，成员国——在法律上和政治上——仍是一个主权国家。❸

斯特恩❹也在试图解决"（权力的）移交"（transferrals）这个舶来术语所产生的问题：［199］斯特恩将"transferals（of power）"翻译为"Übertragung bestimmter Aufgaben（oder eines Aufgabenkomplexes），nicht aber der Staatsgewalt als solcher"［一定任务（或任务整体）的转移、而不是国家权力本身的转让］。❺ 在斯特恩看来，"权力的传递"（Übertragung of powers）并没有侵害国家主权的实质，❻ 与之相反，它反而构建起了一种超国家的权力。❼ 因此，人们获得了一个更深的维度，即"融合"——根据斯特恩的观点，这个维度与传统的主权相比，具有更崇高

---

❶　参见：Håkan Strömberg, *Normgivningsmakten enligt 1974 års regeringsform. Skrifter utgivna av Juridiska Föreningen i Lund*, 2nd den., Lund, 1994, 页 26。

❷　李克林，《欧洲共同体的国家连接系统：瑞士对欧洲的贡献》（*Die Europäische Gemeinschaft im System der Staatenverbindungen. Schweizerische Beiträge zum Europarecht*, 10, Bern, 1972）。

❸　同上，页 332。

❹　参见："欧共体的主权在程度上不及传统形式的主权"，同页 216 注释 3，页 522。

❺　同上，页 521。

❻　参见："欧共体的主权在程度上不及传统形式的主权"，页 522。

❼　"通过一个超国家的机构而使一定的国内任务及对其履行获得超国家性"。同上，页 524。

的地位。❶

　　二元论国家在面对欧共体法律融合的时候所采用的程序模式，产生了宪法性的问题：依据一项有关权力移交的条款，通过一项立法措施，共同体实现了将其自身完整地融入成员国法律体系当中，并因此对成员国国内规范的层次结构产生了影响。

　　在国内规范的层次结构中，法律规范的地位（层级）取决于几个要素。例如在瑞典，法律规范的层次取决于三个要素——第一，议会的主导地位（议会立法行为的地位，比其他类型的立法行为的地位更为崇高）；第二，相关规范和宪法之间距离的远近——这取决于中间规范的数量，从而判断哪项规范的级别"更高"或"更低"；第三，关于形式上法律强制力的原则——"低级别的规范"不得与"高级别的规范"相冲突。❷

　　谈到"欧盟的视角"时，欧共体法律的优先性并没有通过使用"层次"一词（"rank"这一术语指的是国内规范的层级结构）而得以正当化：欧共体法律主张构建了一套自治的法律体系，这套法律体系是有别于成员国国内规范层次结构的。这种观点对于二元论国家的法院而言是一个棘手的问题，因为二元论国家的法院有义务适用欧共体法律，并且必须同时说"国内法规被废除了"，如果是这样的话，那么在规范的层次结构中，欧共体法律规范的层次和地位便是处在该国国内宪法"之下的"。

　　先前曾提到过的一个判例——"国际贸易公司案"❸——显露出成员国国内法院所面对的一个棘手难题。我们可以回忆一下，这是一个在面对宪法所载明的基础权利时，有关欧共体法律

---

　　❶　"通过一个超国家的机构而使一定的国内任务及对其履行获得超国家性"。参见：同上，页524。

　　❷　参见：斯特龙伯格，*Normgivningsmakten enligt 1974 års regeringsform. Skrifter utgivna av Juridiska Föreningen i Lund*, 2nd den., Lund, 1994, 页49。

　　❸　判例11/70，"国际贸易公司案"，同页227注释5。

优先性的判例。❶ 欧洲法院毫不犹豫地表达了自己对于这个宪法性问题的观点，在这个判例中，欧共体法律的优先性原则岌岌可危，欧洲法院的解决方法就是创设了功能性解释这种方法。❷

《德国宪法》第20（3）条规定：一切立法必须［200］符合《基本法》（the Basic Law）。❸ 根据德国的观点，一切侵犯人权和基本权利的欧共体法律，都是无效的。欧洲法院则宣称：如果人们是通过将欧共体组织机构所批准之措施追溯到法律规则或国家法的概念这种方式来判断欧共体组织机构所批准之措施的效力，那么欧共体法律的统一性与实效性势必会受到不利影响。❹ 相反，欧共体措施的效力必须借助欧共体的法律❺来判断，而不受"该措施不应当与基本权利或基本原则相冲突"这一主张的影响。❻ 根据欧洲法院的观点，对基本权利的尊重，成为法院应该保障的一般性法律原则中所不可分割的一部分；❼可以肯定的是，对这些权利的保护，都是由成员国的传统促成的，因而也必须在欧共体的目标下以及欧共体的结构框架内予以保障。❽

对传统一元论国家的方法与二元论国家如何满足欧共体法律原则的方法进行比较，得出如下结论。

关于欧共体一体化的法律理论和法律技术，无论是一元论模式还是二元论模式都有着自身的缺陷。然而，不论是将国内法作为第一要位，还是将国际法作为第一要位，似乎一元论国家在承认欧共体法律的直接适用性问题上都不会存在太多的困难——人们假定这要归功于这样一个事实，即一元论国家是将欧共体法律作为条约法来看待的。即便是在一元论国家，法院也可能因为或

---

❶ 《德国基本法》包含了权利目录（《德国基本法》第1～19条"基本权利"）。

❷ Anna Bredimas，"共同体法律及其解释方法"，页89。

❸ "立法应遵循宪法秩序，行政权和司法裁判应遵循法律及法权"，参见：《德意志联邦共和国基本法》第20（3）条。

❹❺ 判例"国际贸易公司案"，载 E/S，页83。

❻❼❽ 同上，页84。

这或那的理由——例如，因为它们的传统——而拒不承认欧共体法律的优先性。

另一方面，在二元论国家，非国内法条款通常是通过国内立法措施而得以实施的。对于欧共体法律，二元论国家则是试图通过依据有关权力移交的宪法性条款来颁布专门性法律（特殊法）这种措施从而"规避"对（应该禁止的）欧共体法律规范的适用和执行。显然，这一专门性立法的内在层次和位阶——它在规范层次结构中的地位和身份——同欧共体的优先性主张是相互冲突的。

通过这个比较，得出如下两个结论。

第一个结论是，两种一元论的变体（"一元论的第一种模式"和"一元论的第二种模式"）都能够与欧共体法律原则相结合——然而，站在欧盟的立场上看，这种结合是建立在错误基础上的；

第二个结论是，二元论模式在"关于欧共体法律与成员国国内规范的层次结构之间的关系"这个问题上，遇到了问题。

"一元论的第一种模式"——国内法第一要位——通过融入国际法（或条约法）的方式从而将欧共体法律纳入［201］国内法律体系当中；在国内规范的层次结构，相比欧共体法律而言，成员国的国内宪法处于一个"更高级别的地位"。

"一元论的第二种模式"——国际法第一要位——它同样将欧共体法律视为国际法或条约法；然而，既然国际法（或条约法）规范拥有最高的法律权威性，所以相较欧共体的法律（或条约法）规范而言，成员国的国内宪法在规范的层次结构中处于一个"较低级别的地位"。

另外，二元论排斥国际法的第一要位：这种情形应该是这样的，即二元论国家将欧共体法律作为条约法来看待，因此，欧共体法律规则不得不被转化为（改造为）国内法——但这样的程序模式是被禁止的，因为欧共体的法律必须被直接适用。

二元论国家试图通过依据有关权力移交的条款制定专门性立法的方式，来解决这一难题。因此，通过这种方式，欧共体法律被整体纳入成员国国内规范的层次结构当中。这样一种程序模式所产生的问题，会恶化和加剧——只要欧共体法律被适用，欧盟机构不关注国内规范层次结构的纷争其实并不多；对于相关成员国的国内法院而言，这个问题的严重程度正在加剧，因为在适用与本国国内宪法条款相冲突的欧共体法律规则的时候，成员国的国内法院可能会犹豫不决，从国内观的立场来看，本国宪法具有"更高级别的地位"。

因此，就"如何将欧共体法律与成员国国内法律体系相结合，并同时维护国内法或国际法第一要位"的方式，似乎只存在两种可能性：

一种可能性是，忽略自治原则，将欧共体法律简单地归类在条约法之下——另一种可能性则是，通过将欧共体法律"凌驾于"国内宪法之上这种方式（在这种情形下，宪法中必须包含"欧共体法律在国内法律以及国内宪法面前具有优先性"这样一项明确的规定），从而承认欧共体的法律原则。

暂且将逻辑问题搁置一旁，并且忽略相互冲突的国内法的身份或地位，"可直接适用的欧共体法律"的现象——通俗地说——似乎在面对（第二顺序的）法律效力这一问题时，引发了（第一顺序的）政治关联这一问题，这种政治关联关系形成了几种法律政治上的考量。

有必要回忆一下"存在解决欧共体法律直接适用性的两种主要方式"——要么将欧共体法律体系放置在成员国国内规范的层次结构之中，要么将欧共体法律建立在欧盟宪法的"基础之上"。然而，前一种方式引起了太多的争议，❶ 而后一种方式似乎得到了现代法学家的实际支持。在这一研究领域里，沃尔夫－

---

❶ 第一种方式仍然得到了广泛拥护，尤其是在德国。

迪特里希·格鲁斯曼（Wolf-Dietrich Grussmann）❶ 的著作具有代表性。

在格鲁斯曼对超国家法的分析中，他主张：［202］在法律理论上，要想解释多重自治法律体系的"并行效力"，唯一的方式便是假设存在数个不同的基础规范，而不仅仅只有一个基础规范——根据格鲁斯曼的观点，这种主张得到了来自欧洲法院的大力支持。❷ 假设存在数个不同的基础规范，这也就是说，国内法律体系与非国内法律体系之间的关系不再取决于有效性这个概念。

就此而言，我认同格鲁斯曼的见解。然而，当他抛弃"无关有效性的冲突"这个理论并（在转向关注欧共体法律的优先性问题的过程中）主张欧共体法律的优先性引起了一种有关"约束力"的"冲突"——规范主体（法律机构）方面的一种进退两难的境地——的时候，我决定不再追随格鲁斯曼的观点，理由如下：

格鲁斯曼援引凯尔森在 1960 年之后有关规范冲突的观点，❸他论证说，有关欧共体法律的直接适用性和优先性的情形，远未引起那种"只有一项规则被认为是有效力的"冲突，这导致了"冲突的义务"，❹ 即对于规范服从对象而言的一种约束力的冲突问题。

对规范的服从对象而言，规范约束力的渊源，只是对这一规

---

❶　参见：格鲁斯曼，"基础规范与超国家性——欧洲一体化之下的法律结构观"（Grundnorm und Supranationlität – Rechtsstrukturelle Sichtweisen der europäischen Integration），载《走向一个国家性的欧洲》（*Auf dem Wege zu einer Europäischen Staatlichkeit*, Bonn, 1993），页 47 – 64。

❷　参见：格鲁斯曼，"基础规范与超国家性——欧洲一体化之下的法律结构观"，页 59。

❸　参见：凯尔森，《规范的一般理论》，页 168。

❹　参见：格鲁斯曼，"基础规范与超国家性——欧洲一体化之下的法律结构观"，页 60。

范的主观接受和认可的问题。因此，约束力的"冲突"，本身就假定了"人们对于这两项规则在主观上都是接受和认可的"。格鲁斯曼理所当然地想到了这种情形以及他的论证，因而他也渴望找到这个问题的答案。

回到"与欧共体法律相冲突的法律是否是合法的"这个问题上，根据我的观点，答案既是"肯定的"，又是"否定的"。一方面，这是合法的，如果"冲突"这一术语被用于指代实实在在的问题、而非纯粹逻辑上的不兼容性，那么就肯定存在一个"冲突"；另一方面，这又不是合法的，因为不存在任何与责任相关的冲突："约束力"这个概念，预设了一些与欧共体法律体系相关却并非现存的内容。

因为超国家法被认为是一个自治的、有效力的、有约束力的法律体系，在法律理论上，它要求欧盟预设或假定一项与凯尔森基础规范相类似的东西。

第四部分

为何是凯尔森的基础规范？

导　　论

[203] 第三部分已经说明，欧盟的规范体系是有缺陷的，因为它欠缺一个清晰明确的基础（或宪法性核心）：条约被模棱两可地表述着，而且明显缺乏一项"对授予给欧盟的权力进行限制"的规范。当涉及"特殊的欧共体法律原则的适用"这个问题时，纯粹的一元论观点和纯粹的二元论观点似乎都是毫无帮助的——尤其是欧共体法律在成员国国内法面前的优先性这项原则。这表明，这一现象是无法通过传统法律理论中的工具来进行解释的；然而，主张欧共体法律体系的"自治性"和"第一要位"，就势必要求为"有效性"提供一个全新的终极标准。

第二部分已经显示，对于凯尔森的文章，将"基础规范的预设"理解为"是在为实在法构建一个规范性的渊源或基础"，这是有可能的。在本书最后的部分中，我论证了，对凯尔森理论的这种理解能够用来阐述"欧洲法的合法性"这个问题。

凯尔森的基础规范不能为众规范的这样一种组合方式而预设，即这些规范的组合方式显然并不符合他所设定的"法律体系"之最低限度的标准。另外，很显然，凯尔森就基础规范的预设提出了三项纯粹形式上的标准——对凯尔森而言，在他的那个时代，这些标准已经足够了——然而就现在来说，仅有这些，显然是不够的。

适用于欧盟的基础规范——它的作用就是成为欧洲法的规范性基础——必须是附条件的，即适用于欧盟的基础规范必须在它自己的那个时代考虑"法律体系"（民主）的终极标准。因此，我应该论证，以欧盟为代表的这种法律体系的基础规范必然要同民主要素紧密关联。

随后，我应该关注"欧盟的民主合法性"这一问题（第一章：超越国家层次的民主）。于是，将纯粹法学暂时搁置一旁——我建议，关于欧盟的基础规范的"预设"将适用一项附带条件的基础规范——这个附条件的意义就在于对民主原则的保障，民主原则将在规范体系的各个层次上被遵守（第二章：欧共体法律的基础规范）。最后，我扼要地重述了凯尔森基础规范的优缺点（第三章：展望）。

第一章　超越国家层次的民主

[205] 在我看来，民主的合法性应当比其他形式的合法性更为重要——两点理由：首先，因为民主的合法性被赋予了可控的"品质"；其次，相对而言，因为民主的合法性是没有太多争议的，这是它不能被否定的优势。但人们可能会夸张地问道，是否存在一个能够完全被接受的民主原则方案？●

民主原则被认为是与国家政权密切相关的，因而它只在国内宪法的框架内被适用。如何在超越国家的层面上适用或满足民主原则？如何充分地在欧洲层面上复制民主的合法性这一原则，如何在国家层面上遵守我们的政府控制和议会问责惯例？

在陈述欧洲法的民主合法性问题时，下列三个层

● 参见：佩策尼克，《何为正确？民主、法律、伦理和法律论证》，页144。关于"民主"这一术语的模糊性，参见：同上，页63。关于合法性"虽不可控但实际上有可能的"渊源，参见：Sverker Gustavsson，"欧共体的民主合法性"，页119。

面上的论证是主流观点。

第一，在"联邦"层面上的论证：将欧盟比喻成一个真正的联邦——一个国家——欧盟的《阿姆斯特丹条约》则相当于这个联邦国家的宪法。在这一层面上，合法性的终极渊源就是《阿姆斯特丹条约》以及包含（对欧盟的哈特式）"承认规则"的其他条约；

第二，在"同盟"层面上的论证：因为欧盟是建立在国际条约基础之上的，因此，欧盟被认为是一个国际组织，它受国际法规范的调整和支配。当然，同盟的合法性的终极渊源就是国际法；

第三，在"功能"层面上的论证——这一层面已经在第三部分"欧盟的视角"中呈现出来了。这一层面上的论证已经为欧盟机构和官方所采纳。据说，这意指（至今仍然是这样认为的），欧盟是一个行政联盟（Zweckverband❶［功能上的联盟］），其功能就在于它的权利，合法性的终极渊源就存在于它已经创造出来的［206］实践目标之中。正是在欧共体宣称其至高地位这一主张的基础上，得出了这种观点。❷

对于任何在"联邦"层面上进行论证的人而言，宣称"民主原则适用于超国家的层面"，这是很困难的：我们不能说"联邦"的立法机关——欧洲理事会和欧洲议会❸——对欧洲"人民"负有责任。

另外，对于任何在"同盟"层面上进行论证的人而言，"民主原则在超越国家的层面上是否被遵守"这个问题，则是无关紧要的：根据这种观点，民主原则在国际条约的框架中不能被适用。

---

❶　这是依甫生所使用的术语。参见：依甫生，《欧洲共同体法律》（*Europäisches Gemeinschaftsrecht*, Tübingen, 1972），页197。

❷　参见：Sverker Gustavsson，"欧共体的民主合法性"，页132。

❸　《阿姆斯特丹条约》第251条。

最后，那些在第三种层面上（适用欧盟的视角）进行论证的人，以"欧盟构建起了一个自治的（自成一格的）法律体系"这一言论作为自我辩护；其主张，在欧盟的法律体系中，民主原则已经得到了满足，民主原则已经通过欧洲法院的判例法得到了确立。

似乎，"欧盟的民主合法性"问题同"超越国家层面的民主合法性"问题，是相互关联的。这种异常是建立在这样一个事实之上的，即民主原则面临着双重诉求：一方面，成员国已经加入了条约，这促进了它们自己疆域内的民主❶——另一方面，超越国家层面的民主的场所，就是欧洲议会。欧盟（它不是一个国家，它是建立在国际条约基础上的）能够提出民主合法性这样的一种诉求或主张，迄今为止，其运作方式——它的工作方法——因符合民主从而被大家所接受。

在这样的背景下，我们回忆一下德国联邦宪法法院的"马斯特里赫特案的判决"是很有帮助的。❷ 在该案中，德国联邦宪法法院在"国内层面上的民主"与"欧洲层面上的有效性"之间选择了一种恰当的平衡：然而，一方面，欧盟被期待发展自己（超越国家层面）的民主；另一方面，欧盟又被要求关注欧盟成员国的国内同一性——建立在民主原则之上的成员国国家政府的形式。❸ 根据法院的观点，具有决定意义的是，欧洲层面上的民主是渐进式发展的，也是与欧洲国家持续性的合并同步的，欧洲的这种合并尚未影响到成员国国内层面上（德国）"现实的民主"。❹

---

❶ 1986 年《欧洲就业战略条约》以及 1992 年《马斯特里赫特条约》序言。

❷ 见第三部分第二章 2.1.2 节。

❸ 见判决，页 50 – 51，同页 275 注释 3。

❹ 同上，页 46。关于批判，参见：哈贝马斯，《包容他者：政治理论的研究》（*Die Einbeziehung des Anderen. Studien zur politischen Theorie*, Frankfurt, 1996），页 181 – 184；乔金姆，《阿姆斯特丹约与欧盟：权力机构的平衡》，页 208；Sverker Gustavsson，"欧共体的民主合法性"，页 129。

[207] 根据欧盟民主合法性的程度，可以确定，势必存在数种理论。在此，第一个需要提及的便是尤尔根·哈贝马斯（Jürgen Habermas）的民主原则，如同哈贝马斯所指出的，民主原则既能制度化，也能全球化。在哈贝马斯看来，只要是建立在实践话语的论证规则基础上，任何规范的合法性都能够得以实现。

然而，在关注哈贝马斯之前，我们简要地探讨一下凯尔森民主理论当中的突出要点，也许是有帮助的，尽管凯尔森的民主理论也存在显著的缺陷。在我看来，可以说，哈贝马斯的民主学说是从凯尔森的民主理论那里发展而来的，但这种理论需要一个特殊的"程序的合法性"概念。❶

凯尔森是标准化民主概念的典型代表人物。❷ 根据凯尔森的观点，民主的本质并非是针对"实体原则（诸如法律的确定性原则、权力分配制衡原则、对基础权利保障的原则）"的保障，而是在权力行使、运作的过程中，对正式参与原则的保障。❸ 对凯尔森而言，民主是社会组织的一项（可能性的）原则，❹ 民主

---

❶ 对凯尔森民主理论最具启示性的评论是由德雷尔提出的。参见：德雷尔，《法律理论、政治社会学和汉斯·凯尔森的民主理论》第 2 版（*Rechtslehre, Staatssoziologie und Demokratietheorie bei Hans Kelsen*, 2nd edn. , Nomos, 1989）。

❷ 参见：凯尔森，《民主的性质和价值》第 2 版（*Vom Wesen und Wert der Demokratie*, 2nd edn. , Tübingen, 1929; reprinted Aalen, 1981），页 98 - 99；关于凯尔森民主的标准概念，参见：德雷尔，《法律理论、政治社会学和汉斯·凯尔森的民主理论》，页 251、页 266；也可参见：汉斯·博尔特（Hans Boldt），"处在卢梭与熊彼特之间的民主理论：对凯尔森《民主的性质和价值》的评述"（Demokratietheorie zwischen Rousseau und Schumpeter. Bemerkungen zu Hans Kelsens *Vom Wesen und Wert der Demokratie*），载《政治科学与政治秩序：维尔登曼六十五岁寿辰庆祝文集》（*Politische Wissenschaft und politische Ordnung: Festschrift zum 65. Geburtstag von Rudolf Wildenmann*, Wiesbaden, 1986），页 217 - 232。

❸ 参见：凯尔森，"民主的基础"（Foundations of Democracy），载《伦理学》（*Ethics*, 66, 1955），页 1 - 101；参见：德雷尔，《法律理论、政治社会学和汉斯·凯尔森的民主理论》，页 251。

❹ 参见：凯尔森，《法与国家的一般理论》，页 5。

原则的首要标准便是"政府的权力来自人民"。

　　自 1933 年开始，凯尔森在《政府和意识形态的形式》❶ 一书中对两种"社会教育的基本形式"进行了比较，❷ 即对他们理想形式上民主和专制的思想进行了比较。❸　［208］在凯尔森看来，民主是社会组织的正常形式——就现代而言，它仍是正常的和恰当的。凯尔森对民主法治的诉求并不是因为他坚持自有进步的历史哲学的结果——相反：凯尔森对于人类进化的观点相当的悲观，❹ 那个时代的政治事件对他产生了强烈的影响。❺　然而，

---

　　❶　参见：凯尔森，《政体和世界观》（*Staatsform und Weltanschuung*，Tübingen，1993，repr. in *WRS II*），页 1923－1942。本书使用的是第 2 版。

　　❷　同上，页 1927。

　　❸　根据凯尔森的观点，通常而言，法律实证主义更倾向于"民主"——它与"专制的"是对立的（参见：同上，页 1931）。审查"民主的特征"，凯尔森发现，具有下列品质的人更有可能认可这种特征：自我意识相对减少的人、爱好和平的人、非侵略性和具有自我批评倾向的人，以及具有高度责任感的人（参见：同上，页 1928）。雅伯伦纳关注的是这样的一个事实，即凯尔森提出的、建立在他的"民主"与"国际和平"概念之上的"具体形象的人"，这显然是受到了西格蒙德·弗洛伊德（Sigmund Freud）的影响，参见：雅伯伦纳，"凯尔森和他的圈子：维也纳那些年"（Kelsen and His Circle：The Viennese Years）。在凯尔森描述民主的特征时，雅伯伦纳辨析了"社会层面上自我理想"之结构的反映（参见：同上，页 384），"理想化"和"身份识别"是关键的概念："在民主人士、和平主义者、理性主义者那里，凯尔森显然看到了人人平等取代了权威下的征服"（参见：同上）。

　　❹　参见：凯尔森，"司法问题"（Das Problem der Gerechtigkeit），载 *RR 2*，页 357－444；亦可参见：库尔特·伦克（Kurt Lenk），"自由与妥协的形成：汉斯·凯尔森的民主观"（Freiheit und Kompromiβbildung：Zum Demokratiekonzept Hans Kelsens），载《自由的可能性：民主的基本问题》（*Die Chancen der Freiheit. Grundprobleme der Demokratie*，Munich，1992），页 114－125。

　　❺　凯尔森的民主理论，必须放在魏玛共和国这个背景下去看待。关于这个问题，参见：David Dyzenhaus，《合法性和正当性：卡尔·施密特、汉斯·凯尔森和赫尔曼·海勒在魏玛》（*Legality and Legitimacy：Carl Schmitt, Hans Kelsen and Hermann Heller in Weimar*，Oxford，1997）；Rudolf Aladár Métall，"纯理论的政治偏见"（Die politische Befangenheit der Reinen Rechtslehre），载《论文 33 篇：纯粹法学》（33 *Beiträge zur Reinen Rechtslehre*，Vienna，1974），页 255－272；亦可参见：德雷尔，《法律理论、政治社会学和汉斯·凯尔森的民主理论》，页 265；伦克，"自由与妥协形成：凯尔森的民主观"，页 119。

凯尔森开始认识到，将法律的道德价值予以相对化处理的纯粹法学理论，与"意志自由的存在"是紧密相关的，"意志自由"在政治上和制度上都是需要加以保护的。❶

凯尔森的民主理论，有着双重的目的：首先，阐释了民主的"本质"，即"自由相当于政治自治"这一理念；❷ 其次，道破了民主的功能原则，即强调规范创设过程中"参与"的程序性。❸

在纯粹法学中，凯尔森的出发点一直存在这样一个问题——"通过与康德类比"❹——在什么条件下，才完全有可能对实在法进行认知；同样地，凯尔森有关民主问题的出发点，就是在探讨"在什么条件下，民主与议会制才是完全有可能的"。凯尔森沿着两种路径分别做了进一步的论证。❺

凯尔森的第一种论证路径，包含着［209］两个假设性的实践原因（它们作为民主的"本质"）——自由与平等❻——凯尔森论证说"鉴于民主组织或机构的可实现性，真正的自由是如何渐进式地发展完善地"。在这个过程中，第一步以及最本质的一步，便是以"多数一致原则"替代了"全体一致原则"：在"多

---

❶ 参见：伦克，"自由与妥协形成：汉斯·凯尔森的民主观"，页119；德雷尔，《法律理论、政治社会学和汉斯·凯尔森的民主理论》，页285。据称，纯粹法学在理论上适用于民主，因为在大多数人意志的民主合法性问题上，它并未规定绝对性的、普遍性的原则（参见：德雷尔，《法律理论、政治社会学和汉斯·凯尔森的民主理论》，页286）。

❷ 参见：凯尔森，《政体和世界观》，页1927；凯尔森，《民主的性质和价值》第1章。

❸ 参见：德雷尔，《法律理论、政治社会学和汉斯·凯尔森的民主理论》，页285。

❹ 见第一部分第一章1.1.2节（尤其是页39注释3）。

❺ 参见：彼得·科勒（Peter Koller），"关于民主的理由的几个问题"（Zu einigen Problemen der Rechtfertigung der Demokratie），载《法律理论》（Rechtstheorie, Beiheft, 4, 1984），页319–343。

❻ 参见：凯尔森，《民主的性质和价值》，页3–13。在凯尔森看来，自由和平等通常会得到承认（意味着对它们是保护的）：他说，自由和平等所表达的是人类最基本的本能（参见：同上，页3）。

数一致原则"中，凯尔森看到了近似自由实现的状态。❶ "多数一致原则"唯能在指明自由与平等的关系时（后者约束和限定前者），才被证明是正当的。❷

凯尔森的第二种论证路径，便是他的"相对主义"，他的理解是，不存在绝对性的知识，也不存在绝对性的（道德）价值，因此，一切认知（知识）和道德必然都是相对性的。❸

然而，这两种论证路径，都被证明是不完美的。

第一种论证路径❹必然包含着"多数一致原则"的合理正当性，但缺少对基本权利正当性的证明——只是存在"多数与少数"，这并不意味着后者的基本权利将会得到保障。凯尔森说，经验表明，"多数一致原则"与"对少数的保护"是可以相互兼容的，尽管没有这种必要，但有这种保护的可能性。❺ 通过这一点，凯尔森觉得没有必要去得出新的结论和修正自己的出发点：在面对这个问题的时候，凯尔森似乎犹豫未决，对基本权利保护的程度，就是民主的基本原则，然而他却选择保留了他标准的概念。❻

---

❶ "恰恰这样一种观念——认为，（当确实无法做到全体）也应该有尽可能多的人获得自由，亦即，应该让尽可能少的人其意志与社会秩序的普遍意志陷入矛盾——才以一种理性的方式导向了多数一致原则"（参见：凯尔森，《民主的性质和价值》，页101）；亦可参见：德雷尔，《法律理论、政治社会学和汉斯·凯尔森的民主理论》，页254。

❷ 参见：凯尔森，《政体和世界观》，页1927。

❸ "无论谁，只要认为，人的认识无法达到绝对真实和具有绝对价值，他就必须认为，他的看法不但与他自己的而且也包括与他人的看法的对立至少是有可能的。因此，相对主义是那种预设了民主观念的世界观"（参见：凯尔森，《民主的性质和价值》，页101）；当我为自己选择了民主，那么它只能出于以下在该著作的最后一章中得到阐述的理由，即源自民主政体和相对主义世界观之间的联系（参见：同上，页118）。

❹ 参见：科勒，"关于民主的理由的几个问题"，页323。

❺ 参见：凯尔森，《民主的性质和价值》，页53。

❻ 参见：德雷尔，《法律理论、政治社会学和汉斯·凯尔森的民主理论》，页262－263。

另外，第二种论证路径并没有为民主提供一个可接受的正当性理由，因为它暗示着：作为 [210] 政治组织或机构的一项原则，相对主义能够推导得出这样一个结论，不仅仅是呼吁民主的基础问题，而且也可能导致（法律上的）自我毁灭。❶

凯尔森民主理论中的显著缺陷就在于，它预设了范围极大的主观自由领域和自治领域，却没有将其放置在更广泛的社会理论背景当中；或者概要地说：凯尔森的社会理论缺乏一种对民主的功效进行永久性保障的工具或方式。❷ 正是这样，凯尔森的民主理论陷入了"提供并保障个体权利与集体权利"的前提条件的探讨当中。

确切地说，哈贝马斯对这些条件进行了阐释。在哈贝马斯的思维中，民主的概念不仅仅只是指"多数一致原则"；而且，通过理性对话的规范性要求，它与合法性的概念紧密相连：只要法律规则被认为是在全体公民参与的立法程序中制定的，那么这些法律规则便是合法的，因为这种立法程序满足了对自由和理性辩论的诉求。❸ 因此，合法性——体系的合法性——是一种资格，这种资格来源于体系所组成的部分。

根据哈贝马斯的观点，通过仅仅只适用一种道德观——法律

---

❶ 参见：凯尔森，《政体和世界观》，页20；德雷尔，《法律理论、政治社会学和汉斯·凯尔森的民主理论》，页270、页288。关于"极权主义的民主"，参见：凯尔森，"司法问题"："自我规定的正义变为民主的正义。这是正义的一种形式，这种正义绝不对以民主方式所产生的法秩序的内容作出规定。这种正义甚至能够在任意一种程度上对人所服从的自由领域作出干涉。'多数人的自我规定'这项原则并不阻止一种极权主义民主的发展"（参见：《纯粹法学》，页389）。然而，凯尔森"激进的相对主义"至少引起了对于民主国家实质基础之必要性的（社会中所固有的）关注。德雷尔指出，Köttgen 早在1931年就察觉了这一点。参见：Arnold Köttgen，"国家与政权"（Nation und Staat），载《德国哲学年鉴》（*Blätter für deutsche Philosophie*，5，1931），页190－220。参见：德雷尔，《法律理论、政治社会学和汉斯·凯尔森的民主理论》，页293。

❷ 参见：同上，页289、页293。

❸ 参见：哈贝马斯，《事实与规范》（*Faktizität und Geltung*，Frankfurt，1992），页135、页138、页141、页286。

的合法性（法律的合法性并未得到证明），法律的正当性并未得到证明，哈贝马斯说，法律的合法性并不只是取决于道德评价的"正确性"；而是，通过民主原则——唯独只有通过民主原则❶——因为法律也取决于诸如关联性、信息的选择、判断的理性、妥协的"公平性"❷ 这些要素，法律才能够得以正当化。

哈贝马斯的民主原则要求，法律应当对特定的权利群予以保护，因为根据哈贝马斯的观点，[211] 在人权与大众主权之间——在个体自治与公共自治之间——在基本权利与民主之间，存在"内在的"联系。在形而上学的思维中，❸ 基本权利不再是以宗教或形而上学的说法❹作为其基础，而是归因于理性对话这项原则——诸如在政治进程中的理性对话。❺

理性对话这项原则只有在法律体系的框架范围内才能实现❻——在法律体系中，理性对话这项原则变成了民主原则，民主原则宣称"主张具有合法效力的那些法律规范能够满足所

---

❶　参见：哈贝马斯，《事实与规范》，页135。关于哈贝马斯的商谈民主理论，参见：Mikael Carleheden，《次现代：哈贝马斯与现代社会理论话语》（*Det andra moderna：Om Jürgen Habermas och den samhällsteoretiska diskursen om det moderna*，Gothenburg，1996），页115；也可参见：佩策尼克，《何为正确？民主、法律、伦理和法律论证》，页69 - 70、页523。

❷　参见：哈贝马斯，《事实与规范》，页286。哈贝马斯所理解的民主原则和道德原则是处于同一层面的；然而，当涉及公共部门的时候，前者与后者就截然区分开来了。关于对哈贝马斯民主原则的批判，可以参见：阿列克西，《哈贝马斯程序法范式中的基本权利与民主》（Basic Rights and Democracy in Jürgen Habermas's Procedural Paradigm of the Law），载《法之理》（*Ratio Juris*，7，1994），页227 - 238；参见：佩策尼克，《何为正确？民主、法律、伦理和法律论证》，页70 - 71。

❸　参见：哈贝马斯，《事实与规范》，页83、页87、页127。

❹　同上，页155；参见：Mikael Carleheden，《次现代：哈贝马斯与现代社会理论话语》，页45 - 47；参见：佩策尼克，《何为正确？民主、法律、伦理和法律论证》，页70。

❺　哈贝马斯的商谈原则说的是，只有当那些行为规范是有效的时候，受这些规范影响的人才可能参与到理性的商谈中去（参见：哈贝马斯，《事实与规范》，页138）。

❻　同上，页146。

有法律上的商谈",在对话型的法律制定过程中,这些被合法地构建起来了。❶

在哈贝马斯的权利目录中,优先性被赋予了基本的政治权(它被用以保障民主的进程和程序)。❷ 因为"法律商谈的一致性"被认为是"话语的纯粹化",因此,自治的理性行为,没有哪项规范能够侵犯基本权利。只要民主原则的完美实现得到了预设,那么基本权利和民主便是和谐一致的。❸

对比凯尔森和哈贝马斯两人的民主观,人们可以注意到有关"合法性层次"的明显相似之处:❹ 据说,凯尔森和哈贝马斯[212]他们所设想的合法化的类型(或种类)——"程序的合法性"——具有共通之处。❺

对凯尔森来说,民主是政治组织的一种形式,它通过参与权力运作的方式,旨在实现权力的最小化:民主是创设一个公共

---

❶ 参见:哈贝马斯,《事实与规范》,页141。然而,这些表述暗示着最终的结论:通过对参与民主程序的限制,民主参与程序可能达成国与国之间的法律协议,那些非缔约国难民的基础权利,仍未得到正当性的证明。参见:Gregor Noll,《谈判庇护:欧盟法律,域外保护和共同市场的偏转》(*Negotiating Asylum. The EU Acquis, Extraterritorial Protection and the Common Market of Deflection*, The Hague-Boston-London, 2000),页578–581。

❷ 在哈贝马斯权利的"层次"结构中,基本的自由权——隶属于三组权利群中的第一组——是以政治自治发展的保留作为开始的:因此,第一组群所提到的权利主要就是自由权;第二组权利则是与公民权相关的权利,第三组则是法律程序权。参见:哈贝马斯,《事实与规范》,页155、页320、页529。

❸ 参见:阿列克西,《哈贝马斯程序法范式中的基本权利与民主》,页232。

❹ "保证一种合法性的法律制定程序——这种程序持续地安排法律的体系"(参见:哈贝马斯,《包容他者:政治理论的研究》,页164;哈贝马斯,《事实与规范》第3章)。

❺ 凯尔森预料,在哈贝马斯的方法中,他并未研究正确性,而只是在研究建立一个社会秩序的方式(参见:凯尔森,《民主的性质和价值》,页119)。对哈贝马斯而言,合法性的程序类型,其关键在于理性论证——除伦理问题外——通过商议的方式;理性商议理念提供了认知伦理的可能性。参见:哈贝马斯,"现代国家的合法性问题"(Legitimationsprobleme im modernen Staat),载《重建历史唯物主义》(*Zur Rekonstruktion des Historischen Materialismus*, Suhrkamp, 1976),页279。

（或共同）意志的程序——这个程序并不了解任何前政治的价值和绝对的道德价值，而是将其交给多数人的意志来决定，这个多数人的意志是通过民主的选举、表决来形成的。在政治自治性的层面上看，多数人是"自由的"，这就是民主的参与，这确保了（保障了）所颁布之规范的合法性。然而，这种参与只是决策的一个方面，而不是证明正当性的过程——对凯尔森来说，"参与"仍夹杂着"非理性的"价值判断，它不受协商一致的影响。

相比较而言，根据哈贝马斯的理论，在一个社会当中，法律商谈的共识（它是通过理性对话来形成的）已经确保所颁布之规范的实质正确性——通过这个程序，规范取得了合法化的强制力。❶

凯尔森和哈贝马斯都在研究典型性多元化社会中正当性的层次问题。❷ 然而，"相对来说"，凯尔森所遇到的是"参与一种裁决性质的程序"这样一个问题，❸ 哈贝马斯能够通过他的对话理论证明基本权利的正当性，这个对话理论直接存在于政治过程当中。❹

回到主要问题上来：需要的是什么——概括地说——是商谈的正当性、民主性、超越国家层面之裁决的完整程序。

魏勒建设性地提出了"欧洲公民"和"直接民主"这些概念。在他的论文"欧盟属于它的公民：三点不同寻常的建议"

---

❶ "程序的合法性类型"（参见：哈贝马斯，"现代国家的合法性问题"，页278、页302、页327）。

❷ 至于全面地和睿智地处理这一问题，参见：Hans Ranholm，《民主化：凯尔森和哈贝马斯的程序民主理论》（*Demokrati: Hans Kelsen och Jürgen Habermas procedurella demokratiteorier*, University of Lund, 2002）。

❸ 关于凯尔森思维的内在异质性，参见：David Dyzenhaus，《合法性和正当性：卡尔·施密特、汉斯·凯尔森和赫尔曼·海勒在魏玛》，页157–160。

❹ 参见：阿列克西，《哈贝马斯程序法范式中的基本权利与民主》，页232。然而问题是，为什么哈贝马斯应该认为"他所描述的政治过程总是会产生实质性的正确结果"。关于这一问题，参见：Amy Gutman 和 Dennis Thompson，《民主与分歧》（*Democracy and Disagreement*, Cambridge, 1996）。

中，魏勒指出，欧盟的民主合法性［213］实际上能够得以解决，❶ 他建议引入一些特定的措施，长期来看，这些措施将增强政治意识和个体公民的责任，此外，还会提升公民对欧盟的信任。

魏勒从指出大部分成员国的民主传统（"代议制民主"）作为开始，并以提议引用一种直接民主的形式作为总结。❷ 魏勒的出发点，是"剥夺权力"的实际状态，在这种状态下，大多数的欧洲公民发现他们自己直接面对着欧盟。显然，这种状态归因于三个显著的因素——所谓的"民主的缺乏"、"联盟治理的偏远性"以及这样一种知觉，即"曾经有限的领域❸其疆域被打破"。❹ 魏勒主张，对于每一种因素，现在都存在一种也许是革命性的和"不同寻常的"、却完全是可行的修正。

"代议制民主"的基本条件，就是在选举的时候，公民能够轮换政府。然而对于欧盟而言，这一基本特征是不存在的——如同魏勒所指出的，在欧盟这里，不存在"政府"被公民通过选举而被罢免的情况。❺ 魏勒的"不同寻常"的提议，具体内容如下。

魏勒提出了一种"立法选票倡议的形式"，这种形式与欧洲议会的选举是相匹配的：当一定数量的投票累计起来的时候，立法措施便能通过公民的投票而获得批准。这个程序意味着，全体选民（除了投给他们国会议员的选票），都能够同时进行立法措施的投票。这种"立法投票"的最终结果，将约束欧盟机构和

---

❶ 参见：魏勒，"欧盟属于它的公民：三点不同寻常的建议"（The European Union Belongs to its Citizens: Three Immodest Proposals'），载 *ELR*, 22（1997），页 150–156。

❷ 同上，页 152。

❸ 那就是欧共体机构被成员国赋予的真实的权力。

❹ 参见：魏勒，"欧盟属于它的公民：三点不同寻常的建议"，页 150–152。

❺ 同上，页 152。

欧盟的成员国。❶根据魏勒的观点，这种"立法投票"不仅仅只是"象征性地和直白地"被强化作为公民个人的声音，也要鼓励形成真正的欧洲政党——简言之，这种方式将被证实是迈向"欧洲公民身份"颇为重要的一步。❷

[214] 通常来说，魏勒指出了欧洲的一体化，但他的目的并不是旨在去除国家，而是创设一个体系，这个体系旨在"探索和寻求一种可以约束国家利益的新纪律"。❸然而，民主的纪律需要预设对共同体的认可，而如今，并不存在欧洲共同体。然而，魏勒所生造的表述——"宪法宽容的原则"，暗示着用来对待"他人"的策略——任何时候都不能放弃。❹

---

❶　参见：魏勒，"欧盟属于它的公民：三点不同寻常的建议"，页 152 – 153。

❷　参见：魏勒，"欧盟属于它的公民：三点不同寻常的建议"，页 153。魏勒提出的三点不同寻常的建议，表述的是欧盟在互联网和宪法委员会创设问题上作出判决之方式中的"公共场所"（参见：同上，页 153 – 155）：与法国的宪法委员会同名，宪法委员会将法律在通过后生效前裁决案件（参见：同上，页 155 – 156）。魏勒提出了通过互联网来实现的"直接民主"方式，参见：乔金姆，《阿姆斯特丹条约与欧盟：权力机构的平衡》，页 249。

❸　参见：魏勒，"《马斯特里赫特条约》之后的欧洲：超国家主义、民族主义和国家"（Europe after Maastricht – Supranationalism, Nationalism and the State），载 *JT* nr. 2, 1994 – 1995，页 324。

❹　在哥德堡所举办的一场有关这一问题的专题研讨会上，魏勒表达了他的观点，参见：魏勒，"欧洲一体化的未来：预见和注意事项"（The Future of European Intergration – Vision and Precautions, Nov. 3rd, 1999）。

第二章 欧共体法律的基础规范

[215] 法律推理，是建立在这样一个概念基础上的，即"宪法中的规范是具有约束力的，并且应当得到遵守"——或者换言之：是建立在凯尔森的基础规范之上的，因为基础规范也是这么说的，即"宪法（是有效力的和有约束力的）应当被服从"。然而，为了能够预设基础规范——去规范地预设它——我们必须明确，作为预设之基础的标准实际上得到了实现。

根据凯尔森的观点，要想让法律具有效力和具有约束力，纯粹形式上的那三项标准就必然要求得以实现——"规范的层次结构""权力的集中运作"，以及"一定的实效性"。然而，与凯尔森的观点截然相反，我认为，这些标准并不总是充分的。

凯尔森旨在将他的法律理论适用于任何时期的各种法律体系当中。然而，纯粹法学已经显示，它只是那个时期的产物；今日的情况，与以往有所不同。

今日，法律体系早已超越国家主权（或者所谓的国家主权）❶，人们可能会说，❷ 我们再次为复杂的"法律体系"的多样性而继续探索。关于"有效法律"的标准，尽管并未使用凯尔森式的（最低限度的）标准，但绝大多数的法律体系都渴望贴上"法律体系"的标签。

今日的欧洲，是运用受到普遍尊重的国际法原理去解决超国家的法律体系的民主合法性问题的，而这几乎是没有意义的。除了国内法规范和国际法规范之外，还有许多其他类型的规范——诸如源于国际和超国家组织机构的规范。适用这些规范的领域可能会有部分重叠，以至于几个"法律体系"对相同群体的同一事务都宣称具有约束力。简言之：合法性的需求是显而易见的。

在学说上，现在提出了很多与宪法理论（不与"国家"这一概念产生关联的宪法理论）的权宜之计和可能性相关的建议。其中最新颖的建议之一便是由乔金姆提出的。❸ 乔金姆自外向内作出了澄清与阐释，即这种宪法理论［216］必然由两种要素组成——第一，"理念层面上的要素"，它指出了持续性一体化的价值——除实效性以外的价值——可以为宪法理论的基础服务；❹ 第二，"法律要素"，它能够针对（现在的和将来的）宪法性问题阐释具体的解决办法。❺

那么，人们可能会问，这个法律要素是由什么组成的？对于

---

❶　参见：麦考密克，"超越主权国家"（Beyond the Sovereign State），载《现代法律评论》（The Modern Law Review，56，1993），页 1－18。

❷　在某种程度上说，今日欧洲的情景类似于中世纪的末期：存在多元化的法律体系，因而也就存在多样性的、彼此有着竞争关系的"基础规范"。参见：Sverker Gustavsson，"欧共体的民主合法性"，页 135。

❸　参见：乔金姆，《阿姆斯特丹条约与欧盟：权力机构的平衡》，页 224－236。

❹　乔金姆提出三种价值：公民权（欧洲的身份）、联邦制以及超中央集权的"人"。参见：同上，页 230。

❺　同上，页 229。

一个法律实证主义者来说，持有"欧共体第一要位"的主张，这并没什么。但是，一位"包容的"法律实证主义者将指出异常的渊源，并提出修正的建议。在此，我所要提出的法律理论上的修正（超越了纯粹法学）可追溯到所谓的"附条件的"基础规范那里。❶

我所设想的这种基础规范，在下列这种意义上是附条件的。凭借所预设的基础规范，（可直接适用的）欧共体法律规则和规范的强制约束力，取决于特定的法律创设之事实——这个事实是由体系里规范结构中各个层次的民主要素所构成。合法性的"基础"——用凯尔森式的说法：欧洲法律的"基础"——就是"民主"。

在"标准的"法律体系中，法学家们并未全部使用附条件的基础规范。然而，只要宪法的效力或有效性受到质疑——或者换言之，只要凯尔森的基础规范遭到质疑，那么附条件的基础规范就变得密切相关了。

例如，如果社会中的成员受到了极其不公正的或残暴的法律控制，那么毋庸置疑，迟早会产生这样一个问题，即"这样的法律是否源于一部应当完全被遵守的宪法"。与之类似，另外一个问题可能也随之产生了，即"这部宪法是否应当被遵守，这部所谓的宪法是否还是宪法"。根据佩策尼克的观点，❷ 法学家们就第一个问题给出的答案暗含在一个"隐藏的"推断当中，法学家们的回答是，该结论并不是从假设当中依据逻辑演绎而生的，而是本能地和直觉地"跳跃"而生的。对欧盟附条件的基础规范推论的理性重构，被期待有一个重要的区别——这种区别与佩策尼克所描述的是一样的。下面，我将更详尽地陈述它。

---

❶　关于附条件的基础规范，参见：佩策尼克，《何为正确？民主、法律、伦理和法律论证》，页542。

❷　见第二部分第一章1.2.1节；参见：佩策尼克，《何为正确？民主、法律、伦理和法律论证》，页543。

第一种假设——"假设1"——由理论语句组成。这些语句所描述的是体系的一般性结构，此外：这些语句还包含着所探讨之体系被官员和公民承认是有效力的法律体系的标准。那么，"假设1"包含着这样一些影响规范体系的语句。

（a）包含着这样一些规范，这些规范主张"其自身是正确的规范，它们拥有垄断性的强制力，与体系内的其他规范相比，它们具有［217］更高的层次，它们能规整生活的一切领域"；

（b）存在各种层次；

（c）除了官员经常适用的行为规范之外，还包含着不同类型的规范；

（d）建立在（合法的）强制性制裁力基础上；

（e）（按照主流观点来看）并不是极端不道德的（极端不正当的）或极端残暴的。

（法学家暗中推断出的）结论的内容如下：体系中的基础法律是有效力的法律，也"应当"被遵守（它们是有约束力的）。

显然，"假设1"包含着凯尔森关于"有效法律"的三项标准——规范的层次结构（b），强制性制裁力要素（d）以及一定的实效性（c）。然而，关键在于，这个假设超越了凯尔森的理论，因为它不仅仅只是指涉由规范所提出的诉求（a），而且也指涉整个体系的道德品质（e）。

在"假设1"中，专门指出了与"有效法律"相关的道德问题。因而可以说，"法律体系"从一开始就排斥极端的不道德。

就如佩策尼克所指出的，根据"假设1"所得出的结论（"匆匆作出的结论"），从逻辑观的角度上看，是不正确的。除了前提是无法完成的事实外，还可以归因于不同的理由。❶

然而，通过增加一个假设，就有可能将"匆匆作出的结论"

---

❶　参见：佩策尼克，《何为正确？民主、法律、伦理和法律论证》，页543－544。

转变成"逻辑上正确的推断"：这是一个附条件的假设——"假设2"——它将"假设1"中所陈述的事实与规范体系的有效性联系起来了，即与"法律上的应当"（规范主体的法律义务）联系起来了。❶

"假设2"是这样的：如果特定的事实是现存的，尤其是：如果规范体系是由根据（a）提出诉求的规范所组成的，根据（b）等显示出的层次结构；简言之：如果在"假设1"中列举的事实——那么体系中的基本法便是有效力的法律，也"应当"被遵守——从法律观的角度上看，基本法是"有约束力的"。

补充的"假设2"的重要性是这样的一个事实，即它包含着不同类型的暗示和基本的假设——例如，在每一个法律体系中存在的假设，某种层次结构。这些假设划定了体系中局部连贯的界限，此外：在"假设2"中，显然存在从可察觉之事实"渐变"为"非极端不道德的"条件。

"假设2"能够被理解成是一个标准的推理。❷就像佩策尼克所解释的那样，标准的推理并不是标准的逻辑语句，它们是否能够［218］被认为是完全的分析式语句，这也不是确定的。然而，这种标准的推理实际上在科学领域和日常生活中都是得到准许的。❸在佩策尼克看来，"假设2"或者那些对"假设2"进行阐释的更多版本都能够被认为是凯尔森基础规范的变体。❹

在我看来，佩策尼克关于"附条件之基础规范的推理过程"这一理论同样适用于欧共体法律之基础规范的探讨过程——但是有一个重要的区别：如果说包含在"通常的"附条件之基础规范中的某些标准将会取决于体系的道德品质，那么，包含在欧共体法律之附条件基础规范中的个别标准则将不会取决于基本权利

---

❶❷　参见：佩策尼克，《何为正确？民主、法律、伦理和法律论证》，页545。

❸❹　在这一背景下，佩策尼克提到了斯蒂芬·图尔明（Stephen Toulmin），《论证的使用》（*The Uses of Argument*, Cambridge, 1964），页109。参见：佩策尼克，《何为正确？民主、法律、伦理和法律论证》，页545。

这一问题——这些已经为欧洲法院所关注了。

相反，这些实质性的标准——预设这种类型的基础规范的前提条件——所关注的是体系的结构（更确切地说：关注的是体系中的"最高层次"）以及民主的问题。显而易见，通过导入民主元素——用凯尔森的话说，效力的非法律性"基础"——在基础规范预设的条件中，我正在超越纯粹实证主义的界线。

这里所提出的实证主义是"涵盖一切的"，它由民主元素组成。这种实证主义宣称，在国家层面上，无论在什么情形中，所谓"活生生的民主"，在超越国家层面上，在随后的发展中，必定遭到相应的破坏。毕竟——在成员国作出决定这一层面上看，什么样的"联邦"在遵循着民主原则，"联邦的"权力是否时时刻刻都是以显著的非民主方式在实施和运作？

归属于欧盟机构的权力是通过国际条约而非宪法的方式被授予的，在这种背景下，这些权力并不是必然相关的；然而，什么才是相关的，不可能将基础规范与基本条约相联系，因为权力分配这个问题仍然不够清晰。

预设基础规范、考虑（大体上）的实效性和作为"法律体系"的强制力，是同一事物的两面。但是，人们可能会问，在这一时刻，为何只预设一个基础规范？

对于这个问题，有着不同的回答。人们可能会这样回答，预设一项基础规范，这是一件既理性又有益的事，借此，一种秩序感将会得到保留。然而，我的回答却是：法学家们不得不预设一项基础规范，只要当他们说到"有效的法律"或者"法律上的应当"时——如果他们希望自己就像个法学家时。

第三章 展　　望

[219]　基础规范的目的是在道德和政治意识形态的竞争当中保持着中立的立场；❶ 此外，基础规范旨在具备下列这些重要的功能：建立起——实质上与形式上——统一的法律体系；确定这个体系当中的法律的成员身份；证明法律义务的正当性，从"法律观"的角度中立地证明法律义务的正当性。唯有通过预设一项基础规范——或者如同凯尔森让我们相信的那样——法律能够被理解成是客观有效的规范，能够被理解成是"应当"被遵守的规范。

凯尔森打算将基础规范只是作为一个单纯的概念规则。凯尔森需要让基础规范成为他正确的设定，因为他想要说明，将法律规范看作是有约束力的，这是

---

❶ 凯尔森的基础规范——就像 Tony Honoré 恰好遵守的那样——必然以"非意识形态的意识形态"为目标。参见：Tony Honoré，《一个社会的基本规范》（*The Basic Norm of a Society*，1987），页 89。

有可能的。然而，凯尔森用"有约束力的"这种表述，这很容易产生误解：根据凯尔森的观点，法律规范的约束力——责任——完全不同于道德规范的约束力。

第二部分当中已经说明，在有关"预设"的文献中，基础规范能够被视为既创设了法律科学，又为实在法的约束力"奠定了基础"。在这层意义上去理解，基础规范能够被用来阐释欧洲法的民主合法性问题。但问题是，如何在法律内部层面上奠定可直接适用的超国家规范的合法性基础。凯尔森的法律理论在两个方面极其有用。

第一，凯尔森有关效力或有效性的概念，是由"有效法律"的两个不同标准构成的，而不是由一个标准构成的——法律体系中规范的成员关系，以及有约束力之规范的品质；第一种标准（成员关系）不应该适用于欧共体法律，第二种标准（有约束力）能够被运用——如果特定的标准已经得到了满足；

第二，通过基础规范的"预设"，法律的约束力可以借助法律实践得以解释。可以说，对于法学家和律师而言，基础规范原理是很自然的，因为他们——或多或少——实际上预设了基础规范。

这表明，在"法律意识"当中，存在一些针对单一权威的隐性义务，因为预设了基础规范，我们事实上就预设了一个"最高级别"的法律权威。在我看来，［220］毫不夸张地说，在我们这个时代的法哲学家当中，凯尔森从点到面确实都是最优秀的。

没有哪门科学能够抛开基本的假设。准确地说，问题在于，为"法律上的应当"构建基础，构成了那些合法化的哲学问题之一，这个问题显然无法追溯到"残酷的事实"——也无法追溯到"逻辑"上。凯尔森意识到了这个问题：根据他的观点，将法律视为有约束力之规范的体系，就相当于承认了"应当"的意思——承认法律上"应当"（不能征服的）的意思，它的意思唯有通过诉诸于另一项规范而非事实才能被评价。

凯尔森尝试着以独立于事实的方式，去构建法律义务的基础，这些通过他所谓的规范性命题已有所显示。规范性命题是对其主张的一种表述——凯尔森旨在传统理论中寻得"一条中间道路"，他主张法律义务不能在特征上简化规范，尽管规范完全去除了一切道德要素。探寻这种"中间路径"唯一的可能性方式——或者如同凯尔森让我们所相信的那样——引用了"先验的"论证，表达了一种法律认知上的可能性，以及基础规范的命名。

凯尔森的出发点是一种假设——假定我们已经认知了有效的法律。这种认知的可能性预设了著名的"先验前提"，即归责范畴的适用——简言之：基础规范的适用。

然而，在阐述他的"中间路线"时，凯尔森并未成功：他无法证明，法律义务不能通过单纯假设"它是这样的"而简化规范。凯尔森的目的旨在通过"先验"的方式，将纯粹的认知与纯粹的规范之间的裂痕连接起来，而规范注定只能维持在分析的范畴当中。对"先验的"展开论证，不仅仅只是没有，而且也不能解决法律约束力的"基础"问题。

然而，在凯尔森的著作中所出现的"先验"一词，至少在一个方面是极具启示性的，它可以展示，凯尔森实际上驳斥了"以法律事实作为基础"的理论。对基础规范的预设——因而，即对"应当"范畴的预设——将显示，如果不是绝对的，那么至少也是一种"假设的"必要性。

我得出如下结论：假设在含有超国家元素的法律体系的层面上，存在联邦法律体系；类似地，假设借助明确的条约，相同的联邦法律体系形成了——在这种情形中，我们是否能够预设一项基础规范？

答案是肯定的：我们能够为这样的一个体系实际预设一项基础规范——然而，这项基础规范是附条件的，在这个意义上，

"预设"将不仅仅只是依赖于对纯粹形式标准的履行，而且也依赖于对特定要求的履行，在我们这个时代，这些特定要求是对于法律体系的合法性最为重要的——对民主的要求。

[221] 只是，需要说明的是：人们也许会在以下事情上感到犹豫——或者也许是"应当"去犹豫？——亦即，将基础规范与法律体系中的"最高层次"相联系——继而认为这一体系中的规范是有约束力的规范——只要与体系的组成部分的诸宪法相比，这个"最高层次"显示出较低程度的民主。

参 考 文 献

1. 专著、选集等

Aarnio, Aulis, Reason and Authority. A Treatise on the Dynamic Paradigm of Legal Dogmatics (Aldershot: Dartmouth, 1997).

Alchourrón, Carlos E. , and Eugenio Bulygin, Normative Systems (Vienna and New York: Springer-Verlag, 1971).

Alexy, Robert, Begriff und Geltung des Rechts (Freiburg: Alber, 1992).

Bengoetxea, Joxerramon, The Legal Reasoning of the European Court of Justice. Towards a European Jurisprudence (Oxford: Clarendon Press, 1993).

Bjarup, Jes, Skandinavischer Realismus. Hägerström – Lundstedt – Olivecrona – Ross (Freiburg: Alber, 1978).

—, Reason, Emotion and the Law. Studies in the Philosophy of Axel Hägerström (Aarhus: Press of the Faculty of Law, 1982).

Blix, Hans, Treaty-Making Power (diss. Uppsala 1959).

Bredimas, Anna, Methods of Interpretation and Community Law. *European Studies in Law*, Vol. 6 (Amsterdam: North-Holland, 1978).

Brown, L. Neville and Francis. G. Jacobs, The Court of Justice of the European Communities, 3rd edn. (London: Sweet & Maxwell, 1989).

Cappelletti, Mauro, Judicial Review in the Contemporary World (Indianapolis: Bobbs – Merril, 1971).

Carleheden, Mikael, Det andra moderna. Om Jürgen Habermas och den samhällsteoretiska diskursen om det moderna (Gothenburg: Dailalos, 1996).

Dreier, Horst, Rechtslehre, Staatssoziologie und Demokratie-theorie bei Hans Kelsen, 2nd edn. (Baden-Baden: Nomos, 1990).

Dworkin, Ronald, Taking Rights Seriously, 5th edn. (London: Duckworth, 1977).

Dyzenhaus, David, Legality and Legitimacy. Carl Schmitt, Hans Kelsen and Hermann Heller in Weimar (Oxford: Clarendon Press, 1997).

Eng, Svein, U/enighetsanalyse – med saerlig sikte på jus og allmenn rettsteori (Oslo: Universitetsforlaget, 1998).

Essays on Kelsen, ed. Richard Tur and William Twining (Oxford: Clarendon Press, 1986).

Frändberg, Åke, Rättsregel och rättsval. Om rättsliga regel-och systemkonflikter i tid och rum (Stockholm: Norstedt, 1984).

Gutman, Amy and Dennis Thompson, Democracy and Disagreement (Cambridge, Mass. : Harvard University Press, 1996).

Habermas, Jürgen, Faktizität und Geltung. Beiträge zur Diskurstheorie des Rechts und des demokratischen Rechtsststes (Frankfurt a. M. : Suhrkamp, 1992).

—, Die Einbeziehung des Anderen. *Studien zur politischen Theorie*, 2nd edn. (Frankfurt a. M. : Suhrkamp, 1997).

Hansson, Sven Ove, Structures of Value. An Investigation of the Statics and Dynamics of Values and Norms (Lund: Universitetstryckeriet, 1998).

Hare, Richard M. , The Language of Morals (Oxford: Clarendon Press, 1952).

Harris, J. W. , Law and Legal Science: An Inquiry into the Concepts Legal Rule and Legal System (Oxford: Clarendon Press, 1979).

Hart, H. L. A. , The Concept of Law, 2nd edn. With a Postscript edited by Penelope A. Bulloch and Joseph Raz (Oxford: Clarendon Press, 1994).

Hartley, Trevor C. , The Foundations of European Community Law, 3rd edn. (Oxford: Clarendon Press, 1994).

Hedenius, Ingemar, Om rätt och moral, 2nd edn. (Stockholm: Wahlström och

Widstrand, 1963).

Heidemann, Carsten, Die Norm als Tatsache. Zur Normentheorie Hans Kelsens (Baden-Baden: Nomos, 1997).

Honoré, Tony, Making Law Bind. Essays Legal and Philosophical (Oxford: Clarendon Press, 1987).

Hume, David, A Treatise on Human Nature, ed. Ernest C. Mossner (Penguin Books, 1969).

Ipsen, Hans Peter, Europäisches Gemeinschaftsrecht (Tübingen: Mohr, 1972).

Kant, Immanuel, Die Metaphysik der Sitten. Bd. VI (Berlin: Akademieausgabe, 1907).

—, Critique of Pure Reason, trans. Norman Kemp Smith (London: Macmillan, 1929).

Kelsen, Hans, Hauptprobleme der Staatsrechtslehre entwickelt aus der Lehre vom Rechtssatze (Tübingen: J. C. B. Mohr, 1911; 2nd sprinting with new Foreword 1923).

—, Das Problem der Souveränität und die Theorie des Völkerrechts (Tübingen: J. C. B. Mohr, 1920); repr. Aalen: Scientia, 1960.

—, Allgemeine Staatslehre (Berlin: Springer, 1925).

—, Die Philosophischen Grundlagen der Naturrechtslehre und des Rechtspositivismus (Charlottenburg: Pan Verlag Rolf Heise, 1928); repr. in WRS I, pp. 281 – 350. Trans. Wolfgang H. Kraus under the title "Nature Law Doctrine and Legal Positivism", as an appendix to Kelsen, Gerneral Theory of Law and State (1945), pp. 391 – 446.

—, Vom Wesen und Wert der Demokratie, 2nd edn. (Tübingen, 1929), repr. Aalen: Scientia, 1981.

—, Staatsform und Weltanschauung (Tübingen, 1933); repr. in WRS II, pp. 1923 – 42.

—, Reine Rechtslehre (Vienna and Leipzig: Deuticke Verlag, 1934); trans. Bonnie Litschewski Paulson and Stanley L. Paulson under the title "Introduction to the Problems of Legal Theory" (Oxford: Clarendon Press, 1992); paperback edn. 1996.

—, General Theory of Law and State (Cambridge, Mass. : Harvard University

Press, 1945); repr. 1961 (New York: Russell&Russell).

—, Principles of International Law (New York: Rinehart, 1952); 2nd edn. 1967, ed. Richard W. Tucker.

—, Reine Rechtslehre, 2nd edn. (Vienna: Deuticke Verlag, 1960, repr. 2000). Trans. Max Knight under the title "Pure Theory of Law" (Berkeley, CA: University of California Press, 1967); repr. 1989 (Peter Smith, Gloucester, Mass).

—, Allgemeine Theorie der Normen, ed. Kurt Ringhofer and Robert Walter (Vienna: Manz, 1979). Trans. Michael Hartney under the title "General Theory of Norms" (Oxford: Clarendon Press, 1991).

Koskenniemi, Martti, From Apology to Utopia. The Structure of International Legal Argument (Helsinki: Finnish Lawyers' Publishing Company, 1989).

Luhmann, Niklas, Das Recht der Gesellschaft (Frankfurt a. M. : Suhrkamp, 1995).

MacCormick, Neil, Legal Reasoning and Legal Theory (Oxford: Clarendon Press, 1978).

—, H. L. A. Hart (London: Edward Arnold, 1981).

Merkl, Adolf Julius, Das Recht im Lichte seiner Anwendung (Hanover: Helwing, 1917); repr. in *WRS I*, pp. 1167 – 1201.

—, Die Lehre von der Rechtskraft (Leipzig and Vienna: Deuticke Verlag, 1923).

Nergelius, Joakim, Konstitutionellt rättighetsskydd. Svensk rätt i ett komparativt perspektiv (Stockholm: Fritzes Förlag AB, 1996).

—, Amsterdamfördraget och EU: s institutionella maktbalans (Stockholm: Norstedt, 1998).

Noll, Gregor, Negotiating Asylum. The EU Acquis, Extraterritorial Protection and the Common Market of Deflection (The Hague-Boston-London: Martinus Nijhoff Publishers, 2000).

—, *Normativity and Norms. Critical perspectives on Kelsenian Themes*, ed. Stanley L. Paulson and Bonnie Litschewski Paulson (Oxford: Clarendon Press, 1998).

Nowak, John E. , Ronald D. Rotunda and J. Nelson Young, Constitutional Law,

3rd edn. (St. Paul, Minnesota: West, 1986).

Olivecrona, Karl, Law as Fact, 2nd edn. (London: Stevens, 1971).

Pawlik, Michael, Die Reine Rechtslehre und die Rechtstheorie H. L. A. Harts. Ein kritischer Vergleich. *Schriften zur Rechtstheorie*, 154 (Berlin: Duncker & Humblot, 1993).

Peczenik, Aleksander, Rättsnormer (Stockholm: Norstedt, 1987).

—, Vad är rätt? Om demokrati, rättssäkerhet, etik och juridisk argumentation (Stockholm: Fritzes Förlag AB, 1995).

—, On Law and Reason (Dordrecht-Boston-London: Kluwer Academic Publishers, 1989).

Peczenik, Aleksander, with Aulis Aarnio and Gunnar Bergholtz, Juridisk argumentation en lärobok i allmän rättslära (Stockholm: Norstedt, 1990).

Ranholm, Hans, Demokrati. Hans Kelsens och Jürgen Habermas procedurella demokratiteorier (Graduate Thesis, University of Lund: Law Faculty, 2002).

Raz, Joseph, Practical Reason and Norms (London: Hutchinson, 1975); 2nd edn. 1990 (Princeton: Princeton University Press).

—, The Authority of Law. Essays on Law and Morality (Oxford: Clarendon Press, 1979).

—, The Concept of Legal System. An Introduction to the Theory of Legal System, 2nd edn. (Oxford: Clarendon Press, 1980).

Riklin, Alois, Die Europäische Gemeinschaft im System der Staatenverbindungen. *Schweizerische Beiträge zum Europäischen Recht*, Vol. 10 (Bern: Stämpfli, 1972).

Shaw, Malcolm N., International Law (Cambridge: Grotius, 1986).

Simmonds, Nigel E., Juridiska principfrågor. Rättvisa, gällande rätt och rättigheter. Trans. Lars Lindahl (Stockholm: Norstedt, 1988).

Spaak, Torben, The Concept of Legal Competence. An Essay in Conceptual Analysis. Trans. Robert Carroll (Aldershot: Dartmouth, 1992).

Stern, Klaus, Das Staatsrecht der Bundesrepublik Deutschland, Vol. I, 2nd edn. (Munich: Beck, 1984).

Stone, Julius, Legal System and Lawyers' Reasonings (Stanford, 1964).

Strömberg, håkan, Normagivningsmakten enlight 1974 års Regeringsform. *Skrifter utgivna av Juridiska Föreningen i Lund* 51. 2nd edn. (Lund: Juristförlaget, 1994).

Strömberg, Tore, Inledning till den allmänna rättsläran, 8th edn. (Lund: Studentlitteratur, 1980).

Walter, Robert, Der Aufbau der Rechtsordnung. Eine rechtstheoretische Untersuchung auf Grundlage der Reinen Rechtslehre (Graz: Leykam, 1964). 2nd edn. 1974. (Vienna: Manz).

—*Die Wiener Rechtstheoretische Schule*, ed. H. Klecatsky, R. Marcic, H. Schambeck, 2 vols. (Vienna: Europa Verlag, 1968).

Wiklund, Ola, EG-domstolens tolkningsutrymme. Om förhållandet mellan normstruktur, kompetensfördelning och tolk-ningsutrymme i EG-rätten (Stockholm: Norstedt, 1997).

von Wright, Georg Henrik, Norm and Action. A Logical Enquiry (London: Routledge and Kegan Paul, 1963). German edition under the title "Norm und Handlung" (Königstein/ Taunus, 1979).

2. 论 文

Aarnio, Aulis, Robert, Alexy and Aleksander Peczenik, The Foundation of Legal Reasoning, in *Rechtstheorie*, 12 (1981) pp. 133 – 158.

Alchourrón, Carlos E. And Eugenio Bulygin, The Expressive Conception of Norms, in *New Studies in Deontic Logic*, ed. Risto Hilpinen (Dordrecht-Boston-London: D. Reidel, 1981) pp. 95 – 124; repr. in *Normativity and Norms* (1998) pp. 411 – 432.

—, Pragmatic Foundations for a Logic of Norms, in *Rechtstheorie*, 15 (1984) pp. 453 – 464.

—, Unvollständigkeit, Widersprüchlichkeit und Unbestimmtheit der Normenordnungen, in *Deontische Logik und Semantik*, ed. Amadeo G. Conte, Risto Hilpinen and G. H. von Wright (Wiesbaden 1977) pp. 20 – 32.

Alexy, Robert, Basic Rights and Democracy in Jürgen Habermas's Procedural Paradigm of the Law, in *Ratio Juris*, 7 (1994) pp. 227 – 238.

Bergström, Carl Fredrik, Konstitutionell rätt och europeisk Integration; kommentar till de tyska bananfallen, in *JT* 1996/1997, pp. 761 – 768.

—, Presentation av det nya Europafördraget, in *JT* 1997/1998, pp. 305 – 333.

Bjarup, Jes, Hägerström's Critique of Kelsen's Pure Theory of Law, in *Reine Rechtslehre im Spiegel ihrer Fortsetzer und Kritiker*, ed. O. Weinberger and W. Krawietz (Vienna and New York: Springer-Verlag, 1988) pp. 19 – 45.

Boldt, Hans, Demokratietheorie zwischen Rousseau und Schumpeter. Bemerkungen zu Hans Kelsen's "Vom Wesen und Wert der Demokratie", in *Politische Wissenschaft und politische Ordnung. Festschrift zum 65. Geburtstag von Rudolf Wildenmann*, ed. Max Kaase (Opladen: Westdeutscher Verlag, 1986) pp. 217 – 232.

Bulygin, Eugenio, Norms, Normative Propositions, and Legal Statements, in *Contemporary Philosophy. A New Survey*, Vol. 3, ed. Guttorm Floistad (The Hague: Nijhoff, 1982) pp. 127 – 152.

—, Norms and Logic, in *Law and Philosophy*, 4 (1985) pp. 145 – 163.

—, An Antinomy in Kelsen's Pure Theory of Law, in *Ratio Juris*, 3 (1990) pp. 29 – 45; repr. in *Normativity and Norms* (1998) pp. 297 – 316.

—, Time and Validity, in *Deontic Logic, Computational Linguistics and Legal Information Systems*, ed. Antonio A. Martino, Vol. II (Amsterdam-New York-Oxford: North-Holland Publishing Company, 1982) pp. 65 – 81.

—, Sobre la regla de reconocimiento, in *Análisis lógico y Derecho*, ed. Carlos E. Alchourrón and E. Bulygin (Madrid 1991) pp. 383 – 391.

Celano, Bruno, Norm Conflicts: Kelsen's View in the Late Period and a Rejoinder, in *Normativity and Norms* (1998) pp. 343 – 361.

Dowrick, F. C. , A Model of the European Communities' Legal System, in *Yearbook of European Law*, 3 (1983) pp. 169 – 237.

Dworkin, Ronald, Comments on the Unity of Law Doctrine, in *Ethics and Social Justice* (Albany 1968) pp. 171 – 199.

Edel, Geert, The Hypothesis of the Basic Norm: Hans Kelsen and Hermann Cohen, in *Normativity and Norms* (1998) pp. 195 – 219.

Eng, Svein, Teoristruktur og teorivalg, in *Tidsskrift for Rettsvitenskap* (1992) pp. 496 – 504.

—, Hidden Value-Choices in Legal Practice ? in A. Aarnio, R. Alexy and G. Bergholtz (eds.), *Justice, Morality and Society. A Tribute to Aleksander Pec-*

zenik (Lund: Juristförlaget, 1997) pp. 123 – 145.

—, Fusion of Descriptive and Normative Propositions. The Concepts of "Descriptive Proposition" and "Normative Proposition" as Concepts of Degree, in *Ratio Juris*, 13 (2000) pp. 236 – 260.

Everling, Ulrich, Will Europe Slip on Bananas? The Bananas Judgement of the Court of Justice and National Courts, in *CMLR* (1996) pp. 401 – 437.

Frowein, Jochen Abr. , Das Maastricht-Urteil und die Grenzen der Verfassungs-gerichtsbarkeit, in *ZaöRV* 54 (1994) pp. 1 – 16.

Garzón Valdés, Ernesto, Two Models of Legal Validity: Hans Kelsen and Francisco Suárez, in *Revista Latinoamericana de Filosofía*, 3 (1977) pp. 41 – 68; repr. in E. G. Valdés, *Derecho, Ética y Política* (Madrid 1993) pp. 73 – 105; repr. in *Normativity and Norms* (1998) pp. 263 – 271.

Golding, Martin P. , Kelsen and the Concept of "Legal System", in *ARSP*, 47 (1961) pp. 355 – 386; repr. in *More Essays in Legal Philosophy*, ed. R. S. Summers (Oxford: Blackwell, 1971) pp. 69 – 100.

Greenawalt, Kent, Hart's Rule of Recognition and the United States, in *Ratio Juris*, 1 (1988) pp. 40 – 57.

Grussmann, Wolf-Dietrich, Grundnorm und Supranationlität-Rechtsstrukturelle Sichtweisen der europäischen Integration, in *Auf dem Wege zu einer Europäischen Staatlichkeit*, ed. Th. von Danwitz et al (Bonn 1993) pp. 47 – 64.

Gustavsson, Sverker, EG: s demokratiska legitimitet, in *Suveränitet och demokrati* (SOU: 1944: 12) Appendix, pp. 117 – 174.

Habermas, Jürgen, Legitimationsprobleme im modernen Staat, in Habermas, *Zur Rekonstruktion des Historischen Materialismus* (Frankfurt a. M. : Suhrkamp, 1976).

Hacker, P. M. S. , Hart's Philosophy of Law, in P. M. S. Hacker and J. Raz (eds), *Law, Morality, and Society. Essays in Honour of H. L. A. Hart* (Oxford: Clarendon Press, 1977) pp. 1 – 25.

Hage, Jaap and Aleksander Peczenik, Law, Morals, and Defeasibility, in *Ratio Juris*, 13 (2000) pp. 305 – 325.

Hamner Hill, H. , A Functional Taxonomy of Normative Conflict, in *Law and Phi-*

losophy, 6 (1987) pp. 227 – 247.

Hart, H. L. A. , Kelsen Visited, in *UCLA Law Review* 10 (1963), pp. 709 – 728; repr. in *Normativity and Norms* (1998) pp. 69 – 88.

—, Kelsen's Doctrine of the Unity of Law, in *Ethics and Social Justice* (Albany 1968) pp. 171 – 199; repr. in *Normativity and Norms* (1998) pp. 553 – 581.

Honoré, Tony, The Basic Norm of a Society, in *Making Law Bind. Essays Legal and Philosophical*, 5 (Oxford: Clarendon Press, 1987).

Jabloner, Clemens, Kelsen and His Circle: The Viennese Years, in *European Journal of International Law*, 9 (1998) pp. 368 – 385.

Kelsen, Hans, Reichsgesetz und Landesgesetz nach österreichi-scher Verfassung, in *AöR* 32 (1914) pp. 202 – 245, 390 – 438.

—, Zur theorie der juristischen Fiktionen. Mit besonderer Berücksichtigung von Vaihingers Philosophie des Als Ob, in *Annalen der Philosophie*, 1 (1919) pp. 630 – 658; repr. in *WRS II*, pp. 1215 – 1241.

—, Die Lehre von den drei Gewalten oder Funktionen des Staates, in *ARWP* 17 (1923 – 1924) pp. 374 – 408; repr. in *WRS II*, pp. 1625 – 1660.

—, The Pure Theory of Law and Analytical Jurisprudence, in *Harvard Law Review*, 55 (1941 – 1942) pp. 44 – 70.

—, Judical Review of Legislation. A Comparative Study of the Austrian and the A-merican Constitution, in *The Journal of Politics*, 4 (1942) pp. 183 – 200.

—, Was ist ein Rechtsakt? in *ÖZöR* 4 (1952) pp. 263 – 274; repr. in *WRS II*, pp. 1381 – 1393 and in *Internationale Festschrift für Alfred Verdross zum* 80. *Geburtstag*, ed. R. Marcic et al (Munich and Salzburg: Wilhelm Fink Verlag, 1971) pp. 153 – 165. Trans. Bonnie Litschewski Paulson and Stanley L. Paulson under the title "What Is a Legal Act ?", in *The American Journal of Jurisprudence*, 29 (1984) pp. 199 – 212.

—, Was ist die Reine Rechtslehre ? In *Demokratie und Rechtsstaat. Festgabe zum* 60. *Geburtstag von Zaccharia Giacometti* (Zurich: Polygraphischer Verlag, 1953) pp. 143 – 161; repr. in *WRS I*, pp. 611 – 629.

—, Foundations of Democracy, in *Ethics* 66 (1955) pp. 1 – 101.

—, Der Begriff der Rechtsordnung, in *Logique et analyse*, ed. *Centre National*

Belge de Recherches de Logique (1958) pp. 155 – 167; repr. in *WRS II*, pp. 1395 – 1416.

——, Die Einheit von Völkerrecht und staatlichem Recht, in *ZaöRV* 19 (1958) pp. 234 – 248; repr. in *WRS II*, pp. 2213 – 2229.

——, On the Basic Norm, in *California Law Review*, XLVII (1959).

——, Das Problem der Gerechtigkeit, in *Reine Rechtslehre*, 2nd edn. (1960) pp. 357 – 444.

——, Vom Geltungsgrund des Rechts, in F. A. Frhr. v. d. Heydte et al (eds), *Völkerrecht und rechtliches Weltbild. Festschrift für Alfred Verdross* (Vienna: Springer, 1960) pp. 157 – 166; repr. in *WRS II*, pp. 1417 – 1428. Trans. Stanley L. Paulson, "On the Basis of Legal Validity", in *The American Journal of Jurisprudence*, 26 (1981) pp. 178 – 189.

——, Naturrechtslehre und Rechtspositivismus, in *La Doctrina del Derecho Natural y el Positivismo Juridico. Revista Juridica de Buenos Aires*, 4 (1961) pp. 7 – 45; repr. in *WRS I*, pp. 817 – 832.

——, Derogation, in *Essays in Jurisprudence in Honour of Roscoe Pound*, ed. Ralph A. Newman (Indianapolis and New York: Bobbs-Merrill, 1962) pp. 339 – 355; repr. in *WRS II*, pp. 1429 – 1443.

——, Die Selbstbestimmung des Rechts, in *Universitas. Zeitschrift für Wissenschaft, Kunst und Literatur*, 18/10 (1963); repr. in *WRS II*, p. 1445ff.

——, Die Funktion der Verfassung, in *Forum* XI/132 (1964) pp. 583 – 586; repr. in *WRS II*, pp. 1971 – 1979. Trans. Iain Stewart, in *Essays on Kelsen* (1986) pp. 109 – 119.

——, Professor Stone and the Pure Theory of Law, in *Stanford Law Review*, 17 (1964 – 1965) pp. 1128 – 1157.

——, Law and Logic, first publised as "Recht und Logik" in *Forum* XII/142, 143 (1965) pp. 421 – 425, 495 – 500; repr. in *Essays in Legal and Moral Philosophy*, ed. Ota Weinberger, trans. Peter Heath (Dordrecht and Boston: Reidel, 1973) pp. 228 – 253 and in *WRS II*, pp. 1468 – 1497.

——, On the Pure Theory of Law, in *Israel Law Review*, Vol. 1 (1966) pp. 1 – 7.

——, Die Problematik der Reinen Rechtslehre, in *ÖZöR* 18 (1968) pp. 143 – 184.

Koller, Peter, Zu einigen Problemen der Rechtfertigung der Demokratie, in *Rechtstheorie, Beiheft* 4 (1984) pp. 319 – 343.

Kramer, Matthew, The Rule of Misrecognition in the Hart of Jurisprudence, in *OJLS*, 8 (1988) pp. 401 – 433.

Krawietz, Werner, ' Grundnorm ', in *Historisches Wörterbuch der Philosophie*, Vol. 3, ed. Joachim Ritter (Basel-Stuttgart 1947) column 918.

Lenk, Kurt, Freiheit und Kompromiβbildung: Zum Demokratie-konzept Hans Kelsens, in *Die Chancen der Freiheit. Grundprobleme der Demokratie*, ed. Herfried Münkler (Munich/Zurich: Piper, 1992) pp. 114 – 125.

Lindahl, Lars, Definitioner, begreppsanalys och mellanbegrepp i juridiken, in *Rationalitet och empiri i rättsvetenskapen. Jurdiska fafultetens skriftserie* 6 (Stockholm 1985) pp. 37 – 52.

—, Conflicts in Systems of Legal Norms: A Logical Point of View, in *Coherence and Conflict in Law*, ed. B. Brower (Deventer-Boston 1992).

—, Norms, Meaning Postulates, and Legal Predicates, in *Normative Systems in Legal and Moral Theory. Festschrift for Carlos E. Alchourrón and Eugenio Bulygin*, ed. E. G. Valdés, W. Krawietz, G. H. von Wright and R. Zimmerling (Berlin: Duncker&Humblot, 1997) pp. 293 – 307.

MacCormick, Neil, Beyond the Sovereign State, in *MLR* 56 (1993) pp. 1 – 18.

Mantl, Wolfgang, Modernisierung und Dekadenz, in Jürgen Nautz and Richard Vahrenkamp (eds.), *Die Wiener Jahrhundertwende* (Vienna-Cologne-Graz: Böhlau Verlag, 1996) pp. 80 – 100.

Merkl, Adolf Julius, Justizirrtum und Rechtswahrheit, in *Zeitschrift für Strafrechtswissenschaften*, 45 (1925) pp. 452 – 465; repr. in *WRS I*, pp. 195 – 208.

Métall, Rudolf A. , Die politische Befangenheit der Reinen Rechtslehre, in R. A. Métall (ed.), 33 *Beiträge zur Reinen Rechtslehre* (Vienna: Europaverlag, 1974) pp. 255 – 272.

Munzer, Stephen, Validity and Legal Conflicts, in *The Yale Law Journal*, 82 (1972 – 1973) pp. 1140 – 1174.

Nergelius, Joakim, Den tyska författningsdomstolens godkännande av Maastrichtfördraget, in *FT* 1994, pp. 53 – 60.

Neuwahl, Nanette A. E. M. , Principles of Justice, Human Rights and Constitutional Principles Within the European Union — A Framework For Analysis, in E. Paasivirta and K. Rissanen (eds.) , *Principles of Justice and the Law of the European Union* (Brussels 1994) pp. 31 – 85.

Nino, Carlos Santiago, Some Confusions around Kelsen's Concept of Validity, in *ARSP*, 64 (1978) pp. 357 – 377; repr. in *Normativity and Norms* (1998) pp. 253 – 262.

Obradovic, Daniela, Community Law and the Doctrine of Divisible Sovereignty, in *LIEI* 1992/1 , pp. 1 – 20.

Ofstad, Harald , The descriptive definition of the concept of ' legal norm ' proposed by Hans Kelsen, in *Theoria* XVI, 2 (1950) pp. 118 – 151 and 211 – 246.

Paulson, Stanley L. , Neue Grundlagen für einen Begriff der Rechtsgeltung, in *ARSP*, 65 (1979) pp. 1 – 18.

—, Zum Problem der Normenkonflikte, in *ARSP*, 66 (1980) pp. 487 – 506.

—, Stellt die " Allgemeine Theorie der Normen " einen Bruch in Kelsens Lehre dar?, in *Die Reine Rechtslehre in wissenschaftlicher Diskussion. Schriftenreihe des Hans Kelsen – Institutes*, Vol. 7 (Vienna: Manz, 1982) pp. 122 – 141.

—, Läßt sich die Reine Rechtslehre transzendental begründen? in *Rechtstheorie*, 21 (1990) pp. 155 – 178.

—, Kelsen's Legal Theory: the Final Round, in *OJLS*, 12 (1992) pp. 265 – 274.

—, Kelsen Without Kant, in *Öffentliche oder private Moral ? Vom Geltungsgrunde und der Legitimität des Rechts. Festschrift für Ernesto Garzón Valdés*, ed. W. Krawietz and G. H. von Wright (Berlin: Duncker&Humblot, 1992) pp. 153 – 162.

—, The Neo-Kantian Dimension of Kelsen's Pure Theory of Law, in *OJLS*, 12 (1992) pp. 311 – 332.

—, Die unterschiedlichen Formulierungen der " Grundnorm ", in *Rechtsnorm und Rechtswirklichkeit. Festschrift für Werner Krawietz zum 60. Geburtstag*, ed. Aulis Aarnio et al. (Berlin: Duncker&Humblot, 1993) pp. 53 – 74.

—, Continental Normativism and Its British Counterpart: How Different Are They?

in *Ratio Juris*, 6 (1993) pp. 227 – 244.

—, Kelsen and the Marburg school: Reconstructive and Historical Perspectives, in W. Krawietz, N. MacCormick and G. H. von Wright (eds), *Prescriptive Formality and Normative Rationality in Modern Legal Systems. Festschrift for Robert S. Summers*, (Berlin: Duncker&Humblot, 1994) pp. 481 – 494.

—, Legal Knowledge versus Legal Interpretation ? On Kelsen's Philosophical Reconstruction and its Limits, in *Cognition and Interpretation of Law*, ed. L. Gianformaggio and S. L. Paulson (Turin: G. Giappichelli, 1995) pp. 117 – 137.

—, On the Implications of Kelsen's Doctrine of Hierarchical Structure, in *Liverpool Law Review*, 18 (1996) pp. 49 – 62.

—, On the Early Development of the Grundnorm, in Frank Fleerackers et al (eds), *Law, Life and the Images of Man. Festschrift for Jan M. Broekman* (Berlin: Duncker&Humblot, 1997) pp. 217 – 230.

—, Kelsen's Early Work on Material and Formal Unity, in A. Aarnio, R. Alexy and G. Bergholtz (eds), *Justice, Morality and Society. A Tribute to Aleksander Peczenik* (Lund: Juristförlaget, 1997) pp. 331 – 345.

—, On the Kelsen-Kant Problematic, in *Normative Systems in Legal and Moral Theory. Festschrift for Carlos E. Alchourrón and Eugenio Bulygin*, ed. Ernesto Garzón Valdés et al. (Berlin: Duncker&Humblot, 1997) pp. 197 – 213.

—, Four Phases in Hans Kelsen's Legal Theory ? Reflections on a Periodization, in *OJLS*, 18 (1998) pp. 153 – 166.

—, On the Puzzle Surrounding Hans Kelsen's Basic Norm, in *Ratio Juris*, 13 (2000) pp. 279 – 293.

—, On Transcendental Arguments, their Recasting in Terms of Belief, and the Ensuing Transformation of Kelsen's Pure Theory of Law (ms. 2000, forthcoming in *Notre Dame Law Review, special number in honour of John Finnis*, Vol. 75).

Peczenik, Aleksander, On the Nature and Function of the Grundnorm, in *Rechtstheorie*, Beiheft 2 (1981) pp. 279 – 296.

—, Legal Errata, in *Deontic Logic, Computational Linquistics and Legal Information Systems*, ed. Antonio Martino, Vol. II (Amsterdam-New York-Oxford:

North-Holland Publishing Company, 1982) pp. 103 – 125.

—, Two Sides of the Grundnorm, in *Die Reine Rechtslehre in wissenschaftlicher Diskussion. Schriftenreihe des Hans Kelsen-Instituts*, Vol. 7 (Vienna: Manz, 1982) pp. 58 – 62.

—, Juristens dilemma: rationalism eller nihilism. Reply to Tore Strömberg, in *SvJT* 1991, pp. 799 – 807.

—, Second Thoughts on Coherence and Juristic Knowledge, in A. Aarnio, R. Alexy et al. (eds), *On Coherence Theory of Law* (Lund: Juristförlaget, 1997) pp. 51 – 66.

—, Review of Svein Eng, U/enighetsanalyse-med saerlig sikte påjus og allmenn rettsteori (1998) and Henning Herrestad, Formal Theories of Rights (1996), in *Retfaerd* 83 (1998) pp. 84 – 88.

—, Löser juridiken demokratins problem? in *SOU* 1999: 58.

Raz, Joseph, The Purity of the Pure Theory, in *Revue internationale de philosophie*, 35 (1981) pp. 441 – 459; repr. in *Essays on Kelsen* (1986) pp. 79 – 97 and in *Normativity and Norms* (1998) pp. 237 – 252.

Richmond, Catherine, Preserving the Identity Crisis: Autonomy, System and Sovereignty in European Law, in *Law and Philosophy*, 16 (1997) pp. 377 – 420.

Singer, Marcus G. , Hart's Concept of Law, in *The Journal of Philosophy*, LX (1963) pp. 197 – 220.

Starr, William C. , Hart's Rule of Recognition and the E. E. C, in *Northern Ireland Legal Quarterly*, 28 (1977) pp. 258 – 268.

Stone, Julius, Mystery and Mystique in the Basic Norm, in *MLR* 26 (1963) pp. 34 – 50.

Strömberg, Tore, Review of Aleksander Peczenik with Aulis Aarnio and Gunnar Bergholtz, Juridisk argumentation – en lärobok i allmän rättslära (Stockholm: Norstedts förlag, 1990) in *SvJT* 1991, pp. 458 – 464.

Summers, Robert S. , H. L. A. Hart on Justice, in *The Journal of Philosophy*, LIX (1962) pp. 497 – 500.

Verdross, Alfred, Eine Antinomie der Rechtstheorie, in 73 *Juristische Blätter* (1951) pp. 169 – 171; repr. in *WRS II*, pp. 1375 – 1380。

Vernengo, Roberto J., Kelsen's Rechtssätze as Detached Statements, in *Essays on Kelsen* (1986) pp. 99 – 108.

Vogel, Hans-Heinrich, Om införlivande av internationella överenskommelser och annan folkrätt med svensk rätt, i *Festskrift tillägnad håkan Strömberg*, *FT* 1 – 3/92, pp. 343 – 365.

Wahl, Nils, Prise de Position de la Cour, in *JT* nr 1/1991 – 1923, pp. 554 – 561.

Warner, J. -P., The Relationship Between European Community Law and the National Laws of Member States, in *LQR* 1977.

Weiler, J. H. H., Europe after Maastricht-Supranationalism, Nationalism and the State, in *JT* nr. 2 (1994 – 1995) pp. 319 – 331.

—, "... We Will Do, And Hearken" (Ex. XXIV: 7). Reflections on a Common Constitutional Law for the European Union, in *Léspace constitutionnel européen*, ed. R. Bieber and P. Widmer (Zurich 1995) pp. 413 – 468.

—, The European Union Belongs to its Citizens: Three Immodest Proposals, in *ELR* 22 (1997) pp. 150 – 156.

Weinberger, Ota, Kelsens These von der Unanwendbarkeit logi-scher Regeln auf Normen, in *Die Reine Rechtslehre in wissenschaftlicher Diskussion. Schriftenreihe des Hans Kelsen-Instituts*, Vol. 7 (Vienna: Manz, 1982) pp. 108 – 121.

Wiederin, Ewald, Was ist und welche Konsequenzen hat ein Normenkonflikt?, in *Rechtstheorie*, 21 (1990) pp. 311 – 333.

Wiklund, Ola, EG-domstolen ger enskilda rätt till skadestånd för medlemsstats underlåtenhet att implementera direktiv, in *JT* nr 1 (1991 – 1992).

Wilson, Alida, Joseph Raz on Kelsen's Basic Norm, in *The American Journal of Jurisprudence*, 27 (1982) pp. 46 – 63.

Zuleeg, Manfred, The European Constitution under Constitutional Constraints: The German Scenario, in *ELR* (1997) pp. 19 – 34.

3. 文　集

Leading Cases on the Law of the European Communities, ed. M. van Empel, H. G. Schermers et al., 5th edn. (Deventer: Kluwer, 1990).

Leading Cases on the Law of the European Communities, ed. D. Curtin, M. van Empel et al. , 6th edn. (Deventer: Kluwer, 1994).

Die Verfassungen der EG – Mitgliedstaaten, 3rd edn. (Munich: Deutscher Taschenbuch Verlag, 1993).

4. 判例（欧洲法院）

13/61　De Geus en Uitenbogerd v. Bosch en Van Rijin, [1962] ECR 45.

26/62　Van Gend en Loos v. Netherlands Fiscal Administration, [1963] ECR 1.

6/64　Flaminio Costa v. ENEL, [1964] ECR 585.

11/70　Internationale Handelsgesellschaft m. b. H. v. Einfuhr-und Vorratstelle für Getreide und Futtermittel, [1970] ECR 1125.

7/71　Commission of the European Communities v. French Republic ("Euratom"), [1971] ECR 1003.

39/72　EEC Commission v. Italy ("Slaughtered Cow Case"), [1973] ECR 101.

41/74　Van Duyn v. Home Office, [1974] ECR 1337.

106/77　Italian Minister for Finance v. Simmenthal S p A ("Simmenthal II"), [1978] ECR 629.

104/81　Hauptzollamt Mainz v. C. A. Kupferberg & Cie KG a. A. , [1982] ECR 3641.

294/83　Parti écologiste 'Les Verts' v. European Parliament, [1986] ECR 1339.

314/85　Forma Foto-Frost v. Hauptzollamt Lübeck-Ost, [1987] ECR p. 4199.

C – 280/93　Germany v. Council, [1994] ECR I – 4973.

1/91　Opinion: Draft Agreement Relating to the Creation of the European Economic Area, [1991] ECR I – 6084.

5. 与脚注相关的其他作品

Alexy, Robert, Rechtsregeln und Rechtsprinzipien, in *ARSP*, Beiheft 25 (1985) pp. 13 – 29.

Bellamy, Richard and Dario Castiglione, Building the Union: The Nature of Sovereignty in the Political Architecture of Europe, in *Law and Philosophy*, 16

(1997) pp. 421 – 445.

Beyleveld, Deryck and Roger Brownsword, Normative Positivism: The Mirage of the Middle Way, in *OJLS*, 9 (1989) pp. 463 – 512.

——, Methodological Syncretism in Kelsen's Pure Theory of Law, in *Normativity and Norms* (1989) pp. 113 – 145.

Bindreiter, Uta U. , Motivating the Direct Applicability of Community Law, in *Rechtstheorie*, Beiheft 18 (1998) pp. 105 – 116.

Bjarup, Jes, Kelsen's Theory of Law and Philosophy of Justice, in *Essays on Kelsen* (1986) pp. 273 – 303.

——, Legal Realism or Kelsen versus Hägerström, in *Rechtstheorie*, Beiheft 9 (1986) pp. 243 – 257.

Cappelletti, Mauro, Is the European Court of Justice "Running Wild" ?, in *ELR* 12 (1987) pp. 3 – 17.

Dreier, Horst, Hans Kelsen (1881 – 1973): "Jurist des Jahrhunderts" ?, in H. Heinrichs et al. (eds.), *Deutsche Juristen jüdischer Herkunft* (Munich: Beck, 1993) pp. 705 – 732.

——, Kelsen Demokratietheorie: Grundlegung, Strukturelemente, Probleme, in *Hans Kelsens Wege sozialphilosophischer Forschung. Schriftenreihe des Hans Kelsens-Instituts*, Vol. 20, ed. R. Walter and C. Jabloner (Vienna: Manz, 1997) pp. 79 – 102.

Dreier, Ralf, Bemerkungen zur Theorie der Grundnorm, in *Die Reine Rechtslehre in wissenschaftlicher Diskussion. Schriftenreihe des Hans Kelsens-Instituts*, Vol. 7 (Vienna: Manz, 1982) pp. 38 – 46.

Eckhoff, Torstein and Nils Kristian Sundby, The Notion of Basic Norm (s) in Jurisprudence, in *Scandinavian Studies in Law*, Vol. 19 (1975) pp. 123 – 151.

Eleftheriadis, Pavlos, Aspects of European Constitutionalism, in *ELR* 21 (1996) pp. 32 – 42.

Frändberg, Åke, Die skandinavische Reaktion auf Hans Kelsens Reine Rechtslehre. Einfluβ und Kritik, in *Der Einfluβ der Reinen Rechtslehre auf die Rechtstheorie in verschiedenen Ländern. Schriftenreihe des Hans Kelsens-Instituts*, Vol. 2 (Vienna: Manz, 1978) pp. 69 – 97.

—, On the Relation Between Law and State, in *Rechtstheorie*, Beiheft 15 (1994) pp. 37 – 44.

Gustavsson, Sverker, Fortsatt framgång för majoritetsprincipen?, in U. bernitz et al. (eds.), *Vad Betyder EG?* (Stockholm: SNS förlag, 1993) pp. 265 – 295.

Habermas, Jürgen, Die postnationale Konstellation. Politische Essays (Frankfurt a. M. : Suhrkamp, 1998).

Hallström, Pär, Medlemsstaternas verkställande av EG-rätten, in *JT* 1992/1993, pp. 59 – 81.

—, Den Europeiska Unionen – från reciprocitet till lojalitet, in *JT* 1994/1995, pp. 270 – 280.

Hammer, Stefan, A Neo-Kantian Theory of Legal Knowledge in Kelsen's Pure Theory of Law?, in *Normativity and Norms* (1998) pp. 177 – 194.

Hartley, Trevor C. , Federalism, Courts and Legal Systems: The Emerging Constitution of the European Community, in *The American Journal of Comparative Law*, 34 (1986) pp. 229 – 247.

Hoerster, Norbert, Zum Problem einer absoluten Normgeltung, in H. Mayer et al. (eds), *Staatsrecht in Theorie und Praxis. Festschrift Robert Walter zum* 60. *Geburtstag* (Vienna: Manz, 1991) pp. 255 – 269.

Ipsen, Jörn, Rechtsfolgen der Verfassungswidrigkeit von Norm und Einzelakt (Baden-Baden: Nomos, 1980).

Jacobsson Kerstin, Så gott som demokrati (Umeå: Boréa, 1997).

—, Svar till Mats Lundström och Kjell Goldmann, in *Statsvetenskaplig Tidskrift*, 4 (1998) pp. 441 – 447.

Jorgensen, Stig, Grundnorm und Paradox, in *Rechtstheorie*, Beiheft 5 (1984) pp. 179 – 191.

Kelsen, Hans, Sovereignty, in *Wörterbuch des Völkerrechts*, 2nd edn. , ed. H. – J. Schlochauer, 3 vols. (Berlin: de Gruyter, 1960 – 1962), vol. III (1962) pp. 278 – 285; trans. in *Normativity and Norms* (1998) pp. 525 – 536.

Koller, Peter, Meilensteine des Rechtspositivismus im 20. Jahrhundert: Hans Kelsens Reine Rechtslehre und H. L. A. Hart "Concept of Law", in *Reine*

Rechtslehre im Spiegel ihrer Fortsetzer und Kritiker. Forschungen aus Staat und Recht 81, ed. Ota Weinberger and Werner Krawietz (Vienna-New York : Springer, 1988) pp. 129 – 178.

Lippold, Rainer, Geltung, Wirksamkeit und Verbindlichkeit von Rechtsnormen, in *Rechtstheorie*, 19 (1988) pp. 463 – 489.

Luf, Gerhard, On the Transcendental Import of Kelsen's Basic Norm, in *Normativity and Norms* (1998) pp. 221 – 234.

Luhmann, Niklas, Positivität als Selbstbestimmung des Rechts, in *Rechtstheorie*, 19 (1988) pp. 11 – 27.

MacCormick, Neil, Das Maastricht-Urteil : Souveränität heute, in *JZ* 17 (1995) pp. 797 – 800.

—, Democracy, Subsidiarity and Citizenship in the European Commonwealth, in *Law and Philosophy*, 16 (1997) pp. 331 – 356.

—, Risking Constitutional Collision in Europe?, in *OJLS*, 18 (1998) pp. 517 – 532.

Mancini, G. Federico, The Making of a Constitution for Europe, in *CMLR* 26 (1989) pp. 595 – 614.

Mautner, Thomas, Flaws in Laws, in *The Philosophical Review*, LXXXII (1973) pp. 83 – 98.

Melin, Mats and Göran Schäder, EU : s konstitution. Maktfördelningen mellan den europeiska unionen, medlemsstaterna och medborgarna, 2nd den. (Stockholm : Publica, 1996).

Melin, Mats, EG-domstolen och den svenska rättsordningen, in *JT* 1998/1999, pp. 115 – 123.

Métall, Rudolf Aladár, Hans Kelsen. Leben und Werk (Vienna : Franz Deuticke, 1969).

Nergelius, Joakim, Maastrichtfördraget. Ett försök till en konstitutionell analys, in *FT* 1993, pp. 119 – 151.

—, Law and Politics. On Democacy and Judicial Review, in A. Aarnio, R. Alexy and G. Bergholtz (eds.), *Justice, Morality and Society. A Tribute to Aleksnder Peczenik* (Lund : Juristförlaget, 1997) pp. 303 – 314.

—, EU-Statsförbund, Förbundsstat eller Das Ding an sich? in *Europarättslig Tid-*

skrift, 2 (1999) pp. 344 –353.

Nielsen, Ruth, Monisme og dualisme i europaeisk retsintegration, in *JT* 1994/ 1995, pp. 298 –305.

Öhlinger, Theo, Zum Rechtstheoretischen und rechtspolitischen Gehalt der Lehre vom Stufenbau der Rechtsordnung, in J. Mokre and O. Weinberger (eds), *Rechtsphilosophie und Gesetzgebung* (Vienna and New York: Springer-Verlag, 1976) pp. 79 –96.

—, Repräsentative, direkte und parlamentarische Demo-kratie, in *Rechtstheorie*, Beiheft 4 (1982) pp. 215 –229.

Ott, Walter, Der Rechtspositivismus. Kritische Würdigung auf der Grundlage eines juristischen Pragmatismus (Berlin: Duncker & Humblot, 1976).

Paulson, Stanley L. , Review of Christoph Moench, Verfassungswidriges Gesetz und Normenkontrolle (Baden-Baden: Nomos, 1977), in *Columbia Journal of Transnational Law*, 20 (1981) pp. 391 –399.

—, On the Status of the Lex Posterior Derogating Rule, in *Essays on Kelsen* (1986) pp. 229 –247.

Peczenik, Aleksander, The Structure of a Legal System, in *Rechtstheorie*, 6 (1975) pp. 1 –16.

—, Juridikens teori och metod. En introduktion till allmän rättslära (Stockholm: Fritzes Förlag AB, 1995).

—, Unity of the Legal System, in W. Krawietz, N. MacCormick and G. H. von Wright (eds). *Prescriptive Formality and Normative Rationality in Modern Legal Systems. Festschrift for Robert S. Summers* (Berlin: Duncker & Humblot, 1994) pp. 71 –81.

Peczenik, Aleksander and Sebastián Urbina, Why Officials? On Legal Positivism Old and New, in *Rechtstheorie*, 26 (1995) pp. 139 –162.

Preuss, Ulrich K. , The Constitution of a European Democracy and the Role of the Nation State, in *Ratio Juris*, 12 (1999) pp. 417 –428.

Pölsson, Sten and Carl Michael Quitzow, EG-rätten. Ny rättskälla i Sverige (Stockholm: Publica, 1993).

Quitzow, Carl Michael, Some Brief Reflections About Federalism in the European Union and in the United States of America, in G. Melander (ed.), *Modern*

Issues in European Law. Nordic Perspectives. Essays in Honour of Lennart Pålsson (Stockholm: Norstedt, 1997) pp. 183 – 198.

Ross, Alf, On Law and Justice (Berkeley & Los Angeles, 1959).

Schermers, Henry G. and Denis F. Waelbroeck, Judicial Protection in the European Communities, 5th edn. (Deventer: Kluwer, 1992).

Schilling, Theodor, The Autonomy of the Community Legal Order: An Analysis of Possible Foundations, in *Harvard Internatioal Law Journal*, 37 (1996) pp. 389 – 409.

Söhn, Hartmut, Anwendungspflicht oder Aussetzungspflicht bei festgestellter Verfassungswidrigkeit von Gesetzen ? (Frankfurt a. M. : Athenäum Verlag, 1974).

Toulmin, Stephen, The Uses of Argument (Cambridge: Cambridge University Press, 1964).

Troper, Michel, On Super-Constitutional Principle, in A. Aarnio, R. Alexy and G. Bergholtz (eds), *Justice, Morality and Society. A Tribute to Aleksnder Peczenik* (Lund: Juristförlaget, 1997) pp. 411 – 425.

Tuori, Kaarlo, Towards a Multi-layered View of Modern Law, in A. Aarnio, R. Alexy and G. Bergholtz (eds), *Justice, Morality and Society. A Tribute to Aleksnder Peczenik* (Lund: Juristförlaget, 1997) pp. 427 – 442.

—, EC Law: An Independent Legal Order or a Post-Modern Jack – in the – Box?, in I. Cameron and A. Simoni (eds), *Dealing With Integration*, Vol. 2 (Uppsala: Instus Förlag, 1998) pp. 225 – 248.

Tur, Richard, The Kelsenian Enterprise, in *Essays on Kelsen* (1986) pp. 149 – 183.

Walter, Robert, Entstehung und Entwicklung des Gedankens der Grundnorm, in R. Walter (ed.), *Schwerpunkte der Reinen Rechtslehre. Schriftenreihe des Hans Kelsen-Instituts*, Vol. 18 (Vienna: Manz, 1992) pp. 47 – 59.

Ward, Ian, Making Sense of Integration: A Philosophy of Law For the European Community, in *Revue d'intégration européenne*, XVII (1993) pp. 101 – 136.

—, The European Constitution and the Nation State, in *OJLS*, 16 (1996) pp. 161 – 174.

Weiler, J. H. H. , The Transformation of Europe, in *The Yale Law Journal*, 100

(1991) pp. 2403 – 2483.

—, The Reformation of European Constitutionalism, in *JCMS* (1997) pp. 97 – 131.

Weinberger, Ota, On the Meaning of Norm Sentences, Normative Inconsistency, and Normative Entailment, in *Rechtstheorie*, 15 (1984) pp. 465 – 475.

Wiklund, Ola, Rättspositivismen, EG-rätten och problemet med den kreative domaren, in *JT* 1994/1995, pp. 332 – 349.

Wilson, Alida, Is Kelsen Really a Kantian? in *Essays on Kelsen* (1986) pp. 37 – 64.

von Wright, Georg Henrik, "Is and Ought", in *Man, Law and Modern Forms of Life*, ed. E. Bulygin et al. (Dordrecht: Reidel, 1985) pp. 263 – 281; repr. in *Normativity and Norms* (1998) pp. 365 – 382.

Zuleeg, Manfred, Demokratie in der Europäischen Gemeinschaft, in *JZ* 22 (1993) pp. 1069 – 1074.

人 名 索 引

（页码均按原版书标出）

334

主 题 索 引

（页码均按原版书标出）

图书在版编目（CIP）数据

为何是基础规范：凯尔森学说的内涵/（瑞典）宾德瑞特（Uta Bindreiter）著；李佳译. —北京：知识产权出版社，2016.3（2017.8 重印）

（西方传统：经典与解释—德意志古典法学丛编）

原书名：Why Grundnorm? A Treatise on the Implications of Kelsen's Doctrine

ISBN 978 – 7 – 5130 – 4065 – 5

Ⅰ. ①为… Ⅱ. ①宾… ②李… Ⅲ. ①法学—研究 Ⅳ. ①D90

中国版本图书馆 CIP 数据核字（2016）第 031634 号

Translation from the English language edition:

"Why Grundnorm?: A Treatise on the Implications of Kelsen's Doctrine" by U. Bindreiter (edition: 1; year of publication: 2002);

ISBN 978-90-411-1867-7

Copyright © 2002 Springer, The Netherlands

As a part of Springer Science + Business Media

All Rights Reserved

责任编辑：倪江云	责任校对：董志英
装帧设计：张 冀	责任出版：刘译文

西方传统：经典与解释—德意志古典法学丛编

为何是基础规范

——凯尔森学说的内涵

[瑞典] 宾德瑞特（Uta Bindreiter）　著

李　佳　译

出版发行：**知识产权出版社** 有限责任公司	网　址：http://www.ipph.cn
社　址：北京市海淀区气象路50号院	邮　编：100081
责编电话：010 – 82000860 转 8541	责编邮箱：wangyumao@cnipr.com
发行电话：010 – 82000860 转 8101/8102	发行传真：010 – 82000893/82005070/82000270
印　刷：北京科信印刷有限公司	经　销：各大网上书店、新华书店及相关专业书店
开　本：880mm×1230mm　1/32	印　张：11.75
版　次：2016 年 3 月第 1 版	印　次：2017 年 8 月第 2 次印刷
字　数：305 千字	定　价：48.00 元
ISBN 978-7-5130-4065-5	
京权图字：01-2011-7010	

出版权专有　侵权必究

如有印装质量问题，本社负责调换。